Königsberg

Thorn

eichsel

KASPISCHES MEER

Belgrad

Donau

SCHWARZES MEER

Adrianopel

Saloniki

Konstantinopel

Dorylaeum

KLEINARMENIEN

Edessa

Aleppo

Antiochien

Homs

Tripolis

RHODOS

ZYPERN

Tyrus

Damaskus

Akkon

Jordan

KRETA

Jaffa

Jerusalem

M E E R

Askalon

Gaza

Damiette

Alexandria

Kairo

sel. Altlivland ist zu ergänzen.

Niels von Holst

DER DEUTSCHE RITTERORDEN UND SEINE BAUTEN

von Jerusalem bis Sevilla
von Thorn bis Narwa

Niels von Holst

DER DEUTSCHE RITTERORDEN UND SEINE BAUTEN

von Jerusalem bis Sevilla
von Thorn bis Narwa

Gebr. Mann Verlag · Berlin

CIP-Kurztitelaufnahme der Deutschen Bibliothek

Holst, Niels von:
Der Deutsche Ritterorden und seine Bauten:
von Jerusalem bis Sevilla, von Thorn bis Narwa/
Niels von Holst. – Berlin: Mann, 1981.
ISBN 3-7861-1279-7

Copyright © 1981 by Gebr. Mann Verlag · Berlin
Alle Rechte, auch das der fotomechanischen Wiedergabe, vorbehalten
Lithos: Rembert Faesser
Satz und Druck: Druckerei Hellmich KG
Verarbeitung: Lüderitz & Bauer
Schutzumschlag: Wieland Schütz, alle Berlin
Printed in Germany · ISBN 3-7861-1279-7

Inhaltsverzeichnis

Vorbemerkung

Länder am südlichen Mittelmeer – Israel, islamische Staaten in Nordafrika, Spanien – beschäftigen als Schauplätze politischen Geschehens gegenwärtig jedermann. Was in diesen Gebieten sich vor siebenhundert Jahren ereignete, bildet eine uns heute besonders fesselnde Epoche der Weltgeschichte; ihr sind Kapitel I–IV des Textes gewidmet. Wie aus dem Buchtitel hervorgeht, wird das mittlere Europa ausgeklammert. Dem Weg des Deutschen Ordens folgend, wendet sich die Darstellung von der Adria unmittelbar zur Weichsel und erreicht, langsam fortschreitend, den Finnischen Meerbusen (Kap. V–VII); dabei ließen sich chronologische Überschneidungen nicht vermeiden. Kapitel VIII vergegenwärtigt das Jahrhundert der letzten europäischen Kreuzzugskämpfe, die am Kurischen Haff bis gegen 1390 stattfanden. Kapitel IX und X schildern Niedergang und Ende der Deutschordensherrschaft in Preußen bzw. Altlivland; das Nachwort gibt einen Ausblick bis in unsere Tage.

Der Anhang bringt wichtige Ergänzungen. Eine Zeittafel erleichtert die Einordnung der geschilderten Vorgänge in den gesamtgeschichtlichen Ablauf. Die im Hauptteil zwangsläufig knappen Bildunterschriften werden vervollständigt. Es folgen zwei Ortsnamenslisten: Deutsch/Fremde Sprachen und Fremde Sprachen/Deutsch.

Im Text erscheinen Orte im Ausland, welche verschieden benannt werden, mit ihren deutschen Namen; sie sind ein Stück Vergangenheit, das nicht unterzugehen braucht. Ein Literaturverzeichnis sowie Erläuterungen und Exkurse zum Hauptteil mit eingestreuten Wiedergaben von Stadtplänen und Grundrissen machen den Beschluß.

I. Die »Verteidigung der Christenheit« und das Rittertum. Der Kreuzzugsgedanke

Gedankenwelt, Ereignisse und künstlerisches Erbe der Kreuzzugsepoche erscheinen heute verständlicher als vor hundert Jahren; damals war der fortschrittsgläubige Westen der Überzeugung, Gegensätze von Religionen und Weltanschauungen ließen sich ausgleichen, undenkbar sei ein Rückfall in mittelalterliche Barbarei. Die Illusionen des späten 19. Jahrhunderts sind verflogen; wir erleben wieder religiösen Fanatismus und die Ausmerzung politisch Andersdenkender. Abschätzige Kritik am Empfinden und Handeln der Menschen des Mittelalters – ob Christen, ob Nichtchristen – wird kaum jemand mehr äußern. Zu schildern ist, was einst geschah, welche Triumphe und welche Opfer es gab; zu vergegenwärtigen sind Baudenkmäler, die als Zeugen jener Zeiten zu uns sprechen.

Die christliche Völkergemeinschaft wurde im Hohen Mittelalter von vielen Seiten angegriffen, das Gefühl des Bedrohtseins war berechtigt. Hatten die Normannen bei der Gründung fester Wohnsitze im Mündungsgebiet der Seine (seitdem »Normandie« genannt) sich endlich dem christlichen Abendland eingefügt, so gab es an den Küsten der Ostsee noch Volksstämme, welche die bereits bekehrten Polen von Norden her bedrängten, brandschatzend bis Hamburg zogen und in Dänemark Menschenraub trieben. Zwischen Main und Alpen bewahrte man die Erinnerung an gerade noch abgewehrte Vorstöße berittener östlicher Horden, die sich im Mongolensturm dcr Stauferzeit wiederholen sollten.

Die südlichen Randgebiete des Mittelmeers, seit dem Auftreten Mohammeds dem Christentum entrissen, bildeten eine Zone ständiger Gefahr. In Nordafrika und in Südspanien hatten im 11. Jahrhundert die Muslims sich der fanatischen Glaubensbewegung des Reformators Abdallah angeschlossen; eine Rückeroberung der unlängst wieder in christliche Hand gelangten Metropolen Palermo und Toledo mußte befürchtet werden. Einen entscheidenden Erfolg zeigte der Islam im Vorderen Orient; das ostkirchliche Kaiserreich verlor den größten Teil Kleinasiens; sogar die Hauptstadt Byzanz drohte dem Gegner anheim zu fallen. Der neuerwachte Eroberungswille der Muslims löste jenen christlichen »Gegenschlag aus, den wir den Ersten Kreuzzug nennen« (Stephenson).

Die Frage nach der historisch zutreffenden Anwendung des Kreuzzugsbegriffs stellt sich. Die Päpste hatten Kämpfe christlicher Streiter sowohl in Sizilien als auch in Spanien bald nach 1060 durch Übersendung von Petrusfahnen sanktio-

ABB. 1   Gefallene Kreuzritter am Tag des Jüngsten Gerichts. Um 1270. Miniatur. London

niert, so daß heute beidemal gern von »kreuzzugsähnlichen Unternehmungen«
gesprochen wird. In Skandinavien verwendet man den Ausdruck neuerdings auch
für die Bekehrung und Befriedung der Gotländer durch König Olaf II. von Norwegen (1030 im Heidenkampf gefallen). Selbst die Kriegshandlungen Karls des Großen südlich der Pyrenäen im Jahre 778 sind »ein Kreuzzug« (Erdmann) genannt
worden.

        In den folgenden Kapiteln – ob der Schauplatz nun am Mittelmeer oder an der
Ostsee liegt – ist wiederholt über frühmittelalterliche Kämpfe zwischen Christen
und Nichtchristen zu berichten, wobei jedoch die Bezeichnung Kreuzzug bewußt vermieden wird. Erst das große allgemein-europäische Unternehmen, das
1098/1100 Byzanz entlastete und Jerusalem wieder in christliche Hand brachte,
trägt seine traditionelle Bezeichnung »Erster Kreuzzug« zu Recht.

Die »Verteidigung der Christenheit« (lat. »Defensio Christianitatis«) wurde seit etwa 1100 ein Anliegen des Rittertums; seine Entstehung ist wesentlich durch neue Forschungen des israelischen Historikers Joshua Prawer erhellt worden. In ihren Anfängen hatte die christliche Kirche jeden Waffengebrauch verdammt; als »Kämpfer Christi« (»Miles Christi«) galt der Mönch. Seit dem 10. Jahrhundert gewann jedoch der Stand, dem das Kriegshandwerk oblag, an Ansehen. Die Kirche ging dazu über, Waffenträger anzuerkennen, sofern sie bereit waren, sich als Beschützer ihrer Mitmenschen zu bewähren. Der schon in heidnischen Zeiten sakrale Brauch der Kriegerweihe wurde nun Teil einer liturgischen Handlung; beim Schwertsegen sprach der Geistliche: »Erhöre, Herr, unsere Bitte und segne das Schwert, mit dem dieser Dein Knecht umgürtet zu werden wünscht, damit er Schutz sei für Witwen, Waisen und Diener Gottes«. Der unter kirchliches Patronat gestellte Krieger zu Pferde durfte sich »Ritter« (»miles«) nennen. Es entwickelte sich »eine Art übernationaler Bruderschaft des Erbadels; sie erfüllte den geographisch-räumlichen Begriff Europa mit neuem Inhalt. Das Rittertum darf nicht nur als die auffälligste, sondern auch als die idealste Ausdrucksform des Mittelalters gelten« (Prawer).

ABB. 2 Barbarossa als Führer des Kreuzzugs von 1189. Um 1190. Miniatur. Rom

ABB. 3 Davidsburg und Stadtmauer, Jerusalem. Von Südwesten. Steindruck um 1850

Der Bund von Kreuz und Schwert festigte sich durch die Gefahr von außen. Im Bereich des Islam gab es bereits in früher Zeit den »Heiligen Krieg« (arab. »dschihad«), durch den Allah zum Beherrscher der Welt werden sollte. Hier ist eine der Wurzeln der Kreuzzugsidee zu finden; »islamischer Einfluß trug auf christlicher Seite zur Rechtfertigung des Blutvergießens im Namen Gottes bei« (Sholod). Die Kirche versprach beim Tod auf dem Schlachtfeld vollen Sündenerlaß und am Tage des Jüngsten Gerichts die Aufnahme in den Himmel als ritterlicher Gefolgsmann Christi. Eine zeitgenössische Miniatur zeigt Christus als Anführer der Kreuzfahrer, im Munde das Schwert, mit dem er die Heiden schlug (in Anlehnung an eine ABB. 1 Weissagung der Apostelgeschichte, 19, 11–16); in seiner Rechten hält Christus das Evangelium; links oben erscheint als erster und vornehmster Patron des Ritterstands der Erzengel Michael. Die Wandlung vom kampflustigen Ritter zum Kreuz- ABB. 27 fahrer erlebte ein Landgraf von Thüringen als Saulus-Paulus-Bekehrung und ließ sein Siegel mit dieser Darstellung versehen. Der Heilige Mauritius vertritt den verinnerlichten Typus des Ritters, der das Kreuz genommen hat, Sankt Georg den bewaffneten Streiter zu Pferde. In Compostela wurde der Apostel Jakobus – »für die Spanier der Anti-Mohammed schlechthin« (Sholod) – als »Santiago caballero« zu einer halb ritterlichen Gestalt; ihn verehren kniend junge Christinnen, denen sein ABB. 5 Eingreifen im Heidenkampf das Los von Haremssklavinnen erspart.

Der erste Palästinakreuzzug, dessen Darstellung dem nächsten Kapitel vorbehalten ist, schuf noch keine hinreichende Grundlage für die Behauptung des Heiligen Landes. Die Frage erhob sich, ob die Leitung weiterer Kreuzzüge geistlich oder weltlich zu sein habe. Papst Urban VI. hatte offensichtlich mit dem Gedanken gespielt, in eigener Person gen Jerusalem zu ziehen. In der Folgezeit verfocht die Römische Kurie grundsätzlich den Anspruch auf die Kreuzzugsleitung; dabei spielte eine Episode aus der Regierungszeit Karls des Großen eine wichtige Rolle. Die historischen Fakten und der sie verhüllende Legendenschleier berühren den Themenkreis des Buches.

Im Jahre 778 hatte der Frankenkönig Karl – zweiundzwanzig Jahre vor seiner Kaiserkrönung – die Pyrenäen auf Bitten des Emirs von Barcelona überschritten; dieser muslimische Kleinfürst rebellierte gegen Hegemonialbestrebungen der in Córdoba zur Macht gekommenen Dynastie, welche späterhin ein Kalifat gründete. Das damalige christlich-islamische Vorgehen ist im einzelnen noch der Erhellung bedürftig; es mag sein, daß ein gemeinsamer Vorstoß nach Andalusien geplant war; erstaunlicherweise kam es fränkischerseits indessen nur zu einer Eroberung der nordspanischen Stadt Pamplona, deren Bewohner – meist christliche Basken sowie einige Muslims – sich retten konnten. Als Karl wegen einer Erhebung der Sachsen sein Heer eilends nach Norddeutschland zurückführen mußte, gelang den erbitterten Flüchtlingen aus Pamplona unweit des Passes von Ronceval ein Sieg über die Nachhut der Franken; ihr Befehlshaber Roland, Graf der bretonischen Mark, fiel.

Die Vorgänge südlich der Pyrenäen zu Lebzeiten Karls des Großen wurden in

ABB. 4   Hl. Mauritius, ritterlich gerüstet. 12. Jh. Reliquienschrein. St. Maurice/Schweiz

späteren Jahrhunderten sowohl in bildlichen Darstellungen als auch im Epos politisch umgedeutet. In der Epoche des Ersten Kreuzzugs entstanden Versionen, welche dem päpstlichen Standpunkt entsprachen. Seit 1123 stellten Wandbilder in der römischen Kirche S. Maria in Cosmedin Rompilgern Karl den Großen als »Ersten Kreuzfahrer« vor. Eine gleichzeitig verbreitete Fassung des Rolandlieds beschrieb den spanischen Feldzug Karls ähnlich. Die Pamplona-Episode spielte stets die Hauptrolle: Dem vom Apostel Jakobus nach Spanien gerufenen Frankenherrscher gelingt die Eroberung der als islamische Metropole geschilderten Stadt erst, nach-

ABB. 6

dem der Heilige das Zusammenstürzen der Mauern bewirkt hat. Die vorgenommene Bindung des Karlszugs an Apostelhilfe und kirchliche Autorität gehört »zur päpstlichen Imitatio Imperii« (A. Hof), d. h. zum planmäßigen Übergreifen der Römischen Kurie in den Bereich kaiserlicher Entscheidungsgewalt.

Das Verhältnis von Papsttum und Kaisertum in der Epoche der großen Herrscher aus dem Geschlecht der Hohenstaufen bildet eines der fesselndsten Kapitel der hochmittelalterlichen Geschichte. Viele Fakten sind noch nicht genügend geklärt, die Deutungen widersprüchlich, das Eindringen in den Stoff für den Laien schwierig. Gleichwohl ist, was im Folgenden skizziert wird, unerläßlich für das Verständnis später zu behandelnder Vorgänge.

Seit der Mitte des 12. Jahrhunderts wurden die oben erwähnten Ansprüche der Kurie vom weltlichen Oberhaupt der Christenheit entschieden zurückgewiesen. In dieser Absicht setzte sich der 1155 zum Kaiser gekrönte Friedrich I. – »scharfen Geistes und nach Gefahr und Ruhm begierig« (zeitgenössisches Urteil) – eine »Sakralisierung des Kaiser- und Königtums« (Schaller) zum Ziel. Seit 1156 leitete der politisch geniale, scharf antipäpstlich eingestellte Rainald von Dassel die kaiserliche Kanzlei. Er verfaßte Urkunden, schrieb sie sogar gelegentlich eigenhändig und bildete für sie einen hochtrabenden, das Kaisertum verherrlichenden Reichsstil aus. Die Formel »Heiliges Kaiserreich« (lat. »Sacrum Imperium«) tauchte wieder auf, welche seit dem frühen 9. Jahrhundert nicht mehr angewandt worden war; in seiner ersten Zeit hatte das abendländische Kaisertum gemäß spätantik-byzantinischen Vorbildern die Gleichsetzung von »sacer« und »kaiserlich« hin und wieder vorgenommen. Friedrich Barbarossa ließ zwar seine Person um 1160 nicht als »heilig« (sacer) bezeichnen; der Grundsatz der von den Päpsten bestrittenen Gottunmittelbarkeit des Kaisertums durfte jedoch betont werden.

Den priesterlichen Charakter des Herrscheramtes hatte im 10. Jahrhundert Otto der Große verfochten; die auf sein Geheiß gefertigte Kaiserkrone zeigt auf einer Bildplatte David, dessen kultischer Hoheitstitel »Gesalbter des Herrn« gewesen war. Davids Sieg über Goliath erschien den Gläubigen des Mittelalters als eine Vordeutung auf Christus, der Satan vernichtet. Die Barttracht Davids auf der Bild-

ABB. 7

platte übernahm um 1160 Friedrich I. in bewußter Angleichung. Die Staufer waren rotblond; im Kreise der Fürsten und Ritter – damals alle glattrasiert – wurde Friedrich I. zum »Rotbart« (ital. »Barbarossa«).

Apostel Jakobus als berittener Schlachtenhelfer. Um 1190. Kathedrale, Santiago

Am 29. Dezember 1165, dem hierfür eigens gewählten Festtag des Königs David, erfolgte in Aachen die Kanonisierung Karls des Großen. Könige, die als Heilige galten, gab es bereits in mehreren Ländern, so seit 1030 Olav in Norwegen, seit 1083 Stephan in Ungarn und seit 1100 Knud in Dänemark. 1147 war als erster deutscher Herrscher Heinrich II. durch eine päpstliche Bulle in den Kreis der Heiligen erhoben worden; zwei Jahrzehnte später legte Rainald von Dassel auf eine solche Bestätigung keinen Wert; er ließ die Heiligsprechung Karls des Großen mit bloßer Zustimmung des in Aachen anwesenden, auf seiten von Friedrich Barbarossa stehenden Gegenpapstes Paschalis III. durch eine Kaiserurkunde verkünden. Zur Begründung wurde auf eine vermutlich im Umkreis des Kanzlers kurz zuvor verfaßte »Lebensgeschichte« (»Vita«) verwiesen; sie rühmte Karl den Großen als den »Schwinger des geistlichen und weltlichen Schwerts«. Die Aachener Kanonisierung gilt uns als politische Kraftprobe, die Friedrich I. und seine Berater im Ringen mit dem Papsttum glaubten wagen zu können.

Barbarossa konnte Karl den Großen zu seinen Vorfahren zählen; da der heilige Vorgänger gleichen Bluts wie der lebende Herrscher war, übertrug sich die Heiligkeit auf diesen selbst und auf seine Nachkommen; hiervon künden sakrale Kunst-

ABB. 6   Karl der
Große, dargestellt
als Barbarossa. Um
1170. Karlsschrein.
Aachen

werke, die 1165 oder gleich danach entstanden bzw. in Auftrag gegeben wurden. Der bekannte, durch eine Vergoldung im 19. Jahrhundert entstellte »Kappenberger Kopf« gibt den bartlosen Karl den Großen mit dem gestutzten »Davidsbart« wieder, den Friedrich Barbarossa trug; die achteckige Bodenplatte mit Zinnen und Türmen ist die Darstellung des »Himmlischen Jerusalem, dessen Abbild auf Erden das Sacrum Imperium war« (Rensing).

Auf einem Relief der Dachschräge des Silberschreins, der nach 1165 für die Gebeine des neuen Heiligen gefertigt wurde, erscheinen Karl der Große und Barbarossa ebenfalls als eine Person; dem bärtigen, vor Pamplona betenden Karl ist ein ABB. 6 Schild mit dem kaiserlich-staufischen Adler beigegeben, den Roland hält. Barbarossa fehlt in der Reihe der sitzenden Herrscher an den Längsseiten des Schreins, da er in der Figur des wiederum bärtigen »Carolus Magnus Sanctus« bereits verkörpert ist. Ein zeitgenössisches farbiges Glasfenster des Münsters von Straßburg, wo der Karlskult früh Aufnahme fand, zeigt den Kaiser mit rötlichem Haarwuchs an Kinn und Wangen, also als »Rotbart«. Dem stets auf Wirkung nach außen bedachten Friedrich I. muß die Tragweite des eben Geschilderten voll bewußt gewesen sein; wie sich in seinem Inneren frommer Christensinn, Glaube an die Berufung zum kaiserlichen Amt und politische Berechnung vertrugen, bleibt uns verborgen.

In den Fresken von S. Maria in Cosmedin hatte das Papsttum der Mitwelt ein politisches Programm präsentiert: Wie einst Carolus Magnus vom Apostel Jako-

ABB. 7 König David, »Gesalbter des Herrn«.
Um 980. Kaiserkrone. Hofburg, Wien

bus, so hätten seine Nachfolger von Petrus bzw. seinem irdischen Stellvertreter Weisungen anzunehmen. Seit 1165 bot sich für die Staufer die Möglichkeit, durch die »Identifizierung« (Fillitz) von Karl und Barbarossa sich dem päpstlichen Anspruch zu entziehen und Jakobus an die Seite des Kaisers zu stellen; dieser brauchte nicht mehr am Tiber die Unterstützung eines Apostels zu suchen. Man glaubte überdies damals in Aachen an eine in Wirklichkeit nie stattgehabte Wallfahrt Karls des Großen nach Compostela, dort hingegen an eine gleichfalls legendäre fränkische Stiftung des »Schatzes von Zaragoza« für das Apostelgrab.

Das bereits beobachtete, aber bisher nicht erklärte plötzliche Hervortreten des Apostels Jakobus zwischen Alpen und Nordsee findet nun seine Erklärung. Unmittelbar nach der Heiligsprechung Karls des Großen begegnet uns der in Compostela ruhende Apostel als Schutzpatron für die kaiserliche, die staufische, die deutsche Sache – wobei die Zeitgenossen keine genauen Abgrenzungen vornahmen. Die Burgen kaiserlich gesinnter Ritter wurden allenthalben mit Jakobuskapellen ausgestattet; im staufisch gewordenen Rothenburg o. d. Tauber hatte der bisherige, bischöflich-würzburgische St. Kilian als Patron der Stadtkirche dem Apostel zu weichen; der spanische Nationalheilige drang als Schirmherr deutscher Kreuzzüge gegen Wenden, Prussen und Liven bis in den Ostseebereich vor, wo binnen weniger Jahrzehnte etwa hundert Jakobikirchen entstanden.

Die hier berichteten Fakten sollten historisch bedeutsame Folgen zeigen. Die Notwendigkeit der »Defensio Christianitatis« hatte im päpstlichen Bereich zur Entstehung des Kreuzzugsgedankens geführt; jedoch wurde seit etwa 1165 kaiserlicherseits der Anspruch auf die Leitung der gegen die Muslims antretenden Ritterheere erhoben. Im nächsten Kapitel werden Barbarossa, sein Sohn und sein Enkel bei der Vorbereitung bzw. Durchführung von Palästinakreuzzügen vergegenwärtigt. Nach dem Willen der Staufer sollte ein deutscher geistlicher Ritterorden entstehen: Er ist »der Held« dieses Buchs.

II. Palästina im Zeitalter der Kreuzzüge.
Die Anfänge des Deutschen Ritterordens

Den Christen des Mittelalters galt Palästina als das Heilige Land schlechthin. Die zu seiner Befreiung von islamischer Herrschaft unternommenen Kreuzzüge haben Historiker seit langem beschäftigt. Das einst vorwiegend skeptische Gesamturteil hat sich neuerdings gewandelt. Wir lesen heute in der »Cambridge Medieval History«, die Bildung christlicher Staaten in Palästina habe den Fall von Byzanz (Konstantinopel) um dreihundert Jahre verzögert und damals einen Vorstoß des Islam nach Südosteuropa vereitelt. Um 1300 wäre Wien gefallen, während es 1529 und 1683 verteidigt werden konnte.

Der Erste Kreuzzug fand Ende des 11. Jahrhunderts statt; als eine mittelalterliche Massenbewegung religiösen Ursprungs wird er der Nachwelt in manchem immer unverständlich bleiben. Auf dem Konzil von Clermont hielt am 27. November 1095 Papst Urban II. unter freiem Himmel vor Geistlichen und Laien eine Predigt, die in die Geschichte eingehen sollte. Zum ersten Mal forderte das geistliche Oberhaupt der Christenheit eine bewaffnete Wallfahrt zu den Heiligen Stätten. Der Erfolg war überwältigend: Tausende »nahmen das Kreuz« und verpflichteten sich, ihr Alltagsleben aufzugeben, Haus, Hof und Heimat den Rücken zu kehren. »Gott will es« (altfrz. »Deus lo volt«) verbreitete sich wie ein Losungswort; es sollte auf lange hinaus gültig bleiben.

Schon frühzeitig wurde bei Kapitalverbrechen, z. B. Brudermord, als Kirchenstrafe eine sieben Jahre währende Wallfahrt auferlegt; der Büßer mußte sich zur Ruhestatt des Apostels Jakobus in Compostela, zum Petrusgrab in Rom und zum Michaelsheiligtum auf dem Berge Gargáno in Apulien begeben und schließlich in dem seit Jahrhunderten islamischen Palästina Bethlehem und Jerusalem aufsuchen. Insbesondere die Jerusalem-Wallfahrt hatte für jeden Christen – ob schuldbeladen oder nicht – große Bedeutung. Es galt als letztes irdisches Lebensziel, zu den Heiligen Stätten zu pilgern, um dort den Tod zu erwarten. Jerusalem, wo Christus ans Kreuz geschlagen wurde und wieder auferstand, war »die Stadt der Zerstreuten« (Tobias 13), Gleichnis und Vorform des »Himmlischen Jerusalem mit seinen saphirnen Toren und edelsteingeschmückten Mauern«.

Die päpstliche Predigt von Clermont hatte jedermann aufgerufen, als Teilnehmer eines Kriegszugs Jerusalem zu befreien; bisher waren Pilger schutzlos unter Lebensgefahr – von muslimischen Wegelagerern und Räubern bedrängt – in die

Heilige Stadt gelangt. Dies sollte anders werden; das »Erbgut Christi« durfte nicht länger in heidnischer Hand bleiben. Viele Gläubige waren »wohl nicht im Stande, zwischen dem irdischen und dem himmlischen Jerusalem zu unterscheiden; in ihrem Jerusalembild fand apokalyptisch-endzeitliche Frömmigkeit ihren Kristallisationspunkt« (H. E. Mayer).

Solange der Erste Kreuzzug glatt verlief, brachte der Alltag nur Unbequemlichkeiten, denen man gewachsen war: knappe Verpflegung, dürftige Unterkunft, schlechte Wege. Bei der Annäherung an Palästina, vor Antiochia, drohte jedoch alles zu scheitern; die einst drittgrößte Stadt des Römischen Reichs hatte hohe Mauern und wurde hartnäckig verteidigt. Die Christen hungerten, größere Gruppen wandten sich heimwärts. Es galt, die beim Aufbruch zum Kreuzzug herrschende Begeisterung wieder zu entfachen; Wunder halfen, dies zu bewirken. Die Auffindung der Lanze, durch die Christus am Kreuz seine Seitenwunde empfangen hatte, führte zu religiöser Ekstase: ein Mann niederen Standes, Petrus Bartholomäus, hatte sie entdeckt und herbeigeschafft. Siegeszuversicht ging auch von Himmelserscheinungen heiliger Ritter aus; sie nahmen – wie vordem Sankt Michael – am Heidenkampf teil.

Beim Lanzenwunder und bei den Rittervisionen dürfte der Normannenfürst Boemund von Bari die Hand im Spiel gehabt haben; der erfahrene Heerführer kannte die Sinnesart des Kriegsvolks. Während ein französischer Prälat, der Bischof von Puy, zum ersten Wunder bemerkte, die echte Lanze befinde sich bekanntlich im Schatz des Kaisers von Byzanz, trat Boemund für die Authentizität der neuen Reliquie ein; er mag sein Verhalten als einen Auftrag, sich selbst als Werkzeug eines höheren Willens empfunden haben. Die Antiochia-Wunder führten zum Sieg der Christen; selbst Muslims vermeinten, die Lichterscheinungen am Himmel zu sehen und flohen voller Entsetzen. Ritterliche Heilige über Christenheeren sollten auch in späteren Jahrhunderten sowohl in Spanien wie an der Ostsee oft die Wende bringen.

Boemund blieb in Antiochia und gründete hier einen eigenen kleinen Staat. Die Hauptmasse des Heeres zog im Januar 1099 unter der Führung von Graf Raymond von Toulouse weiter. Es ging in Küstennähe über Tyrus und Akkon bis Jaffa, sodann in östlicher Richtung durch das Landinnere auf Jerusalem zu. Am Westrand der Stadt residierte ein Emir in der Zitadelle, die Juden und Christen als die »Davidsburg« ansahen; die Heiliggrabkirche war nach wie vor Eigentum einer Gemeinde ortsansässiger Christen.

ABB. 3

Als die Ritterheere sich zum Sturm auf die hartnäckig verteidigte Stadt rüsteten, erlosch die bis dahin geübte Toleranz der Muslims; christlichen Mitbürgern wurde Verrat zugetraut, man schritt zu Hinrichtungen. Die Kreuzfahrer ihrerseits gewährten wenig Schonung, als sie am 15. Juli 1099 mit Hilfe eines Belagerungsturms in Jerusalem eindringen konnten. Eine rühmliche Ausnahme machte Raymond von Toulouse; Gegnern, die sich in der Davidsburg befanden, versprach er

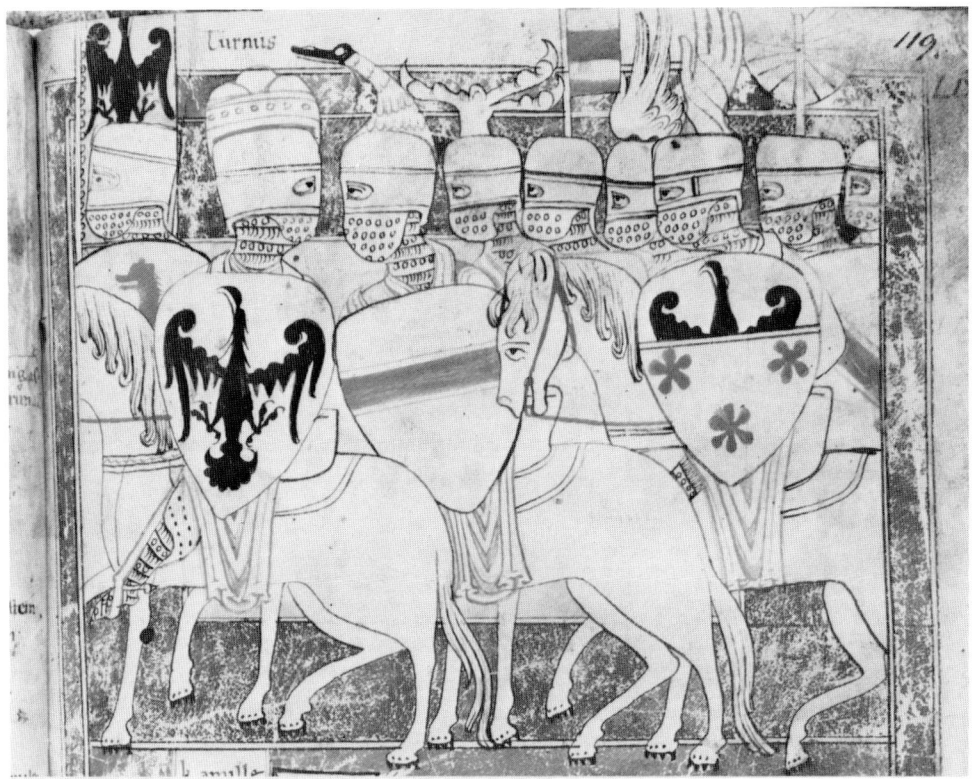

ABB. 8 Deutsche Ritter zu Pferde. Um 1215. Miniatur. Berlin

bei kampfloser Übergabe die Freiheit und geleitete sie sicher aus der Stadt hinaus.

Im Südwesten von Jerusalem versammelte sich inzwischen ein großes Heer von Muslims, dessen Kern aus Ägyptern bestand; die Christen wagten eine offene Feldschlacht und erfochten bei Askalon einen der glänzendsten Siege der Epoche. Der stürmische Angriff der gepanzerten Reiter brach den gegnerischen Widerstand in weniger als einer Stunde; das Küstengebiet von Askalon bis Jaffa wurde ebenfalls vom christlichen Regenten Jerusalems abhängig. Von Haus aus bemittelte Ritter verließen nach dem Ende des Kreuzzuges wieder Palästina; wer in seiner Heimat jedoch – etwa als zweiter oder dritter Sohn – keine geebneten Wege vor sich sah, blieb im Orient. Nach und nach bildete sich dort eine Zone von Kreuzfahrerstaaten, die sich von Nord nach Süd etwa 800, von der Küste landeinwärts etwa 150 Kilometer erstreckte.

ABB. 175

Israelische Forscher haben das herkömmliche unerfreuliche Bild vom christlich gewordenen Palästina neuerdings korrigiert. »Vor der Ankunft der Kreuzfahrer

23

ABB. 9 Akkon. Grün-
dungsort des Deut-
schen Ritterordens.
Von Norden. Stein-
druck um 1840

24

David Roberts, 1839.

25

ABB. 18

war durch häufige Bruderkriege kleiner islamischer Machthaber das Land heruntergekommen. Viele Dörfer lagen verlassen. Nach dem Ersten Kreuzzug war eine neue Blüte die unmittelbare Folge der Errichtung des christlichen Königreichs Jerusalem« (Ben-Dov). In einem Bericht des in Valencia geborenen Arabers Dschubair, der mit seiner Karawane etwa zwei Menschenalter später unweit der Burg Thoron das Kreuzfahrergebiet durchzog, heißt es: »Man sieht Höfe von ersichtlichem Wohlstand; unsere Glaubensbrüder müßen einen Teil ihrer Erträge abliefern, sind in ihren Häusern aber ihre eigenen Herren; es bedrückt sie, daß sie vordem über die Willkür der Obrigkeit zu klagen hatten, wohingegen sie jetzt das Verhalten der Christen nur loben können, auf deren Gerechtigkeit Verlaß ist.«

In den Städten normalisierte sich der Alltag ebenfalls; Mangel an Arbeitskräften führte schnell dazu, Einheimischen – auch Juden und Muslims – Wohnrecht zu gewähren. Die Oberschicht der »Terra Sancta« war französischen Ursprungs und schloß sich zu einer Art Staatsvolk zusammen, in das kleinere Gruppen romanischer Zuwanderer hineinwuchsen. Bereits 1127 notierte Fulcher von Chartres in Jerusalem: »Wer früher Römer oder Franzose war, ist heute Antiochier oder Tyrer; schon haben wir die Orte unserer Geburt vergessen. Wer zu Hause mittellos war, den hat Gott hier reich gemacht; er hat eine Landsmännin oder auch eine Syrerin, Armenierin oder getaufte Sarazenin geheiratet. Warum soll in den Okzident zurückkehren, wer hier einen solchen Orient fand!«

Unter den Rittern, die nach dem Ende des Ersten Kreuzzugs in Jerusalem geblieben waren, befanden sich auch Deutsche; das Bedürfnis nach einem »Deutschen Hause« wurde allmählich rege. Ein späterer Chronist berichtet: »Die göttliche Erbarmung trieb einen ehrenwerten Deutschen, ein Hospiz aus eigenen Mitteln zu gründen; als dort viele wegen des Bandes der Sprache zusammenströmten,

ABB. 10 Hochmeister Hermann von Salza zu Füßen des Marienthrons. Um 1218. Dom, Bamberg

ABB. 11, 12   Kirche und Spital des Deutschen Hauses. 12. Jh. Jerusalem

errichtete er daneben eine Kirche zu Ehren der Maria«. Das wohl 1118 gestiftete
»Marienspital vom Hause der Deutschen in Jerusalem« sollte die Urzelle des
Deutschen Ritterordens werden.

Nach dem »Sechstagekrieg« von 1967 wurden in der bis dahin jordanischen
Altstadt von Jerusalem verwahrloste Häuser abgebrochen, Sanierungen durchgeführt und dabei Reste alter Bauten freigelegt. In der Nähe der Klagemauer ent-
deckte man die Ruine des Deutschen Spitals; für ihre Erhaltung konnte die israelische Denkmalpflege Mittel deutscher Privatpersonen aus West-Berlin in Anspruch
nehmen; der Bezirk ist heute »Archäologische Zone«.

Die gesamte Bautengruppe verrät eine sorgfältige Planung; die verwendeten
Quadern sind vortrefflich behauen, noch vorhandene Kapitelle entstammen ebenfalls einer guten Werkstatt, zweifellos wurden eingewanderte französische Bauleute mit den Arbeiten betraut. Das »Deutsche Haus« umfaßt in der Mitte eine
kleine dreischiffige Kirche, südlich davon das Spital (20 : 30 m) mit zwei gewölbten Sälen übereinander, nördlich die um einen quadratischen Hof angeordneten
Hallen der Herberge. Im Ruinenfeld hat man soeben zwei Zisternen mit der beträchtlichen Fassungskraft von je zweihundert Kubikmetern von Schutt befreit;
ihnen wurde von den Dächern das Regenwasser durch Tonröhren zugeleitet. Seit

ABB. 14

ABB. 177, 178

1968 kommt aus dem Gelände wertvolle Keramik in bisher bei israelischen Ausgrabungen nicht bekannten Mengen zu Tage. Die Reste des Deutschen Spitals verdienen nicht aus baukünstlerischen, sondern aus historischen Gründen Beachtung. »Keine unserer Ruinen aus der Zeit der Kreuzritter kann für sich in Anspruch nehmen, Ursprungsort eines so wichtigen Kapitels europäischer Geschichte zu sein wie diese bisher verborgenen Mauern«, heißt es im Bericht des israelischen Denkmalpflegers Eli Rothschild.

Im Jahre 1147 löste die Wiedereroberung des nördlichen Kreuzfahrerstaates Edessa durch die Muslims den Zweiten Kreuzzug aus, der mit starker deutscher Beteiligung stattfand. Entgegen dem in Byzanz erteilten Rat wählten die meisten Heerhaufen statt der Küstenstraße einen Landweg und erlitten durch Überfälle schwere Verluste.

Zu den wenigen Rittern, die bis Jerusalem gelangten, gehörte der 1122 geborene Friedrich von Hohenstaufen; damals war nicht vorauszusehen, daß sein Oheim Konrad III., der erste Herrscher dieses Geschlechts, ihn 1152 auf dem Sterbelager den deutschen Fürsten als seinen Nachfolger empfehlen würde. Vom Jerusalemaufenthalt des späteren Kaisers Friedrich Barbarossa ist nichts überliefert. Das Deutsche Haus wird er besucht haben und dürfte Mitgliedern der bereits bestehenden Ritterorden der Templer und der Johanniter begegnet sein; nach der Gründung des Deutschen Ritterordens sprach ein Enkel Friedrichs I. von »einer Schöpfung von uns Staufern« (»structura nostra«), was sehr wohl als Hinweis auf seit 1148 vom späteren großen Kaiser gehegte Absichten verstanden werden kann.

Die geistlichen Ritterorden der Kreuzzugzeit waren die vollkommenste Verwirklichung der Miles Christi-Idee. Wer Ritterbruder in einem Orden wurde, mußte auf ihm wichtige Lebenselemente – Umgang mit Pferden, Waffengebrauch, Bewährung im Kampf – nicht verzichten, lebte aber ehelos und ohne persönlichen Besitz in einer Gemeinschaft, die strenger Disziplin unterworfen war. Der große Theologe Bernhard von Clairvaux pries das entsagungsvolle Dasein der Ordensritter, das sich von Prahlerei und Übermut weltlicher Waffenträger abhebe.

Ein nordfranzösischer Ritter hatte 1128 in Jerusalem die älteste Bruderschaft dieser Art gegründet; ihre erste Aufgabe war die Sicherung der Straße vom Hafen Jaffa nach Jerusalem. Vor 1131 erhielt der Orden bei der El-Aksa-Moschee eine Unterkunft; da man in diesem Bezirk den Tempel des Königs Salomo vermutete, hieß der Orden fortan »Militia Templi«; seit etwa 1140 trugen die Templer einen weißen Mantel. Der zweite Ritterorden war aus einer Gemeinschaft entstanden, die sich in Jerusalem der Krankenpflege gewidmet hatte; ihr Hauptsitz befand sich seit jeher gegenüber dem südlichen Querhaus der Heiliggrabkirche in einer Bautengruppe, zu der eine Johanniskirche gehörte; als die Johanniter hier ein Siechenhaus

ABB. 13, 14 errichteten, erregten sie den Unmut des Patriarchen von Jerusalem, weil ihr Gebäude die Grabeskirche an Größe weit übertraf.

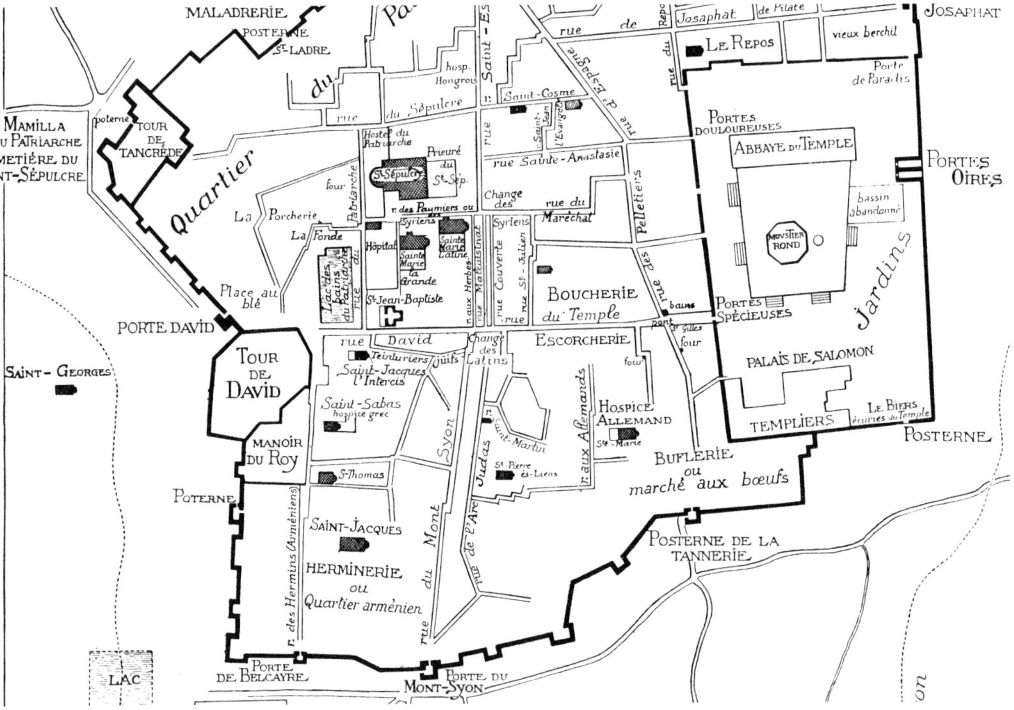

MALADRERIE
POSTERNE
S.te-LADRE

VERS MAMILLA
LAC DU PATRIARCHE
ET CIMETIÈRE DU
SAINT-SÉPULCRE

poterne
TOUR
DE
TANCRÈDE

Quartier   du   Pa...

rue   Saint-Es...

rue   de   Josaphat   de Pilate   JOSAPHAT

Le Repos   vieux berchil

rue   de   l'Esperan...

Porte
de Paradis

hosp.
Hongrois

rue du Sépulcre

Saint-Cosme

PORTES
DOULOUREUSES

ABBAYE DU TEMPLE

PORTES
OÏRES

Hostel du
Patriarche

rue Sainte-Anastasie

Prieuré
du
St Sép.

Change
des ...

Jardins

bassin
abandonné

St-Sépulc?

rue du
Maréchal

MONSTIER
ROND

La   Porcherie

four

Fabriq...

r. des Paumiers ou
Syriens

Syriens

rue   des   Pelletiers

La Fonde

Hôpital

Sainte
Marie
Latine

Place au
blé

Lac des
Cours du Patr...

Sainte
Marie
la
Grande

St-Jean-Baptiste

rue   aux   Herbes

rue Couverte

rue St-Julien

BOUCHERIE
du Temple

baux

PORTES
SPÉCIEUSES

PORTE DAVID

rue   David

Change
des
Juifs Latins

ESCORCHERIE

Tour

PALAIS DE SALOMON

SAINT-GEORGES

TOUR
DE
DAVID

Teinturiers

Saint-Jacques
l'Intercis

four

Hospice
ALLEMAND

TEMPLIERS

Le Biers
écuries du Temple

POSTERNE

MANOIR
DU ROY

Saint-Sabas
hospice grec

Mont   Syon

rue   de   l'Art   Judas

St-Martin

S.te-Marie

BUFLERIE
ou
marché aux bœufs

Poterne

S.t-Thomas

St-Pierre
ès-Liens

rue   aux   Allemands

SAINT-JACQUES

HERMINERIE
ou
Quartier arménien

r. des Hermins (Arméniens)

rue   du

POSTERNE DE LA
TANNERIE

PORTE
DE BELCAYRE

PORTE DU
MONT-SYON

LAC

on

ABB. 13, 14   Plan von Jerusalem um 1180. Oben:
Westen und Mitte. Rekonstr. um 1900. Unten:
Nordwestteil. Zeitgenöss. Zeichnung. Cambrai

29

Hic est disp̃sitio et figura templi d̃ni sepulchri abextra

Ante templũ sepulchri d̃ni lotat̃ ē lapis iste sup̃ quo xp̃s cruce̅ baiulãs cecidit dir

Im späteren Verlauf des 12. Jahrhunderts begann das ursprünglich so strahlende Bild des Kreuzzugwesens bereits an Leuchtkraft einzubüßen. Wer in Europa
zur Verteidigung der christlichen Staaten im Heiligen Land das Kreuz nahm,
konnte kirchlicherseits offenbar mehr Begünstigungen in Anspruch nehmen als es
zwei Menschenalter zuvor beim Ersten Kreuzzug der Fall gewesen war: Schulden
durften nicht eingetrieben, Untaten vom weltlichen Arm nicht geahndet werden;
so trafen in Palästina viele ein, die sich den Folgen eines Verbrechens entziehen
wollten. Sie überfielen selbst in ruhigen Zeiten in Grenznähe Muslims und suchten den Tod von Heidenhand; ihr unerschütterlicher Glaube verhieß ihnen, auf
diese Weise dereinst die verdienten Höllenstrafen gegen die Ewige Seligkeit ein-
tauschen zu dürfen. Ein einziger schuldbeladener, aber »heldischer Kreuzfahrer«
(»athleta Christi«) konnte das mühsam aufrecht erhaltene Zusammenleben zwischen den Christen und ihren muslimischen Nachbarn ernstlich gefährden.

Was die künstlerische Entwicklung im Heiligen Land angeht, so erreichte die
Sakralarchitektur dank dem weiteren Zuzug französischer Werkleute schnell einen beachtlichen Rang. Die Heiliggrabkirche in Jerusalem wurde ergänzt; Denkmalpfleger haben unlängst bisher nicht bekannte Baubestandteile aus der Kreuz-

fahrerzeit freigelegt; erhaltene Steinmetzarbeiten der Jahre um 1170 setzen die Kenntnis der Basilika von St. Denis bei Paris voraus. In der Folge wurden Einflüsse aus Apulien wirksam. Das Portal des südlichen Querhausarms, welches auf 1160/1180 datiert werden kann, weist zusätzlich Elemente islamischer Herkunft auf; der Zickzackrand geht auf Vorbilder in Kairo zurück. Was wir heute an Bauten und Werken der darstellenden Kunst in Jerusalem und seiner weiteren Umgebung vorfinden, gleicht einem reizvollen Kaleidoskop, das Ausgrabungen täglich farbenreicher machen.

Im Jahre 1187 vereinte ein bedeutender Herrscher der islamischen Welt, Sultan Saladin, in seiner Hand Ägypten und das Gebiet von Damaskus: Die Kreuzfahrerstaaten waren eine Enklave in seinem Reich, die zu verschwinden hatte. Ein großes christliches Ritterheer stellte sich mutig zum Kampf, wurde aber waghalsig geführt und erlitt bei Hattin eine vernichtende Niederlage. Der Sultan köpfte eigenhändig den ihn verhöhnenden Ritter Rainald von Châtillon und gab Anordnung, alle Templer zu töten; manche andere Gefangene konnten sich freikaufen. Wie durch ein Wunder ließ sich das Schlimmste gerade noch verhüten: Die belagerte mächtige Johanniterburg Krak des Chevaliers hielt stand; ein fürstlicher

Kreuzfahrer aus Oberitalien behauptete die Hafenstadt Tyrus; eine aus Sizilien eintreffende Flotte rettete Antiochia.

Die Katastrophe von Hattin erregte in Europa von neuem eine echte Kreuzzugsbegeisterung; Kaiser Friedrich I. Barbarossa hatte bei der Heiligsprechung seines Vorfahren Carolus Magnus 1165 zweifellos bereits einen Kreuzzug im Sinn; dem nun beinahe Siebzigjährigen mußte die Befreiung der Heiligen Stätten als Krönung seines Lebenswerks erscheinen. Auf dem »Hoftage Jesu Christi« in Mainz im Jahre 1188 nahm erstmals fast die gesamte Ritterschaft der deutschen Lande das Kreuz, darunter auch höfische Dichter wie Hartmann von Aue und Friedrich von Hausen. Eine Zeichnung aus Kloster Schäftlarn zeigt uns den alten Kaiser mit

ABB. 2

Reichsapfel und Krone, das Kreuz auf Mantel und Schild, als Führer des gewaltigen Unternehmens. Das gesamte Abendland erkannte Barbarossa als obersten Herrn der Christenheit an; der Engländer William Newbrough bezeichnete ihn geradezu als »unseren Kaiser«.

In Deutschland wurde ein regelrechtes Heer unter straffer Führung aufgestellt; Einzelgänger, Jugendliche, Greise, Frauen und Kinder durften nicht – wie sonst z. T. geschehen war – mitziehen; am Tag des Heiligen Georg begann der Aufbruch. Als eine Art Vortrupp traf über See im November 1188 zunächst Ludwig von Thüringen in Palästina ein. Das Hauptheer benutzte den Landweg und befand sich unter der Führung des Kaisers; ihn ereilte in Vorderasien ein zufälliger Tod, am Ufer des Flusses Saleph stürzte er vom Pferd und ertrank. Vielen Rittern galt der Unglücksfall als böses Omen und Zeichen zur Heimkehr; jedoch gelangten immer noch beträchtliche Streitkräfte im Oktober 1190 bis vor die Tore des seit 1187 von Muslims besetzten Akkon.

Nach mutigen, aber vergeblichen Angriffen der Deutschen führte das Eintreffen von Österreichern, Franzosen und Engländern zur Kapitulation, wobei neuartige Belagerungsmaschinen eine wichtige Rolle spielten. Im Juli 1191 wurde Akkon – damals die größte Hafenstadt am Mittelmeer – wieder ein christlicher Brückenkopf.

König Richard Löwenherz, für seine Bravour im Gefecht gleichermaßen bekannt wie für maßlose Temperamentsausbrüche, ließ sämtliche in Akkon gefangenen Muslims töten, als die Lösegeldverhandlungen sich hinzogen; im weiteren Verlauf des Vorgehens im Küstenland hatte jeder englische Ritter, der in die Hand des Gegners fiel, die Tat seines Königs mit sofortiger Enthauptung zu büßen. Schließlich kam es zu einem für die christliche Seite noch einigermaßen vorteilhaften Frieden.

Zu diesem denkwürdigen Zeitpunkt erfolgte vor bzw. in Akkon die Gründung

ABB. 9

des Deutschen Ordens. Zunächst richteten 1190 »Bürger aus Bremen und Lübeck unter dem Segel ihrer Kogge ein Notspital ein«, heißt es in einer spätestens 1232 verfaßten Chronik. Das Zeltlazarett erhielt den gleichen Namen wie das 1118 in Jerusalem gegründete Spital, vermutlich in der Absicht, bei der erhofften

Wiedereroberung der Heiligen Stadt eine Vereinigung vorzunehmen. Acht Jahre später verwandelten in Akkon deutsche Fürsten die Spitalbruderschaft in den Ritterorden »Ordo Domus hospitalis S. Mariae Teutonicorum in Jerusalem«. Als »Deutscher Orden zu Sankt Marien in Jerusalem« besteht, auf karitative Aufgaben beschränkt, der Orden bis heute in Österreich fort; eine vergleichbare Kontinuität hat keine andere deutsche Institution aufzuweisen.

Das 13. Jahrhundert gilt seit Menschenaltern als ein Höhepunkt der deutschen Vergangenheit: Walter von der Vogelweide und Wolfram dichteten, am Rhein blühte der romanische Stil herrlich aus; der »Bamberger Reiter« und die »Naumburger Statuen« wurden geschaffen. Im Heiligen Land begann jedoch bereits der Abstieg. Das Königreich Jerusalem – der Name wurde nie aufgegeben – bestand nach 1200 nur noch aus Akkon und seinem Hinterland; in der großen Stadt amtierte neben anderen weltlichen und geistlichen Würdenträgern auch der Hochmeister des jungen Deutschen Ordens.

ABB. 17 Krone Friedrichs II. Um
1225. Getragen in Jerusalem. Seit
1236 auf einem Reliquiar. Stockholm

33

Im Jahre 1215 nahm anläßlich seiner Königskrönung in Aachen Friedrich II., Sohn Heinrichs VI. und Enkel von Barbarossa, das Kreuz; als er durch seine zweite Ehe Rechtsansprüche im christlichen Palästina gewonnen hatte, begab er sich als Leiter eines Kreuzzugs von Süditalien nach Akkon. Kaiser Friedrich II. erstrebte von vornherein eine Regelung, die weitere Kämpfe gegen die Muslims ausschließen sollte; dabei mag ins Gewicht gefallen sein, daß dem fließend arabisch sprechenden Zögling der Mischkultur von Palermo die Hochschätzung islamischen Geistes eine Selbstverständlichkeit war. Inzwischen hatten sich in der ritterlichen Welt des Abendlandes – verschiedenen Wurzeln entsprossen – versöhnliche Vorstellungen gebildet. Für Wolfram von Eschenbach waren »auch die Heiden von Gottes Hand erschaffen« und so ließ er in seinem »Parzival« einen »edlen Sarazenen« in den Gralspalast eintreten. Der Mönch Franziskus von Assisi wandte sich gegen jede Gewaltmission und forderte Bekehrung durch Predigen; er traf in einem Heerlager der Kreuzfahrer in Ägypten ein und dürfte dort 1219 dem vierten Hoch-

ABB. 10

meister des Deutschen Ordens, Hermann von Salza, begegnet sein.

Der im Jahre 1228 den größten Teil von Palästina beherrschende Sultan Alkamil war in Sippenkämpfe verwickelt und wünschte mit Friedrich II. zu einer gütlichen Einigung zu kommen; vermutlich hoffte er, dadurch auch einen neuen Kreuzzug der Europäer zu vereiteln. »Ohne einen Tropfen Blutvergießens« (»sine omnis effusione sanguinis«) erhielten die Christen durch Vertrag am 18. Februar 1229 für zehn Jahre und fünf Monate den größten Teil Jerusalems; nur der Bezirk des einstigen Templum Salomonis mit seinen islamischen Heiligtümern verblieb unter der Verwaltung eines Kadi; den Templern war es verwehrt, sich hier erneut niederzulassen. Christlich wurden auch wieder Bethlehem, Nazareth und Landgebiete nordöstlich von Akkon.

Das Kreuzfahrerheer hatte an der Küste den Vertragsabschluß abgewartet; die Ritter und eine große Zahl von Pilgern zogen nun unbehelligt zur Heiligen Stadt; Friedrich II. verbot jede Plünderung oder feindselige Handlung. Am 17. März 1229 erschien der 35jährige Staufer in Begleitung des Hochmeisters und kaiserlicher Würdenträger, gefolgt von Deutschordensrittern, vor Jerusalem; er empfing vom muselmanischen Vogt die Schlüssel und wurde zum südlich der Heiliggrabkirche gelegenen einstigen Johanniterspital geleitet, das zeitweise von Angehörigen des Sultans bewohnt worden war. Da auf Friedrich II. wegen verzögerter Durchführung des Kreuzzugs der Kirchenbann ruhte, wurde die Krönung am nächsten Tag ohne Priester vollzogen; diese Regelung sollte eine spätere Aussöhnung mit dem Papst erleichtern und war auf Anraten Hermanns von Salza getroffen worden.

ABB. 15, 16

Nach der Zeremonie die Kirche durch das Südportal verlassend, trug Friedrich II. auf dem Haupt die Krone (»portavit coronam«) des Königs von Jerusalem; sie ist als Oberteil eines Reliquiars erhalten, das Gustav Adolf 1631 aus Deutschland nach

ABB. 17

Schweden gebracht hat. Nach der Krönung hielt der Kaiser eine italienische Ansprache, die Hermann von Salza auf lateinisch und deutsch wiederholte. Es han-

ABB. 18 Ordensburg Thoron. 13. Jh. Steindruck um 1850

delte sich um eine Art politisches Manifest, durch das Friedrich II. gleich Barbarossa sich in die Tradition des Davidkönigtums stellte; dabei fehlte es nicht an Vergleichen zwischen der Person des Kaisers und David, der zugleich König und Prophet gewesen war.

Es folgte eine Beratung der Großen des Königreichs Jerusalem, an der auch Johanniter und Templer teilnahmen. Friedrich II. erläuterte die vom Sultan zugestandene Verstärkung der Mauern der Stadt, »übergab« (»handed over«, Runciman) dem Deutschen Ritterorden die Königsresidenz und die Davidsburg im Westteil und übereignete ihm mit allen Rechten das alte Deutsche Spital in der »Rue des Alemans« im Südosten. Als der Kaiser und Hermann von Salza Jerusalem nach kurzem Aufenthalt verlassen hatten, oblag den verbleibenden Deutschordensrittern die Instandsetzung der Stadtbefestigungen; offenbar erfolgte – gemäß neuesten israelischen Ausgrabungsergebnissen – in jenen Jahren erstmals die Einbeziehung des Berges Zion in das Verteidigungssystem.   ABB. 13, 14

Es hätte nahe gelegen, statt Akkon nun Jerusalem zum Sitz des Deutschen Ordens zu bestimmen, wovon Hermann von Salza jedoch, seinem vorsichtig abwägenden Charakter entsprechend, absah.

Der um 1165 geborene Hochmeister, vermutlich seit dem Barbarossa-Kreuzzug (1189/1190) häufig in Palästina, war geneigt, die Gesamtlage nach wie vor skeptisch zu beurteilen. Die neuen Rechte der Christen waren zeitlich begrenzt; das Landinnere blieb – bis auf einzelne Stützpunkte – islamisch; eine Verlegung des Hochmeistersitzes wäre voreilig gewesen. Das Küstengebiet bei Akkon ließ sich hingegen gut verteidigen; hier konnte man im Angriffsfall etwa zweihundert weltliche Ritter aufbieten; hinzu kamen berittene Pfeilschützen (»Turcophiles« nach ihrer türkischen Kampfweise), Fußtruppen und Mannschaften aus den Städten, zusammen ungefähr zweitausend Mann. Die weltlichen Ritter saßen auf ihren Gütern oder hielten sich in Akkon auf; der eigentliche Schutz des Landes, das stets verfügbare »stehende Heer«, waren die Angehörigen der drei Ritterorden in ihren festen Burgen.

Der Deutsche Orden, als letzter gegründet, aber durch die Gunst der Staufer schnell gefördert, spielte eine nicht unbedeutende Rolle im klein gewordenen Königreich Jerusalem. Es ist überspitzt, den Orden als »einseitig deutsch ausgerichte-

ABB. 19–21 Staufisch-kaiserlicher Adler. Preß-
form (Model) aus Montfort. Um 1230. Museum,
Jerusalem.
Rechte Seite: Zeremonienschwert. 1219/1220.
Hofburg, Wien.
Türinnenseite. Um 1300. Elisabethkirche,
Marburg

ten Fremdkörper« (H. E. Mayer) in einer romanischen Umgebung zu kennzeichnen; es gibt genug Beispiele für ein Zusammenwirken der »Teutonici« mit den vorwiegend französischen Templern und Johannitern sowie den Vertretern der italienischen Seestädte.

Im Lauf der Zeit schrumpfte die Zahl der kampffähigen Ritter in den drei geistlichen Orden durch Überalterung und Tod immer mehr zusammen; an offene Feldschlachten konnte kaum gedacht werden. Allein die Burgen sicherten die Verteidigung; es fehlte jedoch nicht an Mitteln, und so entstanden Wehrbauten von einer bis dahin noch nie erreichten, ausgeklügelten Vollkommenheit. Altrömische und byzantinische Traditionen, islamische und christlich-abendländische Erfahrungen wurden genutzt.

Um 1225 hatte der Deutsche Orden die ältere, von den Muslims weitgehend
zerstörte Kreuzfahrerburg Thoron (arab. Tibnin) übernommen und ausgebaut; sie ABB. 18
lag verhältnismäßig weit nördlich von Akkon und beherrschte eine Hauptstraße
nach Damaskus. »Thoron« war eine im Französisch der Kreuzfahrer geläufige Bezeichnung für eine Bergkuppe. Die einst vom Grafen von St. Omer errichtete Veste ABB. 176
wurde auf Grund einer gütlichen Übereinkunft 1229 an die Erben des Erbauers abgetreten, gehörte also dem Orden nur eine kurze Zeit. Zwei Jahre später benannten
Deutschordensritter ihre erste große Burg an der Weichsel ebenfalls »Thoron«,
woraus das deutsche »Thorn«, das polnische »Torún« werden sollte. Im Heiligen
Land legte damals der Orden näher an Akkon eine Burgengruppe an, u. a. Melia,
Judin und Montfort, das Hochmeistersitz wurde.

Der Umstand, daß die Burgen der christlichen Ritter in Palästina nach dem Ende der Kreuzzüge meist nicht mehr verwendet und also auch nicht umgebaut wurden, macht sie zu einmaligen Zeugnissen mittelalterlicher Wehrbaukunst. Um 1250 umfaßte die ständige Besatzung wohl nur wenige Mann; jede Burg mußte eine Belagerung überstehen können, bis Entsatz kam. Die Verbindung zu Nachbarburgen wurde durch optische Signale besorgt; zudem dienten zur Nachrichtenvermittlung über weite Strecken Brieftauben.

Äußere Mauerringe erschwerten die Annäherung des Gegners an eine Burg; in Montfort betrug der Umfang des zweiten Rings 450 Meter, des dritten etwa 1350 Meter. Bis zu 30 Meter breite und 12 Meter tiefe, mit schweren Steinen gepflasterte Trockengräben vereitelten das Heranschaffen von Belagerungstürmen an die Kernburg. Die Muslims verstanden sich aber vortrefflich auf das Untergraben von Burgmauern; Quadern wurden herausgezerrt, in die Höhlungen Feuer gelegt und Breschen geschlagen. Die Kernburg errichtete man daher gern auf nacktem Fels, wobei der unterste Mauerteil schräg nach außen verlief, so daß Angreifer nicht über den Schutz des toten Winkels verfügten. Das Entfernen einzelner Quadern verhinderte man durch ihre enorme Größe – bis zu drei Meter hoch – und durch Verklammerung mit den Nachbarblöcken; die Löcher, in denen die Enden der eisernen Klammern steckten, goß man mit Blei aus. Jede Klammer wog etwa zwei Kilo, jede Bleifüllung 800 Gramm; in der soeben von israelischen Denkmalpflegern ausgegrabenen und in ihrem Bestand gesicherten Burgruine von Belvoir wurden vier Tonnen Blei zutage gefördert.

BB. 180, 181

Die Mauern der Kernburgen waren oft bis zu drei Meter dick und über zwanzig Meter hoch. Oben gab es Wurfscharten; hinter den Zinnen standen Armbrustschützen, weitere hinter fünfzehn Zentimeter breiten und achtzig Zentimeter hohen Mauerschlitzen unten in der Burg. Hier und da im Burgbereich errichtete man

ABB. 22   Gewölbeschlußsteine aus Montfort. Um 1250. The Metropolitan Museum, New York

38

ABB. 23 Ritterkopf aus Montfort.
Um 1250. Museum, Jerusalem

kleinere Türme, genannt »Barbikan« (arab. »bashura«), von denen aus Pfeilschützen sonst schwer überschaubares Gelände vor der Kernburg sicherten.

Der Zugang zu Höhenburgen wie Thoron, Judin und Montfort war stets gewunden und schmal. Vor dem Tor befand sich die übliche hölzerne Zugbrücke, die man verbrennen konnte. Darüber hing in der Mauer des Torturms vor den Torflügeln ein großes Eisengitter; im Angriffsfall ließ man es herunter, riß die Torflügel nach innen auf, bedachte den Feind mit einem Pfeilhagel und schloß schnellstens wieder das Tor. ABB. 182

Durch seine Höhe besaß der Hauptturm der Burg großen Verteidigungswert; ausgestattet mit einer Zisterne und Vorräten, konnte er oft noch gehalten werden, wenn ringsum schon alles in Feindeshand war. In Montfort lag oben im Hauptturm die Wohnung des Hochmeisters; er hatte seit 1226 das Recht, in seinem persönlichen Bereich den – damals noch einköpfigen – Reichsadler zu führen, wie ihn Kaiser Friedrich II. in Palermo 1219/1220 in einer islamisch stilisierten Form hatte entwerfen lassen. 1926 wurde in der Ruine von Montfort ein aus hartem Kalkstein gefertigter Model gefunden, für den es bisher keine Erklärung gab. Das vorzüglich gearbeitete Stück muß für Prägungen in noch feuchtem Gips gedient haben und erlaubt den Schluß, daß die Wände der Hochmeisterwohnung auf islamische Art ABB. 19

ABB. 24 Burg Montfort. Erster Hochmeistersitz des Deutschen Ordens. 1230–1250. Von Nordwesten. Ste▹

um 1850

ABB. 25   Deutschordensburg Judin. Um 1250. Steindruck um 1850

verputzt und mit dem Adler verziert waren. Weiterhin zeugen Kapitelle, Schluß-
steine mit gemeißeltem, pflanzlichem Dekor, Ritterköpfe als Teil der Bauzier, Reste farbiger Glasfenster und andere Funde von der Pracht der Räume, die dem
Hochmeister und den Rittern zur Verfügung standen.

In den Kernburgen befanden sich weiterhin Gebäude für bewaffnete Knechte,
Handwerker und Pferdepfleger, ein gemeinsamer Speisesaal mit großen Fenstern,
zwei Küchen und die Wäscherei mit einem Abflußrohr ins Freie. Die Ställe für die
kostbaren schweren Kampfrosse der Ritter lagen meist im Erdgeschoß des Hauptturms; weiter abseits stellte man die Arbeitspferde ein.

Entscheidend für das Ausharren von Mensch und Tier war der Wasservorrat.
Alle Flächen im Burgareal waren gepflastert und vermörtelt, so daß Regenwasser
nicht versickern konnte; kleine Rinnen leiteten das Wasser zunächst in Klärbek-
ken; die Speicherung erfolgte sodann in gewaltigen unterirdischen Zisternen. In
der großen Burg Belvoir überstanden 250 Mann einen heißen Sommer lang eine Belagerung, wobei allerdings alle Pferde geschlachtet werden mußten.

Jede Burg besaß eigene Werkstätten zur Herstellung und Reparatur von Waffen; in Montfort fand man in der Schmiede stumpf gewordene Schwerter sowie ei-

serne Spitzen für normale und für schwere, panzerdurchbohrende Pfeile. Funde aller Art werfen Licht auf das Alltagsleben der Ordensritter, auch auf ihre kleinen Verfehlungen; in Belvoir, der oben erwähnten Johanniterburg, kam ein großer Mörser zum Vorschein, auf dessen Unterseite die Felder eines den Ritterbrüdern untersagten Glücksspiels eingeritzt sind.

Nach der Mitte des 13. Jahrhunderts verdüsterte sich der politisch-militärische Horizont für die Christen in und um Akkon. Gegen einen ersten islamischen Angriff im Jahre 1265 konnte Montfort sich noch behaupten; alle Urkunden und der Schatz wurden jetzt nach Akkon verlegt; hier war das befestigte Viertel des Deutschen Ordens nach zeitgenössischem Urteil »ebenso ansehnlich wie das ABB. 179 Quartier der Templer«. 1271 schlug für Montfort die Schicksalsstunde; ein Augenzeuge aus dem Heer der islamischen Angreifer hat das Ereignis festgehalten. »Auf seinem Zug gegen Akkon erkannte der Sultan, daß er Kalatkurein (Montfort) – eine der mächtigsten christlichen Burgen überhaupt – nicht hinter sich zurücklassen dürfe und begann die Belagerung; unsere Bogenschützen konnten dabei eine Brieftaube mit wichtigen Nachrichten abschießen. Am 11. Juni gelang die Einnahme der Vorburg, am 18. wurde durch eine Bresche der Zugang zur Hauptburg nach heftigem Kampf erzwungen. Nun begannen die Verhandlungen, die zu einem schriftlichen Vertrag führten, den Kadi Muhioddin ausfertigte: Es gab für die Ritter freien Abzug bei Hinterlassung aller Habe und Waffen. Die Standarte des Sultans wurde

ABB. 26   Hauptturm der Burg, Judin

43

aufgezogen«. Der – hier leicht gekürzte – Bericht findet sich in einer arabischen Chronik der Wiener Nationalbibliothek.

Seit diesem Zeitpunkt, vor mehr als siebenhundert Jahren, ist der erste Hochmeistersitz des Deutschen Ordens weder neubefestigt noch als Notbehausung von Bauern oder Hirten benutzt worden. Den heutigen Bewohnern Israels gilt Montfort ABB. 24 »als großartigste, schönste und romantischste Burgruine des Landes« (»the most magnificent, beautiful and romantic of our strongholds«, Benvenisti).

ABB. 27 Saulus-Paulus-Wunder. 1234. Siegel des Landgrafen Konrad von Thüringen seit seinem Eintritt in den Deutschen Orden

III. Italien und die Kreuzzüge. Der Deutsche Ritterorden als Schutztruppe Friedrichs II.

Das uns Deutschen so vertraute Land zwischen Alpen und »Mare Africano« besaß nie Deutschordensburgen von Rang, darf hier jedoch nicht übergangen werden. Erst die Vertreibung der Muslims aus Italien machte die Kreuzzüge zum Heiligen Land möglich; an der Adria lagen die wichtigsten Einschiffungshäfen; Hermann von Salza förderte von Italien aus das Wirken seines Ordens in Spanien, Ungarn und Nordosteuropa.

In der Antike und in frühchristlicher Zeit war Italien mit Afrika fest verbunden, das Mittelmeer ein römischer Binnensee; seine Wellen spülten den heiligen Leichnam der jugendlichen Märtyrerin Restituta vom »Schwarzen Erdteil« nach Ischia. Als die Araber nach dem Auftreten Mohammeds sich der Welteroberung zuwandten, fiel ihnen das nördliche Afrika sofort anheim. Europa sollte von Spanien und von Kleinasien aus umfaßt werden; jedoch konnte im 8. Jahrhundert der Frankenkönig ein Vordringen bis an die Seine vereiteln und der Kaiser von Byzanz seine Kernlande behaupten.

Italien zeigte sich zunächst wehrlos. Die Insel Sizilien ging verloren, an der Westküste entstand südlich von Salerno ein fester Stützpunkt der Muslims. Die Fischer von Capri verlegten ihre Hütten auf den Gipfel der Insel, die Bauern des Festlands gaben das Wohnen in Meeresnähe auf. Das Kloster Monte Cassino nördlich von Neapel wurde verwüstet, ein Teil Roms zeitweise besetzt und das Petrusgrab ausgeraubt. Die Klosterkirche Farfa unweit des Monte Soracte verwandelte sich in eine Moschee, Pisa erduldete Überfälle, Genua wurde 934 dem Boden gleichgemacht. An der Ostküste, in Bari, ließ sich ein Emir nieder; beim Versuch einer Wiedereroberung der wichtigen Hafenstadt scheiterten die sonst so erfolgreichen Heere der fränkischen Karolinger. Die blühende apulische Stadt Canosa wurde so nachhaltig zerstört, daß sie nie wieder ihren alten Rang erreichte; Vorstöße bis zur Po-Ebene folgten.

Ein Umschwung bahnte sich erst an, als italienische Küstenstädte Kriegsflotten bauten. Im frühen 11. Jahrhundert rettete Pisa das kalabrische Reggio vor islamischen Angreifern und gewann Sardinien für Europa zurück. Die aufstrebende Seemacht Venedig erfocht nördlich von Ravenna den ersten ihrer zahlreichen Siege über den Islam – deren stolzester, 1576 bei Lépanto errungen, Gesamteuropa vor tödlicher Gefahr bewahren sollte.

ABB. 28   Deutsche Rit-
terkirche S. Giacomo.
1190–1210. Trani

Im Jahre 1016 erschienen Ritter aus der Normandie in Süditalien und nahmen
bei Salerno an der Abwehr islamischer Angriffe teil. Vom Papsttum gefördert,
wandten sich die Normannen und die Seestadt Pisa 1063 gemeinsam gegen Sizili-
en; 1072 kapitulierte die große glänzende Stadt Palermo.

Als die Waffen schwiegen, belebten sich Handel und kultureller Austausch sofort wieder; in Pisa fanden die arabischen Zahlenzeichen erstmals in christliche
Schreibstuben Eingang. Aus Ägypten und Syrien stammt weitgehend das architektonische Gepräge des Doms von Pisa (der aus Mitteln der Palermobeute errichtet
wurde); für die vertieften, auf die Spitze gestellten Ornamentquadrate der Wände
diente eine der Moscheen in Kairo als Vorbild. Córdoba steuerte den Wechsel heller
und dunkler Quaderstreifen bei, wofür sich im Arnogebiet der herrliche dunkel-
grüne Marmor von Prato und der kristallisch-weiße Carraramarmor anboten. Am
morgenländischsten wirkt das Innere des Doms von Siena, in dem Richard Wagner
sich in »Klingsors Zauberreich« versetzt fühlen sollte.

Auf Sizilien nahmen die normannischen Herrscher islamische Lebensart an.
Reisende aus Afrika, die Palermo aufsuchten, schildern das Hofleben mit Harem
und Eunuchen, die Ritter auf dem Boden sitzend und fließend arabisch sprechend.

ABB. 29 Deutsche Ritterkirche S. Giacomo.
1190–1210. Bari

Roger II., der sich 1130 selbst den Königstitel beilegte, entwickelte »als Empor-
kömmling ein besonders hochgesteigertes Herrscherbewußtsein im Wettstreit
mit dem Papsttum und dem Kaiser in Byzanz« (Schaller). Die vormals muslimischen Hofwerkstätten in Palermo sorgten für den verfeinert-prächtigen Rahmen
der königlichen Existenz. Roger II. ließ seinen Krönungsmantel nicht nach Christi
Geburt, sondern nach Mohammeds Flucht aus Mekka datieren; sein Enkel, Friedrich II. von Hohenstaufen, übernahm ihn aus dem ererbten Normannenschatz
1220 für seine Krönung in Rom und fügte ihn damit für immer dem abendländischen Kaiserornat ein (heute in der Hofburg in Wien).

   Die dem Osten zugekehrten Küstengebiete Italiens haben für die Entstehung
und das Alltagsleben der christlichen Staaten in Palästina eine besondere Rolle gespielt. Mochte für große Kreuzfahrerheere der Zug durch Kleinasien in Frage
kommen, so benutzten kleinere Gruppen – Pilger, Ritter, nachgeholte Verwandte,
Kaufleute und Gewerbetreibende – den Seeweg. Man begab sich entlang der Adria
zu einem der Einschiffungshäfen; im Dom von Ótranto deutet ein Mosaikfußbo-
den von 1163 mit legendären Ritterkämpfen aus dem karolingischen und bretonischen Sagenkreis auf ritterliche Ankömmlinge aus Westeuropa.

ABB. 30 Hl. Nikolaus, Patron des staufischen Hauses. Um 1235. Bogenfeld des Hauptportals der Deutschordenskirche. Andria

Von Apulien gelangten Handelsgüter in nicht abreißendem Fluß nach Akkon und sonstigen Hafenstädten in Palästina. Die Urkunden nennen Salz (von Salinen bei Cannae), Getreide, Kleidung und Waffen. Instrumente für ärztliche Versorgung, Medikamente und weitere Gegenstände aller Art nahmen ebenfalls diesen Weg.

Von den großen Seestädten an der Westküste Italiens unterhielt Amalfi schon sehr früh Beziehungen zu Palästina; in Jerusalem befand sich bereits um 1060 – also vierzig Jahre vor dem Ersten Kreuzzug – ein von den Muslims geduldetes amalfitanisches Spital, das heute als Urzelle des Johanniterordens gilt. Die Pisaner brachten aus dem christlich gewordenen Jerusalem allerheiligste Erde vom Golgathahügel in ihre Heimatstadt und füllten damit den für Bestattungen bestimmten Hof ihres neuen Campo Santo neben dem Dom.

Den im Heiligen Land sich bildenden kirchlichen Institutionen und geistlichen Ritterorden flossen Stiftungen aus Europa zu, die nicht zuletzt zur Schaffung einer »Etappe« an den Küsten Süditaliens Verwendung fanden. Zahlreiche Spitäler entstanden, z. B. das »Ospedale dei Crociati« in Molfetta; der Ritterorden der Templer nannte bereits in seiner Frühzeit ein Siechenhaus in Barletta sein eigen. Die 1191 in Akkon gegründete deutsche Spitalbruderschaft gelangte in den Besitz von Hospitälern in Barletta, Brindisi und Messina. Kaiser Heinrich VI. übereignete der Bruderschaft die reiche Abtei Santissima Trinità in Palermo, später als

ABB. 183 Deutschordenskommende »La Magione« (»das Haupthaus«) genannt.

ABB. 31   Deutschordenskirche San Salvatore, heute S. Agostino. Um 1235. Andria

49

ABB. 32, 33   Staufische Adler um 1235. Kastell Gioia del Colle. Rechts: Ordenskirche Andria

ABB. 28, 29 Für Gottesdienste und Bestattungen bedurfte man in den Kreuzfahrerhäfen kleiner Kirchen; dem kaiserlich staufischen Schutzpatron Jakobus wurden 1180/90 drei deutsche Ritterkirchen in Barletta, Trani und Bari geweiht. Da vor der Templerkirche in Jerusalem zwei als alttestamentlich geltende Säulen standen, darf die Salvatorkirche in Andria mit ihren beiden freistehenden Säulen als Templergründung angesehen werden; sie kam 1230 an den Deutschen Orden. Auf die Templer gehen weiterhin die Kirchen Ognissanti in Trani (um 1170 erwähnt) und die später in Deutschordensbesitz »Santa Maria Alemanna« genannte Kirche in Messina zurück.

Obwohl die Lage im Heiligen Land – wie in Kapitel II berichtet – sich nach der Schlacht bei Hattin 1187 zugespitzt hatte, blieb man christlicherseits hoffnungsvoll. Der Erzbischof von Nazareth ließ sich damals zeitweise in Barletta nieder, woran sein Thronsessel im Dom und die Via Nazareth immer noch erinnern. Die »Kanoniker vom Heiligen Grab in Jerusalem« ersetzten ungefähr zur gleichen Zeit das ihnen seit 1138 gehörende Kirchlein San Sepolcro durch einen Neubau.

Die kunstgeschichtliche Würdigung der apulischen Sakralbauten ist schwierig; der stark islamisch beeinflußte Lokalstil mischt sich oft überraschend mit französischer Frühgotik. Aus der Normandie seit 1140 berufene, mit nordfranzösischer zeitgenössischer Architektur vertraute Bischöfe können gewisse Stileigentümlichkeiten der Kathedralen von Ruvo, Molfetta und Trani angeregt haben; aber auch Einflüsse aus dem Heiligen Land sind unverkennbar. Das uneinheitliche Stilgepräge entspricht dem der Kreuzfahrerstädte in Palästina, wie sie sich um 1200 darboten.

Apulien war damals der Nabel der Welt. Im kleinen Hafen von Trani läßt sich noch heute nachempfinden, was Zeitgenossen schildern, z. B. »Tannhäuser« (ein Ritter aus Tannhausen in Bayern): die vergnügliche Wartezeit in den Tavernen, wo man die italienischen Namen der Winde lernt, Seefahrtskunde treibt und Tafelfreuden auskostet, bevor auf dem Schiff nach Akkon übersalzenes Pökelfleisch und schlechter Wein zur Regel werden.

Zu den mehr als zehn dynastischen Verbindungen, die auf Barbarossa zurückgehen, gehört die Ehe seines Sohnes Heinrich VI. mit Konstanze von Sizilien (Gesamtbezeichnung für den auch das süditalienische Festland umfassenden Normannenstaat); die Hochzeit fand 1186 in Sant'Ambrogio in Mailand statt. Erbaussichten bestanden nicht; der in Palermo regierende jugendliche Normannenkönig und seine Gemahlin durften auf Nachwuchs hoffen. Als Wilhelm II. jedoch kinderlos starb, gewann Heinrich VI. – bereits Deutscher König und Römischer Kaiser – als Gemahl von Konstanze eine dritte Krone, die des »Regnum Siciliae«. Die Staufer besaßen fortan ein großes erbliches Territorium; ihre langsame Loslösung von Deutschland begann.

ABB. 34 Maria mit Kind, Wandbild über dem zerstörten Grab des Hochmeisters Hermann von Salza. Um 1250. Ordenskirche Andria

ABB. 35   Castel del Monte. 1230–1250. In symbolischer Achteckform von Friedrich II. errichtet

Zu Ostern 1195 hielt Heinrich VI. in Bari einen glanzvollen Reichstag ab und nahm das Kreuz; sein jüngerer Bruder, Herzog Philipp von Schwaben, vermählte sich hier mit einer byzantinischen Kaisertochter. Die Stadt war »von deutschen Rittern überflutet und bot ein strahlendes Bild einstiger Größe«, so faßte in spätromantischer Begeisterung ein italienischer Historiker um 1850 alte Berichte zusammen. Heinrich VI. starb überraschend zwei Jahre später; er wurde nicht in einem Dom nördlich der Alpen, sondern als König von Sizilien neben dem Vater seiner Gemahlin, Roger II., in der Kathedrale von Palermo beigesetzt; Konstanze überlebte Heinrich nur kurze Zeit.

Das italienische 13. Jahrhundert erhält für Deutsche seine Signatur vom letzten großen Staufer, Kaiser Friedrich II. Ein Nietzsche und George verpflichtetes Buch erhöhte ihn 1927 zum Übermenschen jenseits von Gut und Böse, von Völkern und Religionen; seine Gestalt hat mittlerweile an Dämonie eingebüßt, aber dank neuen Forschungen festere Konturen angenommen.

Am 26. Februar 1194 bei Ancona geboren, wurde Friedrich seit seinem fünften Lebensjahr als Vollwaise in Palermo, der Hauptstadt seines Erbreiches, erzogen. Er gewann als Jüngling die Gunst der staufisch gesinnten deutschen Fürsten, zog über die Alpen und empfing 1215 in Aachen die deutsche Königskrone; bei dieser Gelegenheit schloß er feierlich den endlich fertigestellten Schrein mit den Gebeinen Karls des Großen und gelobte – auch er ein neuer Sanctus Carolus Magnus wie sein Großvater Barbarossa und sein Vater Heinrich VI. – einen Kreuzzug.

ABB. 10 In Süddeutschland begegnete Friedrich II. 1216 das erste Mal dem etwa dreißig Jahre älteren Hermann von Salza, und es entwickelte sich schnell eine enge Beziehung. Der sprunghaft-geniale Staufer, für seine Zeitgenossen eine »Unfaßlichkeit« (lat. »stupor mundi«), besaß die leuchtenderen Gaben des Geistes; ihm war jedoch der Hochmeister an staatsmännischem Weitblick ebenbürtig, an realistischer Einschätzung der Gegebenheiten überlegen. Die Ritter und Knechte des Deutschen Ordens hatten in Italien dem Kaiser als eine Art Schutztruppe zu dienen; der Hochmeister nahm dies in Kauf, da Friedrich II. den Orden allzeit förderte und ihm auch beim Papst wichtige Vorrechte erwirkte, so das Umlegen des weißen Mantels nach dem Vorbild der Templer.

Friedrich II. hatte sein Kreuzzugsgelübde noch nicht eingelöst, als er 1223 Witwer wurde. Hermann von Salza schlug als zweite Gemahlin die Tochter des Titularkönigs von Jerusalem vor; die christliche Position mußte sich in Palästina festigen, wenn der »König von Jerusalem« zugleich Rex Teutonicus, Rex Siciliae und Imperator Romanus war. 1225 fand die Hochzeit in Brindisi statt; die junge Jolanthe gebar in Andria einen Sohn (Konrad IV., den Vater Konradins) und starb im Wochenbett. Die lokalen Vorgänge in Jerusalem während des 1228/1229 erfolgten Kreuzzugs sind bereits in Kapitel II geschildert worden.

Nach der Rückkehr des immer noch gebannten Kaisers aus Palästina im Juni 1229 führte Hermann von Salza – zwischen Apulien und Latium mehrfach unter-

wegs – Verhandlungen mit dem Papst, die schließlich eine Verständigung ergaben und zur Aufhebung des Kirchenbanns führten; ein feierliches Mahl in Anagni zu Dritt – die beiden Häupter der Christenheit und der Hochmeister – besiegelte den Frieden. Im August 1231 erhielt der Kaiser endlich die ausdrückliche päpstliche Zustimmung zu seiner vierten Krone, der des Königs von Jerusalem. Der Hochmeister sah nach eigenen Worten seine wichtigste Aufgabe fortan darin, das Zusammenwirken von Römischer Kurie und Kaisertum »zum höheren Nutzen beider Mächte« (lat. »utriusque exaltatio«) zu fördern.

Friedrich II. bestimmte in den nun beginnenden ruhigeren Jahren Apulien noch mehr als zuvor zur Mitte seines gewaltigen Herrschaftsgebiets. Den Templern, welche in Jerusalem in einen Mordplan gegen ihn verwickelt gewesen waren, nahm er ihren Besitz, speziell zwischen Foggia und Bari; er wurde meist dem Deutschen Orden übergeben. Der Kaiser verwandelte das Regnum Siciliae in den fortschrittlichsten Staat der Epoche, was hier nur im Hinblick auf die Wehrbauten angedeutet werden kann.

Burgen stellten im 12. und 13. Jahrhundert ein Stück herrschaftlicher Macht dar; schon eine kleine Anzahl in Vasallenhand konnte in weiten Regionen staatliches Wirken vereiteln. Friedrich II. billigte daher den Großen seines Königsreichs Burgen nicht zu; trotz seinem Vertrauensverhältnis zu Hermann von Salza durften in Italien auch die »Cavalieri Teutonici« nur Wohntürme mit Nebengebäuden errichten; ein Beispiel ist die »Torre Alemanna« im Hinterland von Barletta, die zeitweise Komtursitz war.

Die großartigen königlichen Kastelle in Süditalien und die kaiserlichen Burgen in ghibellinischen Teilen Norditaliens sind bisher nicht abschließend erforscht; ein leitender Baumeister an der Seite Kaiser Friedrichs II. ist immerhin zu vermuten. Im ganzen läßt sich ein langsames Abrücken von den oft schmuckhaften islamisierenden Neigungen des jungen Herrschers zugunsten einer mehr abendländischen Monumentalität beobachten. Der große Saal in der Burg von Syrakus kann noch als »islamische Pfeilerhalle einer Moschee« (Bruhns) bezeichnet werden; in Norditalien begegnet man später einer rein romanischen Grundhaltung, z. B. in Prato und in Monselice bei Este; etwa von 1235 an wurden aus der Zisterzienserbaukunst frühgotische Stilelemente übernommen.

Als Höhepunkt der Bautätigkeit Friedrichs II. ist das Castel del Monte südlich von Andria jedermann bekannt. Das romanische Halbrund eines Portals im oberen ABB. 35 Stockwerk des Hofs spricht für einen Baubeginn vor 1235; in Innenräumen finden sich schon frühgotische Knospenkapitelle. Die rötlichen Marmorportale des Kastells sollten auf den kaiserlichen Purpur hinweisen, die Achteckform des Kernbaus, des Hofs und der Türme ist als »Symbol des Himmlischen Jerusalem zu deuten« (Schaller).

Die Frage nach dem Schutz des kaiserlichen Reitwegs wird durch einen Blick auf das Hauptportal der Deutschordenskirche in Andria beantwortet; das Bogen-ABB. 31 feld zeigt Christus als Salvator zwischen den Heiligen Nikolaus und Leonhard. Die alte Straße zum Castel del Monte säumten feste Häuser mit den Namen S. Salvatore, S. Nicóla und – hoch oben in der Nähe der Burg – die mit Stallungen und Vorratsscheuern versehene »Masseria piccola di S. Leonardo«. Urkunden im Archiv von Bari erweisen die ganze Zone als einstigen Deutschordensbesitz. Von Rittern und Gewappneten des Ordens begleitet, ritt der zweimal für Jahre mit dem Kirchenbann belegte und damit vogelfreie Kaiser zu seinem Schloß hinauf, in dessen Nähe er gern der Falkenjagd oblag.

IV. Hermann von Salza in Spanien.
Die kastilischen Deutschordensburgen

Wenige Menschenalter nach Mohammeds Tod (632) war gleichzeitig mit Palästina auch Spanien unter die Herrschaft des Islam gefallen. Während Jerusalem mit
der Heiliggrabkirche erst 1099 durch ritterliche Kreuzfahrer den Muslims vorüber-
gehend genommen wurde, bildeten sich schon im 8. Jahrhundert südlich der Pyrenäen christliche Widerstandsgebiete, die schnell wuchsen. Die spanische Geschichtsschreibung bezeichnet die Jahrhunderte währenden Kämpfe gegen die
Muslims im eigenen Land als einen einheitlichen Vorgang der »Wiedereroberung«
(»Reconquista«), die erst 1492 mit der Kapitulation von Granáda ihren Abschluß
fand.

Die im Norden des Landes sich wieder ausbreitenden Christen fanden im
Kampf entscheidende Hilfe bei Nichtspaniern. An der Belagerung von Barbastro
unweit Zaragoza nahmen 1064 u. a. auch Normannen teil; Rolandlieder, die sie
damals lernten, sangen sie auch zwei Jahre später, als sie zur Eroberung der britischen Inseln über den Ärmelkanal segelten. Die Römische Kurie untersagte im
11. Jahrhundert Katalanen eine Kreuzfahrt zum Heiligen Land, um die Zahl der
Verteidiger Spaniens nicht zu mindern. Die Auffassung, daß die Auseinandersetzungen zwischen Christen und Muslims ein Ganzes seien, fehlte auch nicht den
Gegnern; ein Sultan, der in Palästina in Bedrängnis geriet, forderte aus Córdoba
Beistand.

In den achthundert Jahren der Reconquista kam es wiederholt zu erstaunlicher
Anpassung und Toleranz. Die hüben und drüben entstehenden eigensüchtigen
kleinen Staaten schlossen gelegentlich Zweckbündnisse. Der mit seinem König
zerstrittene kastilische Vasall Rodrigo Diaz, den wir unter der arabischen Bezeichnung »El Cid« (»Der Herr«) kennen, kämpfte zuzeiten heldenhaft im Dienst der
Muslims gegen seine eigenen Glaubensgenossen. Das epische Gedicht »El poema
de mio Cid« erhob ihn dennoch zu einer Idealgestalt der Reconquista.

Inzwischen hatte in Nordafrika der bereits erwähnte Reformator Abdallah
Ibujasin eine fanatische Erneuerung des islamischen Glaubens bewirkt; er gründete unter anderem Bruderschaften ehelos lebender Kriegermönche, die grenznahe
Kastelle zu verteidigen hatten. Etwa zwei Menschenalter vor der Entstehung der
ersten christlichen Ritterorden bestanden bereits solche islamische Gemeinschaften. Ob von Tunis aus zum Heiligen Land im frühen 12. Jahrhundert Impulse aus-

gingen, bedarf noch eingehender Untersuchungen. Die kampfeswütigen, z. T. blauäugigen Berber, Nachfahren der 429 bei Gibraltar nach Afrika übergesetzten germanischen Wandalen, wurden von der Reformbewegung erfaßt; sie fielen in Südspanien ein, gaben der hochgezüchteten alten arabischen Kultur am Kalifenhof von Córdoba den Todesstoß und drangen nach Norden vor.

ABB. 37 Alcázar. 11.–16. Jh. Um 1840 nach einem Brande längere Zeit ohne Dächer. Toledo. Steindruck um 1850

Damals stand Deutschland unter Barbarossas Herrschaft im Zenit seiner Macht und die Kastilier versuchten, am Rhein Beistand zu finden; als bewährtes Mittel galt eine Eheschließung. In Seligenstadt bei Aschaffenburg wurde ein Vertrag geschlossen, demzufolge der vierte Sohn des Kaisers, Konrad, die Erbprinzessin Berenguela heiraten sollte; der Tod des Staufers im Jünglingsalter vereitelte den Plan.

Mit dem Aufstieg Friedrichs II. erschien dem Kastilischen Hof erneut eine Verbindung mit den Staufern wünschenswert; eine Gesandtschaft des jungen Königs Ferdinand III. erschien 1218 in Deutschland. Nach längeren Verhandlungen wurde die 1205 geborene Beatrix, vierte Tochter Philipps von Schwaben, von ihrem Vetter Friedrich II. zur künftigen Königin von Kastilien bestimmt. Die Gesandten berichteten, die Braut sei »keusch, schön und klug« (lat. »pudica, pulchra et prudens«). Beatrix und ihr Gefolge, darunter Ritter des Deutschen Ordens, trafen 1219 in Burgos ein, wo nach den Worten einer spanischen Chronik »die Hochzeit mit

ABB. 38 Alcázar, Toledo. Gemälde von Greco um 1600. The Metropolitan Museum, New York

dem Prunk gefeiert wurde, der einer solchen Fürstin würdig war«. Die Königin erfreute sich bald großer Beliebtheit, ihre Schönheit und ihr üppiges blondes Haar, das sie offen unter einem hohen Hut zu tragen pflegte, wurden bewundert; so zeigt sie ein Standbild im Kreuzgang der Kathedrale von Burgos.

ABB. 46

Die Erfolge der Muslims im Inneren Spaniens hatten inzwischen eine vom Papst unterstützte Gegenwehr ausgelöst; 1212 siegten die Christen bei Las Navas südlich von Toledo; einige Jahre später jedoch wurde ein auf Sevilla vorstoßendes Heer von sechzig Rittern und vierhundert Knechten beinahe aufgerieben. Die Gesamtlage blieb unsicher, eine endgültige Wiedergewinnung Andalusiens mußte versucht werden; dabei war die Mitwirkung der großen geistlichen Ritterorden unerläßlich.

ABB. 184

Seit der Mitte des 12. Jahrhunderts gab es Niederlassungen der Templer in Nordspanien; ihnen folgten die Johanniter, denen ein Großmeister der »fünf Königreiche Spaniens« vorstand. Zwischen 1160 und 1170 entstanden die drei spanischen Ritterorden von Calatráva, Alcántara und Santiago; der letztgenannte und wichtigste erhielt seinen Namen durch die enge Beziehung zum Erzbischof von Compostela; das von ihm verliehene Banner sicherte den »Christlichen Jakobusstreitern« (»milites beatissimi Jacobi«) in Schlachten den himmlischen Beistand des Apostels.

Angesichts der Rivalitäten und der Uneinigkeit der fünf oben genannten »Ordines Militares« mußte König Ferdinand III. von Kastilien die ständige Hilfe eines einzigen großen Ordens erwünscht sein. Bei der festen Bindung Hermanns von Salza an das Geschlecht, dem die Königin entstammte, lag es nahe, Ritterbrüder des Deutschen Ordens ins Land zu holen. Gedanken dieser Art mögen schon bei der Brautwerbung erwogen worden sein, und zwar auf spanischer wie auf deutscher Seite. Der Hochmeister, stets auf der Suche nach neuen Aufgaben für seinen Orden, könnte bei der staufisch-kastilischen Eheschließung seine Hand im Spiel gehabt haben.

Im Kirchenarchiv von La Mota del Marques, im alten Kronarchiv von Simancas und im Privatarchiv des Herzogs von Alba befinden sich Urkunden, die über das erste Auftreten des Deutschen Ordens in Spanien Klarheit schaffen. Drei Jahre nach der Hochzeit der Beatrix von Hohenstaufen erfolgte am 20. Juni 1222 eine große Landverleihung an den Deutschen Orden. Nach einer Angabe der sogenannten »Jüngeren Hochmeisterchronik« hatte sich Hermann von Salza zur Hochzeit nach Spanien begeben; eine solche Reise läßt sich für den fraglichen Zeitpunkt im bewegten Lebenslauf des Hochmeisters nicht unterbringen, wohl aber im Jahr der Belehnung.

Das dem Orden überlassene Gebiet lag im Westen Altkastiliens, der notfalls gegen den damals feindlichen Nachbarstaat León verteidigt werden mußte. ABB. 41, 42 Die Hauptburg La Mota und die kleine Burg Tiedra – in optischer Verbindung

ABB. 39   Kastilische Königsurkunde für den Deutschen Orden. 1231. Madrid

60

ABB. 40 Marienfigur einer Aachener Werkstatt.
1218/1219. Stiftung der Königin Beatrix von
Hohenstaufen. Kathedrale, Toledo

miteinander – wurden in schneller Bauführung errichtet, jedoch blieb es im Grenz-
land friedlich. Vermutlich beteiligten sich Deutschordensritter bei kleineren
Vorstößen gegen Muslims südlich von Toledo, z. B. 1225 bei der Eroberung von
Andújar.

Im Jahre 1230 kam es zur Einverleibung des Landes León in das kastilische Kö-
nigreich; dies setzte Ferdinand III. in den Stand, die Reconquista Andalusiens
nunmehr energisch vorzubereiten. Ursprünglich hatten die zerstrittenen Staaten
den Plan gehabt, in zwei Gruppen südwärts zu ziehen, von León aus in Richtung
Sevilla, von Kastilien aus auf Córdoba zu. Nun aber wurde Toledo nach und nach ABB. 184
Sammelpunkt eines einzigen gewaltigen gesamteuropäischen Ritterheers. Der
König hatte sich wegen deutscher Hilfe an den in Italien weilenden Hermann von
Salza gewandt, der im Herbst 1231 in Kastilien eintraf. Diese – vermutlich zweite –
Reise ist einwandfrei belegt; wir kennen seit 1948 die dem Herzog von Alba gehö-
rende spanische Königsurkunde vom 20. September 1231, von der ein Teilstück
mit der Nennung des »Magister Hermandus« hier erstmals wiedergegeben wird. ABB. 39
Damals erhielt der Deutsche Orden eine neue wichtige Landzuteilung in Higarés
östlich von Toledo zur Errichtung einer dritten Burg.

Der König weilte oft in Toledo, wo der Alcázar ihm als Residenz und »Haupt- ABB. 186
quartier« diente. Gleichzeitig pflegte die Königin mit ihrer Begleitung im Non-
nenkloster San Clemente el Real zu wohnen, das sie durch Stiftungen verschönte.

ABB. 41   Turmburg des Deutschen Ritterordens. 1221–1225. Tiedra bei Tordecillas

Der Zufall einer Explosion in der Nähe des Klosters löste 1936 den Putz von der hölzernen Decke des Refektoriums; erst vor kurzem konnte festgestellt werden, daß es sich um die älteste erhaltene bemalte Holzdecke Spaniens handelt. Die Ma
ABB. 48   lerei ist in vorzüglichem Zustand und gemäß den heraldischen Besonderheiten der Wappen auf 1230/32 zu datieren; der häufig eingefügte staufische Adler erweist als Stifterin Königin Beatrix. In jenen Jahren schenkte die Königin dem Erzbischof von Toledo für seine im Bau befindliche gotische Kathedrale eine unterlebensgroße hölzerne, von ihr aus Deutschland mitgebrachte Statue der Maria mit Kind, die zu
ABB. 40   einem berühmten Gnadenbild werden sollte.

Von den Burgen des Deutschen Ritterordens in Spanien war in der Nähe der damaligen Grenze nach León zuerst die kleine Turmburg Tiedra von 1222 bis etwa 1225 errichtet worden; sie überragt vom »Berg der Deutschritter« (»Teso de los Alimanos«) eine weite karge, typisch kastilische Landschaft. Der zugehörige gleichnamige Ort verkümmerte in der Neuzeit; jedoch zeugen mehrere spätromanische Kirchen (z. T. heute Scheunen) von seiner Bedeutung um 1200. Die wenigen Stileigentümlichkeiten der Burg stehen in engem Zusammenhang mit der lokalen
ABB. 42   Bauweise; keine Einzelheit verrät, daß der Bauherr ein deutscher Ritterorden war. Die Burg von Tiedra diente nach dem Ende der leonesisch-kastilischen Zwistigkeiten nur landwirtschaftlichen Zwecken: Decken wurden nicht eingezogen, Kamine

62

nicht gebaut; im Inneren finden wir uralte Holzgerüste und Leitern, welche auf das flache Dach hinaufführen, von wo die Verteidigung über den engen Mauerring hinweg erfolgte.

La Mota bietet sich als eine mächtige, von der Grenze etwas weiter zurückliegende Gipfelburg dar; sie war der Sitz des Komturs des Deutschen Ordens in Spanien. Der dreifache Mauerring ist zum Teil noch erhalten bzw. erkennbar, sodann ein Torturm im Zuge der mittleren Mauer und schließlich mehr als die Hälfte des Hauptturms auf der Höhe. Im 17. Jahrhundert erfolgte eine Sprengung, da man die schönen Quadern für Bauten in der tiefer gelegenen Ortschaft benutzen wollte.   ABB. 42–44

Als Vorbild des mächtigen Turms ist ein heute verschwundener Donjon im Bereich des Pariser Königsschlosses auf der Cité-Insel anzusprechen. Beatrix von Hohenstaufen war über Aachen und Paris nach Burgos gezogen und hatte mit ihrem Gefolge von Ordensrittern als Gast des Königs von Frankreich 1219 in Paris verweilt; den erwähnten, damals gerade vollendeten Turm müssen die Ritter betrachtet haben. Zwei übereinander liegende gewölbte runde Säle im Inneren dienten hier wie dort feierlichen Zusammenkünften. Im Quaderbau geschulte Werkleute konnte der Deutsche Orden für seine Burg leicht gewinnen; die Kuppelgewölbe im Bergfried von La Mota entsprechen denen der gleichzeitig errichteten Kirchen in der benachbarten Diözese Zamora. Abbildungen vergegenwärtigen nur unvollkommen die gewaltige Gesamtanlage auf der steil sich erhebenden Bergkuppe; die Komturburg des Deutschen Ordens war uneinnehmbar und behauptete sich stolz neben den kastilischen Burgen der Templer und Johanniter.

Was in Higarés im Auftrag des Deutschen Ordens gebaut worden ist, gehört in einen anderen Zusammenhang. Toledo, die einstige Hauptstadt des Westgotenreichs, hatte auch nach dem Aufblühen des Kalifensitzes Córdoba als volks- und gewerbereicher Mittelpunkt im sonst städtearmen weiten Binnenland zwischen Guadalquivir und Ebro seine Bedeutung behalten. Die islamische Vorliebe für kleinteilige Zierbereiche an Fassaden war von Andalusien bis an den Tajo hinaufgewandert; ein Beispiel ist die aus Backstein errichtete kleine Moschee, welche um 990 entstand und seit der 1085 erfolgten Kapitulation von Toledo als Kirche »Cristo de la Luz« heißt; sie nimmt in der spanisch-islamischen Baukunst einen ehrenvollen Platz ein. Die Werkleute von Toledo behielten die Traditionen des Südens unter kastilischer Oberherrschaft bei.

Das äußere Mauerwerk des freistehenden Hauptturms von Higarés, der auf fast quadratischen Fundamenten aufsteigt, zeigt die im Orient zuerst angewendete ABB. 47, 185 wechselnde Schichtung von Ziegeln und Feldsteinen. Im Inneren wurden kleine Ziegel auf komplizierte Weise für das Aufmauern von Gewölben benutzt. Leider

ABB. 43   Toranlage mit Kirche. Ordensburg La Mota

haben Umbauten seit 1500 der Burg ihr mittelalterliches Gepräge genommen. Die Gesamtanlage am nördlichen Ufer des einst hier – heute jedoch südlicher – verlaufenden Tajo ist noch nie Gegenstand einer genauen Untersuchung gewesen; sowohl im modernen Wohngebäude wie im Boden sind alte Fundamente zu vermuten.

1233 begann ein langsames Vorrücken der in Toledo versammelten Kreuzfahrer. Um Rivalitäten zu vermeiden, waren den einzelnen Ritterorden von vornherein bestimmte Städte und Ortschaften zu Eroberung und späterem Besitz bezeichnet worden. Ob auch dem Deutschen Orden etwas zugedacht war, ist aus den Quellen nicht zu ermitteln. Vor Córdoba angelangt, konnten die Christen sich bei Nacht zunächst eines Vororts bemächtigen. Nach der Umschließung der großen Stadt – die etwa zweihundert Jahre zuvor mehr Einwohner gezählt hatte als irgendein anderes Gemeinwesen auf heutigem europäischen Boden – gab man sich im Juni 1236 mit einer Kapitulation zufrieden; dabei wurde das Recht des freien Abzugs gewährt und vermutlich von der Mehrzahl der islamischen Bevölkerung in Anspruch genommen. Arabische Chronisten sprechen von mehr als 300000 Menschen, die in jenen Tagen von südspanischen Häfen nach Nordafrika übergesetzt seien.

ABB. 44 Hauptturm mit Treppe in der Mauer. La Mota

ABB. 45   Grabmal des Prinzen Philipp,
Sohn Ferdinands III. von Kastilien und
der Beatrix von Hohenstaufen. Um
1275. Villalcázar. Steindruck 1854

ABB. 46 Beatrix von Hohenstaufen, Königin von
Kastilien. Um 1240. Kathedrale, Burgos

Eine der ersten Maßnahmen der Sieger mußte die Weihe der größeren Moscheen zu christlichen Kirchen sein; einige kleinere standen weiterhin dem Kult in
der Stadt gebliebener Muslims zur Verfügung. Wir wissen urkundlich Bescheid
über die christlichen Weihenamen und können Schlüsse daraus ziehen. Der dem
kastilischen Königspaar 1221 geschenkte erste Sohn hatte den traditionellen Herr-
schernamen Alfons (westgotisch: Adalfuns) erhalten; ihm wurde der Heilige seines
Geburtstages – Clemens – hinzugefügt. In Toledo hatte Beatrix eine neue Weihung
des von ihr bewohnten Klosters an den Heiligen Clemens veranlaßt, in Córdoba
stiftete Ferdinand III. sofort eine Clemenskapelle an der Ostwand der in eine
Bischofskathedrale umgewandelten einstigen Kalifenmoschee. Die Übergabe der
den Muslims abgewonnenen Städte wurde während des Andalusienkreuzzugs
ebenfalls gern auf den Clemenstag gelegt. Die erwähnten Weihungen von Kirchen,
Kapellen und Klöstern sowie die Vornahme wichtiger politischer Handlungen oder
Zeremonien am Tag des Heiligen Clemens deuten während der Lebenszeit von Alfons X. stets auf eine Beziehung zur Dynastie, in weiterem Sinn auf Kastilien
hin.

Ebenso aufschlußreich sind die sonstigen Heiligennamen in Córdoba und später in anderen Städten. Der große Helfer im Heidenkampf, der Erzengel Michael,
wurde in Spanien um 1200 noch verehrt; eine Legende berichtet, Maria selbst habe
dortige Siege über die Muslims auf dem Gargáno-Berg in Apulien verkündet, wo

man sich den Erzengel zuzeiten gegenwärtig vorstellte. Zwei Moscheen in Córdoba wurden Michaelskirchen.

Während des Ersten Kreuzzugs hatte die »Verritterlichung« (Zimmermann) des Heiligenwesens begonnen; die Kreuzfahrer wollten hilfreiche Schutzpatrone als ihresgleichen ansehen. Zu diesem vielschichtigen Prozeß gehört, daß der Erzengel Michael nach und nach in den Hintergrund zu treten hatte; in Spanien bewahrte der Apostel Jakobus seine Macht, mußte aber eine Rüstung anlegen. Bei der Weihung der Moscheen in Córdoba zu christlichen Kirchen wurden vor allem Ritterheilige als Patrone herangezogen; ihre Beziehungen zu einzelnen »Ordines Militares« bzw. nordspanischen Gebieten sind bekannt, z. B. die Rolle des Heiligen Georg als Patron der Krieger aus Navarra. Gleichsam herrenlos blieben bisher die Kapelle »San Nicolás de Bari« in der Kalifenmoschee und die beiden Nikolauskirchen in der Stadt, von denen eine noch besteht.

Das nahe Verhältnis des Deutschen Ritterordens zum heiligen Nikolaus rechtfertigt einen kurzen Rückblick auf die bisher nicht geklärte Entwicklung seines Kults. Der Bischof von Myra, einer Stadt im südanatolischen Küstengebiet Kleinasiens (heute Türkei), gehörte frühzeitig zu den Heiligen der Ostkirche, die man im Kampf anrief; dies taten byzantinische Soldaten, welche mit den in Apulien zur Macht strebenden Normannen um 1010 Auseinandersetzungen hatten. Die von der Seinemündung gekommenen »Nortmannen«, nach ihrer Geistesart

ABB. 47   Oberer Abschluß der Treppe in der Mauer des Hauptturms. Um 1235. Deutschordensburg. Higarés bei Toledo

68

ABB. 48   Decke mit Adlerwappen. 1230–1232. Kloster San Clemente, Toledo

noch halbe Heiden, versuchten zunächst eine »Abwerbung« des gegnerischen Schutzpatrons, indem sie ihn mit Stiftungen und Gebeten überhäuften; als der Erfolg ausblieb, unternahm man von Bari aus eine abenteuerliche Seefahrt nach Myra, das bereits der Kalif Harun-al-Raschid in den Tagen Karls des Großen den Byzantinern entrissen hatte; es gelang 1087, den unversehrten Leichnam des Heiligen zu überführen, wie es den Venezianern mit Sankt Markus geglückt war.

Der Heilige aus Kleinasien wurde als Bischof nicht »verritterlicht«; er stieg aber in Apulien schnell zum Schutzpatron der herrschenden Dynastie auf und behielt diesen Rang, als das »Regnum Siciliae« staufisch wurde. Die Grabkirche des Bischofs von Myra in der Altstadt von Bari war zur Zeit Friedrichs II. eine Art »Hofkirche« (Schaller). Der Bereich, den der 1198 in Akkon gegründete Deutsche Orden innehatte, wurde Nikolaus geweiht – von Kirche und Kapelle bis zu Turm ABB. 179 und Mauertor. Damals war Bari bereits mehr als hundert Jahre Kultort des Heiligen; mithin haben von dort kommende deutsche Kreuzfahrer Nikolaus-Reliquien mit sich geführt, in der Kirche des Deutschen Ordens niedergelegt und den Hl. Nikolaus zum Schutzpatron des ganzen deutschen Bezirks gemacht. ABB. 30

Was in Akkon um 1200 geschah, wiederholte sich sechsunddreißig Jahre später in Südspanien. Die Kirche »San Nicolás de Bari« in Córdoba besitzt noch heute als ihren ältesten Bestand eine Nikolausreliquie. Nur die aus Apulien auf Geheiß des Hochmeisters und mit Billigung des Kaisers 1233 aufgebrochenen Deutschordensritter können sie mitgeführt haben; wir dürfen also die von 1236 an in Andalusien geweihten Nikolauskirchen als Patronatskirchen der »Alimanos« ansehen.

ABB. 49

Die Kirche San Nicolás de Bari ist ein mittelgroßer Neubau von etwa 1240/1250 aus der Gruppe der frühgotischen sogenannten »ferdinandeischen« Kirchen Andalusiens; das Minarett aus islamischer Zeit wurde Glockenturm. Gemäß den vorhandenen Urkunden erhielt der Deutsche Orden in Córdoba ein Stück Stadtmauer zur Verteidigung, ferner Häuser und Gewerbebetriebe, die Renten abwarfen, schließlich einigen Landbesitz vor den Toren. Ein nicht mehr nachweisbares Nikolaustor, das der Orden zu verteidigen hatte, diente wohl den Rittern als Burg (so wie in Toledo die »Puerta del Sol« Sitz der Johanniter war).

Im weiteren Verlauf des Andalusienkreuzzugs waren die kastilischen Anführer sehr darauf bedacht, möglichst viele Muslims zum Bleiben zu veranlassen. Blutvergießen wurde vermieden; man beschnitt die Zufuhren der belagerten Städte und handelte Kapitulationen aus. Der große Emirsitz Sevilla, der seit einigen Menschenaltern Córdoba überflügelt hatte, verfügte durch den bei Flut wasserreichen Guadalquivir über freien Zugang zum offenen Meer; Ferdinand III. ließ im kastilischen Biscayahafen Santander eine kleine Kriegsflotte bauen, die Nordwestspanien und Portugal umsegelte; ihre überraschende Ankunft im Herzen von Sevilla hatte die sofortige Kapitulation zur Folge.

Der Einzug der Christen in Sevilla, auf den Clemenstag des Jahres 1248 gelegt, verdient das glänzendste ritterliche Schauspiel der gesamten Kreuzzugsepoche genannt zu werden. Gnadenbilder auf geschmückten Wagen und eine Prozession mit Reliquien machten den Anfang; es folgten Ferdinand III., sein Sohn Alfons und die Ritter des Königs, sodann die Magnaten und der Erzbischof von Toledo, welcher ritterliche Vasallen und Söldner in den Kampf geschickt hatte. Die sechs geistlichen Ritterorden, außer den drei spanischen die Templer, Johanniter und »Alimanos«, waren mit dreihundert Rittern und zweitausend Knechten vertreten; ihnen schlossen sich – nach den Chroniken – städtische Aufgebote, ein Infant von Aragon, zwei Neffen des Papstes und andere Italiener sowie zahlreiche weltliche Ritter aus allen christlichen Ländern an. Den Beschluß machte der vertragsgemäß zum Kampf auf kastilischer Seite verpflichtete »Rey moro de Granáda«, d. h. der islamische Fürst von Granáda; er hatte am Zuge teilzunehmen, blieb jedoch dem Gottesdienst in der bereits zur Kathedrale geweihten großen Moschee fern.

Der Siegesfeier in Sevilla folgten Verleihungen aller Art an die Kreuzzugsteilnehmer, wobei die geistlichen Ritterorden sehr gut abschnitten. An »San Juan de Acre« (Johannes von Akkon, d. h. an den Johanniterorden) gelangten eine Pfarrkirche, ein umgrenzter Stadtbezirk mit eigener Rechtsprechung, ein zu verteidigen-

ABB. 49 Patronatskirche
des Deutschen Ordens.
Um 1240. Córdoba.
Steindruck um 1850

der Mauerteil und rentenabwerfende Liegenschaften. Der Deutsche Orden erhielt
eine Moschee, die – zunächst nicht umgestaltet – als christlich geweihte Kirche
noch lange »Die Nikolaus-Moschee« (»La Mesquita San Nicolás de Bari«) hieß; die   ABB. 187
Toranlage »en el Arenal« diente den Deutschordensrittern als Burg. Ein öffentli-
cher Backofen, vom Volk »de los Alimanos« genannt, und Miethäuser im Stadt-
kern kamen hinzu; diese Häuser säumten die Straße, welche südlich am Reini-
gungshof der ehemaligen Großen Moschee entlang führt; sie erhielt den Namen   ABB. 50
»Carrera de Alimanos« (heute »Calle de los Alemanes«). Im Nikolaus-Pfarrspren-

gel beim Stadttor »el Arenal« ließen sich »Caballeros de linaje« (»Weltliche Ritter hohen Standes«) Häuser geben, zweifellos Deutsche. Die reichen Verleihungen rechtfertigen die Feststellung eines modernen spanischen Historikers, die Beteiligung des Deutschen Ordens am Andalusienkreuzzug müsse »sehr beachtlich« (»muy considerable«) gewesen sein.

Vier Jahre nach der Einnahme von Sevilla schloß Ferdinand III. 1252 im Alcázar die Augen; er wurde in der einstigen großen Moschee bestattet; dorthin wurde auch der Sarg der bereits 1235 gestorbenen Beatrix überführt. Die sieben Söhne des Königspaars blieben sich zeitlebens ihrer staufischen Abkunft stolz bewußt und unterhielten Beziehungen zu den in Spanien anwesenden Deutschordensrittern. Der neue Herrscher Alfons X. gelangte in der Doppelwahl von 1257 zur Würde eines deutschen Königs; unmittelbar darauf erfolgten an den Deutschen Orden in Altkastilien neue Landzuteilungen, was wohl nur als Dank für eine Unterstützung der Wahl bei den deutschen Fürsten verstanden werden kann.

Die spanischen Zeitgenossen von Beatrix hatten kritisch angemerkt, daß die jüngeren Brüder von Alfons staufische Vornamen erhielten: Fadrique (nach Friedrich Barbarossa bzw. Kaiser Friedrich II.), Henrique (nach dem Großonkel Kaiser Heinrich VI.) und Felipe (nach dem Vater der Königin, Philipp von Schwaben). Der spätere Lebenslauf dieser drei Barbarossa-Urenkel offenbart eine gefährliche Blutmischung: hohe Begabung, Ehrgeiz, waghalsigen Ungestüm. Fadrique begab sich in jungen Jahren nach Apulien zu seinem Onkel Friedrich II. und erwartete offenbar Machtbefugnisse und Ehrenstellen, die ihm jedoch nicht zuteil wurden. Fünfundzwanzig Jahre später schloß sich Henrique seinem Neffen Konradin an, als dieser das seinem Hause verloren gegangene Königreich Sizilien wiedererobern wollte. Beide Barbarossa-Nachkommen wurden bei Tagliacozzo 1269 gefangen genommen; als Konradin in Neapel das Schafott bestieg, hatte Henrique eine fast bis zum Lebensende dauernde Kerkerhaft anzutreten.

Wir wissen am meisten vom vierten Sohn der Beatrix, Felipe; in Paris saß er als künftiger Geistlicher zeitweise zu Füßen von Albertus Magnus; in den weltlichen Stand zurückgekehrt, trat er in den Dienst des muslimischen Fürsten von Granáda. Später lebte er in Altkastilien nicht weit von der Deutschordensburg La Mota. Er starb 1274 und erhielt von seiner Witwe ein prächtiges Grab in der Kirche von Villalcázar; das schräg gestellte Bein der Grabfigur gilt als Anspielung auf den geplanten Aufbruch zu einem Kreuzzug, vermutlich im Deutschordensland an der Weichsel. Im 19. Jahrhundert wurde das Grab Philipps geöffnet; die wohlerhaltenen Gewänder zeigen – wie der Mantelsaum der steinernen Grabstatue – den staufischen Adler als häufige Zier; daneben lagen Stoffe mit dem arabischen Spruch »Die Welt gehört Allah«.

Die Geschichte der spanischen Königreiche nach dem Ende des Andalusienkreuzzugs bietet ein verworrenes Bild. Kastilien geriet in Kriege mit Portugal und Navarra. Der Süden wurde so lässig verteidigt, daß aus Afrika übergesetzte musli-

ABB. 50   Das Viertel der »Alimanos« bei der Emirmoschee, Sevilla. Steindruck um 1840

ABB. 51   Sevilla mit Moscheeturm und Deutschordenskirche (rechts). Stich um 1570

mische Heerscharen in den sechziger Jahren Sanlucar, Jerez und Ecija vorüberge-
hend wieder besetzen konnten. Eine schwer lösbare Aufgabe stellte daneben die
erneute Besiedlung (»Repoblación«) des eroberten Landes dar. Weite Strecken blieben lange herrenlos, da niemand verstand, das komplizierte arabische Bewässe-
rungssystem in Gang zu bringen. Weltliche Ritter, unter ihnen viele Deutsche, bekamen ohne weiteres Land und städtischen Grundbesitz; sie mußten sich jedoch
verpflichten, für immer mit Frau und Kindern im Süden wohnen zu bleiben und
notfalls drei Monate im Jahr Kriegsdienst zu leisten. Für den Deutschen Orden boten sich weder im Süden noch im Norden Spaniens sinnvolle Aufgaben, die Ab-
wanderung der Ritterbrüder an die Weichsel setzte ein.

V. Das polnische Hilfeersuchen
und der Missionsbeginn an der Weichsel

Als der Hochmeister Hermann von Salza 1229 an der Seite Kaiser Friedrichs II.
die Heiliggrabkirche in Jerusalem betrat und als er zwei Jahre später in Kastilien
mit König Ferdinand III. verhandelte, beschäftigten ihn bereits seit Jahren Pläne,
die seinem Orden eine weltgeschichtliche Rolle in Nordosteuropa zuweisen sollten. Bevor die Darstellung sich diesem Schauplatz zuwendet, sind die letzten mit
den Deutschrittern am Mittelmeer verknüpften Vorgänge zu erwähnen.

Nach der Beendigung des Andalusienkreuzzugs löste sich der Orden schritt-
weise von Spanien; die Burg Higarés wurde verkauft; anstelle der deutschen Komture erhielt La Mota spanische Geistliche. In Süditalien hatten mit Unterstützung
der Päpste die französischen Anjou die Staufer verdrängt. Der Deutsche Orden bewahrte zwar in Apulien seinen Bestand an Landgütern, verlor aber »beim Sturz der
Staufer Ansehen und Macht« (»alla caduta degli Suevi prestigio ed importanza«, La
Sórsa).

In Palästina besaßen die Christen seit etwa 1280 außer Akkon nur noch einige
feste Plätze. Inzwischen war in Venedig unweit des Dogenpalasts an der Südseite
des Canal Grande auf der »Zollinsel« (»Isola della Doana«) vom Deutschen Orden
ein stattliches Haus errichtet worden; es nahm bereits 1288 das aus Montfort ge-
rettete Ordensarchiv auf. 1291 sammelte sich ein mächtiges Heer vor Akkon, die
Muslims brachten durch Untergraben die Mauertürme einen nach dem anderen
zum Einsturz und drangen in die Stadt. Die christlichen Bürger europäischer Herkunft verloren ihre Freiheit; auf dem Sklavenmarkt in Damaskus sank der Preis für
Haremsmädchen auf eine Drachme.

Die Ritterbrüder der großen geistlichen Orden hatten zum Teil mannhaft ge-
kämpft, zum Teil wohl von vornherein die Flucht auf venezianischen Schiffen im
Sinn gehabt; sie gelang einer Gruppe von Deutschordensrittern, unter anderem
Konrad von Feuchtwangen, der vorher schon an der Weichsel und an der Düna für
den Orden gewirkt hatte; nach dem Bericht eines österreichischen Chronisten rief
er seinen Mitbrüdern zu: »Hier siegen die Heiden – an der Ostsee wir!«

Zwischen Mittelmeer und Mare Balticum findet geographisch die kurze Episode ordensgeschichtlichen Wirkens in Ungarn ihren Platz. Im 12. Jahrhundert
hatten die Kumanen – ein den Turkmenen verwandtes asiatisches Volk – die Lande
vom Don bis zur Donau unterworfen. Gegen diesen eroberungslustigen heidni-

ABB. 52 Tötung des Missionars Adalbert durch heidnische Prussen. 12. Jh. Dom, Gnesen

schen Nachbarn erbat der mit einer deutschen Gräfin vermählte König Andreas von Ungarn »zum Schutz seines Reichs« (»ad munimem regni«) die Hilfe des Deutschen Ordens; die Zusage gilt als eine der ersten Entscheidungen des seit 1210 amtierenden Hochmeisters Hermann von Salza und wurde begleitet von der Verlobung des Landgrafen Ludwig von Thüringen-Hessen mit der vierjährigen Prinzessin Elisabeth von Ungarn; sie kam bereits als Kind auf die Wartburg, wurde dort erzogen und heiratete in jungen Jahren den Landgrafen.

In Ungarn errichtete der Deutsche Orden – wie einer Urkunde zu entnehmen ist – »steinerne Burgen gegen die Kumanen« (»castra lapidea contra Cumanes«), was sogleich den Argwohn der einheimischen Magnaten weckte. 1225 verzichtete man ungarischerseits auf den Grenzwächter, die Deutschen Ritter hatten das Land zu verlassen; den entsetzlichen späteren Brandschatzungen der Mongolen wäre Ungarn vermutlich entgangen, hätte es an der Karpatengrenze ein burgenreiches Deutschordensgebiet gegeben.

Im Jahre 1229 entsagte Elisabeth, die Witwe geworden war, ihrem fürstlichen Rang und gründete in Marburg ein Spital, in welchem sie sich der Krankenpflege widmete; nach dem Tode der Landgräfin übermachte ihr Schwager Konrad von Thüringen das Siechenhaus und ein Grundstück am Fuß der Hügelstadt Marburg dem Deutschen Orden. Konrad hatte zeitweise als junger Fürst rücksichtslose

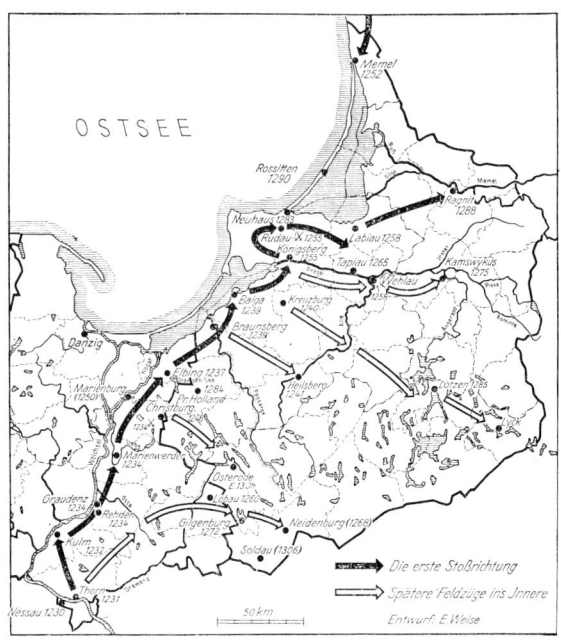

ABB. 53 Vorgehen des Deutschen Ordens von Thorn
bis Ragnit, 1231–1288

Fehden gegen deutsche Nachbarn geführt, trat aber nun bußfertig in den Deut- ABB. 27, 64
schen Orden ein. Am 26. Mai 1235 wurde Elisabeth auf Grund ihrer von Wundern
begleiteten Tätigkeit vom Papst im Beisein Friedrichs II. und Hermanns von Salza
in Perugia heilig gesprochen; eine Ausfertigung der Kanonisationsbulle befindet
sich in der Schausammlung des Deutschordenshauses in Wien.

Über dem Grab der dem Orden verbundenen neuen Heiligen im Spitalgelände
von Marburg ließ Hermann von Salza eine große Wallfahrtskirche errichten. Zur ABB. 21
»Erhebung« der Gebeine erschien 1236 Friedrich II., womit er sowohl seine christliche Rechtgläubigkeit wie auch seine Nähe zum Orden jedermann kundtat. Das
vom Kaiser bei dieser Gelegenheit gestiftete Reliquiar mit seiner Krone eines Kö- ABB. 17
nigs von Jerusalem wurde in Kapitel II erwähnt. Hermann von Salza gab der Kirche
des Ordens einen auffallenden architektonischen Charakter: Sie wurde der Erst-
lingsbau der Gotik in Deutschland. Der Hochmeister hatte den neuen Sakralstil
wenige Jahre zuvor – 1231 – in Burgos kennen gelernt; dort war der von Franzosen
seit 1222 errichtete Chor der Kathedrale zum Teil schon vollendet.

Kurz vor den Marburger Begebenheiten, vermutlich 1224, hatte ein von heidnischen Prussen bedrängter christlicher Herzog Nordpolens den Deutschen Orden
um Hilfe gebeten und eine grundsätzliche Zusage erhalten. Hierzu wurde kürzlich
bemerkt, der Hochmeister hätte auf das Ersuchen nicht eingehen dürfen; früher

77

ABB. 54, 55 Rathaus. 1259–1619. Thorn. Als Wehrbau errichtet. Rechts: Um 1395. Rekonstr. 1930

oder später wären die Beteiligten – Polen und Prussen – von selbst zu einem Ausgleich gekommen. Die Defensio Christianitatis war jedoch – ungeachtet der Volkszugehörigkeit der Bedrohten – Aufgabe aller geistlichen Ritterorden: Templer und Johanniter kämpften südlich der Pyrenäen, Ritterbrüder des Calatráva-Ordens erschienen an der Weichsel. Die durch das polnische Hilfeersuchen ausgelösten Vorgänge rechtfertigen ein Eingehen auf frühere Missionsversuche im Weichselgebiet.

Angriffe der heidnischen Prussen – eines Stammes der ostbaltischen Völkergruppe – gegen die christlichen Polen gab es schon im frühen Mittelalter. Zur Prussenbekehrung sandte König Boleslaw von Polen im Jahre 997 Bischof Adalbert von Prag an die Ostsee; er erlitt bereits in der Nähe der Küste durch einen Axthieb den Märtyrertod. Die »Axt mit dem Zahn« – auf einer Reliefdarstellung der um 1130 in ABB. 52 Magdeburg gegossenen Bronzetür des Doms von Gnesen wiedergegeben – ist dank Bodenfunden als eine spezifisch prussische Waffe bekannt. Adalbert, ein Tscheche von Geburt, hatte versucht, sich durch einen Dolmetscher zu verständigen. Einige Jahre später lernte der deutsche Mönch Bruno von Querfurt prussisch, um erfolgreicher missionieren zu können; er und seine Gefährten wurden ebenfalls getötet. Die Prussen unterhielten Beziehungen zu den Wikingern Norwegens, hatten deren Kampfweise übernommen und ließen nicht ab, in bereits christliche Gebiete einzufallen.

Als 1147, gleichzeitig mit dem Zweiten Palästinakreuzzug, nach dem Wunsch der Römischen Kurie die heidnischen Wenden zwischen Trave und Oder befriedet werden sollten, unternahmen die der Ostkirche angehörenden Russen ihrerseits Vorstöße gegen die Prussen, die aber ergebnislos blieben. Im Jahre 1210 begann der Dänenkönig Waldemar einen Kreuzzug im Ostsee-Küstenbereich zwischen

Weichsel und Pregel, der gleichermaßen scheiterte. 1217 wies der Papst nach Palästina strebende polnische Ritter an, im eigenen Grenzland die Heiden zu bekämpfen, wie es auch die Katalanen zu tun hatten; entscheidende Erfolge konnten abermals nicht erzielt werden; so entschloß sich Konrad von Masowien zum erwähnten Ersuchen an den Deutschen Orden.

Hermann von Salza, durch die Erfahrungen in Ungarn gewitzigt, hielt es für angebracht, klare Rechtsverhältnisse zu schaffen. Was ihm vorschwebte und was nach Verhandlungen aller Beteiligten – Papst und Kaiser, Hochmeister und Polenherzog – planmäßig erfolgte, war eine mit päpstlicher Sanktion durchgeführte Bekehrung. Das Missionswerk konnte nur durch eine neue, alle Lebensbereiche umfassende hoheitliche Ordnung verwirklicht werden, als deren Rückgrat »eine am Ort lebende Schutztruppe« (U. Arnold) unerläßlich war. Wie die Entwicklung sich vollzog, wird im nächsten Kapitel eingehend zu schildern sein.

Die letzten heidnischen Völkerschaften im südlichen Ostseeraum konnten in einer sich verändernden Welt nicht weiterleben wie bisher. Bereits seit Jahrzehnten vertritt die sowjetische Geschichtsschreibung den Standpunkt, die Annahme des Christentums durch die Völker Osteuropas sei ein notwendiger Schritt gewesen, der allein das Erreichen einer höheren Zivilisationsstufe ermöglicht habe. Beinah wörtlich übereinstimmend würdigte Golo Mann unlängst »das Christentum als eine geschichtliche zivilisierende Macht«. Papst, Kaiser und Hochmeister hatten um 1230 keineswegs eine »Eindeutschung« der Prussen im Sinn; was an der

ABB. 56   Deutschordensburg. Seit 1234
erbaut. Thorn. Rekonstr. um 1880

ABB. 57　Deutschordensburg. Spätes 13. Jh. Rheden. Aufriß um 1880

Weichsel geschaffen werden sollte, war ein befriedeter christlicher, »europäisierend wirkender Kommunikationsraum« (Hafner).

　　Das Vorrücken der Ordensritter vom Mittellauf der Weichsel nach Norden bis an die Ostsee binnen sieben Jahren war eine bemerkenswerte Leistung; das Hauptverdienst kam dem Landmeister Hermann Balk zu. Im Frühjahr 1231 begann er mit

ABB. 53

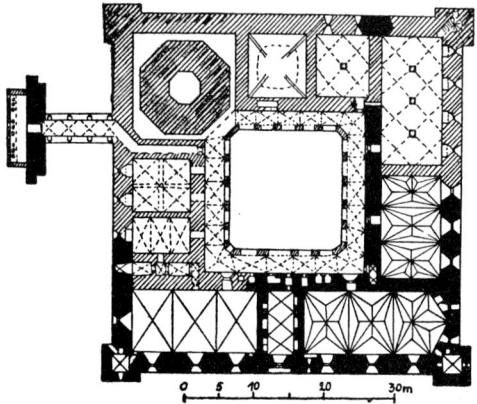

ABB. 58　Hauptgeschoß der Burg. Rheden

80

ABB. 59   Südwestturm der Burg, Rheden. Aufn. um 1930

ABB. 60, 61   Strasburg an der Drewenz. Wehrkirche. Um 1320. Rechts: Burgturm. Um 1300

seinem kleinen Heer – zu Pferde von Westen durch fremdes Gebiet gekommen –
die Befriedung. Zunächst handelte es sich darum, den polnisch besiedelten christlichen Teil des nördlichen Masowien durch eine regelrechte »Reconquista« zu befreien; die hier ansässige polnische Landbevölkerung wurde seit langem von den
heidnischen Prussen beherrscht und ihres Glaubens wegen verfolgt. Das später
»Kulmer Land« genannte Gebiet hatte Konrad von Masowien dem Deutschen Orden für alle Zeiten abgetreten, damit er hier einen Schutzwall für das südlich liegende Polen schaffe, »zur Unterstützung der Christen« (»ad auxilium christiano-
rum«, gemäß einem Brief des Papstes Gregor IX.).

Beim langsamen Vordringen in das von den Prussen verteidigte Gebiet legte der Orden als erste größere Burg an der Weichsel Thoron (später deutsch »Thorn«, polnisch »Torún«) an; der Name sollte, wie in Kapitel II erwähnt, an die Ordensburg gleichen Namens in Palästina erinnern. Burgen erhielten oft Namen von besonderem Bedeutungsgehalt, so in der Folge »Engelsburg«, »Christburg«, »Frauenburg« (Frau = Herrin, Maria), »Heilsberg«, »Friedland«, im Sinn starker Wehrkraft »Landshut« (später Ragnit genannt) und »Neidenburg« (= kühne Burg) oder, wegen seiner Höhenlage, »Wolkenburg« (Livland). ABB. 18

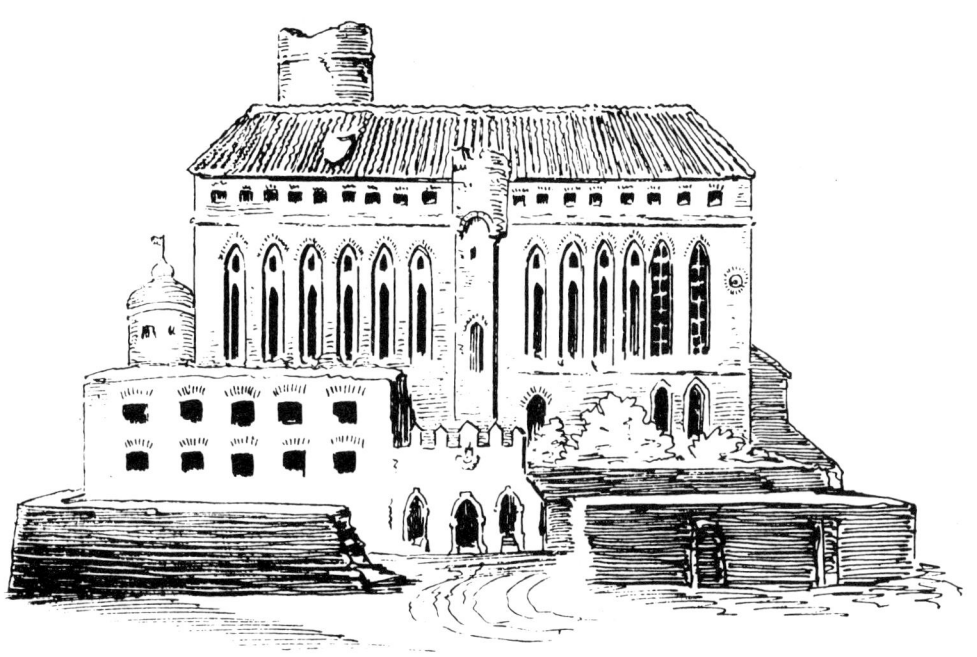

ABB. 62   Ordensburg. Um 1265. Graudenz. Zeichnung um 1760

Auf Thorn folgte als zweite Gründung Kulm. Sowohl nach Thorn wie nach Kulm berief Hermann Balk sofort Kaufleute und Gewerbetreibende aus Altdeutschland. Dort war das Städtewesen zum Träger einer im Osten bis dahin unbekannten höheren Form wirtschaftlichen Lebens geworden. Fürsten mittelpolnischer Gebiete gründeten ebenfalls Städte mit deutschen Bürgern, die unter »Deutschem Recht« (»Jus Teutonicum«) Selbstverwaltung genossen. Im Kulm vollzog der Orden zum ersten Mal eine landesherrliche Handlung, indem er der Stadt die sogenannte »Kulmer Handfeste« verlieh; es handelte sich um eine Neufassung des Stadtrechts von Magdeburg. Zugleich bekam Kulm ein besonders stolzes Siegel, das einen gepanzerten Ordensritter zu Pferde zeigt, dessen Schild ein großes Kreuz

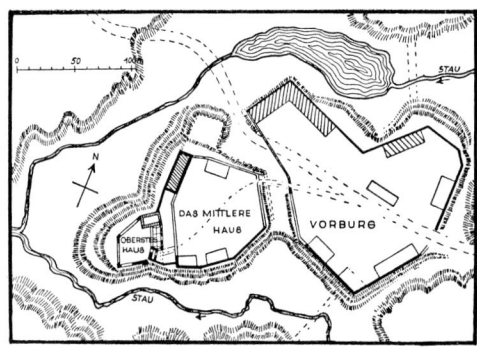

ABB. 63   Lageplan der Engelsburg bei Graudenz.
Um 1240

trägt; erhalten hat sich nur ein einziger Abdruck auf einer Urkunde von 1345 im Archiv der Hochmeisterkanzlei (Geheimes Staatsarchiv Preußischer Kulturbesitz Berlin).

Die Güter der auf dem Lande ansässigen polnischen Ritter und ebenso ihr Volkstum wurden von den Maßnahmen des Ordens nicht berührt; noch zweihundert Jahre später waren in diesem Gebiet polnische Ritter besitzlich. Im Kulmer Bereich und den später dem Christentum gewonnenen Prussengauen bebaute ausschließlich die einheimische Bevölkerung das Land; gemäß den sehr vollständig erhaltenen Urkunden ist vor 1290 kein einziger deutscher Bauer an die Weichsel gezogen.

Unterstützt durch die Fürsten von Polen und von Pommerellen (d. h. dem Gebiet nordwestlich des Weichseldeltas) gelangten die Deutschordensritter weichselabwärts vorrückend 1233 in den südlichsten Prussengau Pomesanien (dessen Name in der Umgangssprache bis 1945 lebendig geblieben ist). In Flußnähe entstand die Burg Marienwerder (»Insula Sanctae Mariae«). Später überließ der Orden den Ort dem von ihm abhängigen Bischof von Pomesanien, dessen Domkapitel hier residierte. Damals sahen sich weiter nördlich die Prussen noch als Herren des Unterlaufs der Weichsel an und brandschatzten, weit in das christliche Pommerellen nach Westen vorstoßend, innerhalb von zehn Jahren zweimal das Zisterzienserkloster Oliva.

1237 konnte der Orden endlich im Weichseldelta Fuß fassen und eine direkte Seeverbindung mit Lübeck gewinnen. Dort besaß die Bürgerschaft seit kurzem volle politische Handlungsfreiheit; sie hatte ihren Bischof nahezu ausgeschaltet, nachdem das von Barbarossa gegebene Reichsfreiheitsprivileg durch Friedrich II. erneuert worden war. Die Urkunde wurde halben Wegs zwischen Mailand und Bologna, in Borgo San Donnino (heute Fidenza) 1226 ausgefertigt und u. a. von Her-

ABB. 64   Schild des Hochmeisters Konrad von Thüringen. Um 1230. Museum, Marburg

mann von Salza als Zeuge unterschrieben. Das Hilfeersuchen Konrads von Masowien war bereits erfolgt; im Hinblick auf ein künftiges Missionsgebiet an der Weichsel erschien dem Deutschen Orden ein Zusammenwirken mit Lübeck unerläßlich. Es spricht viel dafür, daß in Borgo San Donnino der Hochmeister die Sache Lübecks vertreten hat; der kraftvoll aufstrebenden Stadt sollte in der Ostsee eine ähnliche Rolle zufallen, wie sie die italienischen Küstenstädte im Mittelmeer spielten.

Bei der letzten Etappe des Vorstoßes zur Ostsee unterstützte der als Kreuzfahrer erschienene Markgraf Heinrich von Meissen mit einem kleinen Heer die Ordensritter; er war durch seine Silberbergwerke wohlbegütert und ließ 1236 in Marienwerder zwei Schiffe mit den symbolischen Namen »Pilgrim« (= Kreuzfahrer) und »Friedeland« bauen und mit Rittern und Knechten aus Meissen bemannen. Diese Schiffe trafen sich einen Sommer später, nordwärts fahrend, mit einer Lübecker Flotte sowie mit dem Landheer unter Hermann Balk an der Stelle, an der ABB. 70 man gemeinsam Burg, Stadt und Hafen Elbing gründete. Die neue große Stadt erhielt ein – 1242 zuerst nachweisbares – Siegel mit einer Schiffsdarstellung, auf der die gerade eingeführte Neuerung eines Heckruders zu sehen ist; das Kreuz des Ordens neben dem Mast verweist auf den Landesherrn. Aus dem gleichen Jahr ist auch eine Urkunde erhalten, in welcher sich Hermann Balk als »Landmeister der Brüder des Deutschen Hauses in Prussien« (»in Pruscia«) bezeichnet; es war wohl das erste Mal, daß ein Amtsträger des Ordens seinen Titel mit dem Namen des Landes der Bekehrten verband. Die Hochmeister residierten damals nach wie vor

ABB. 65 Zugang zur Komturburg. Spätes 13. Jh. Marienburg. Aquatintablatt 1799

86

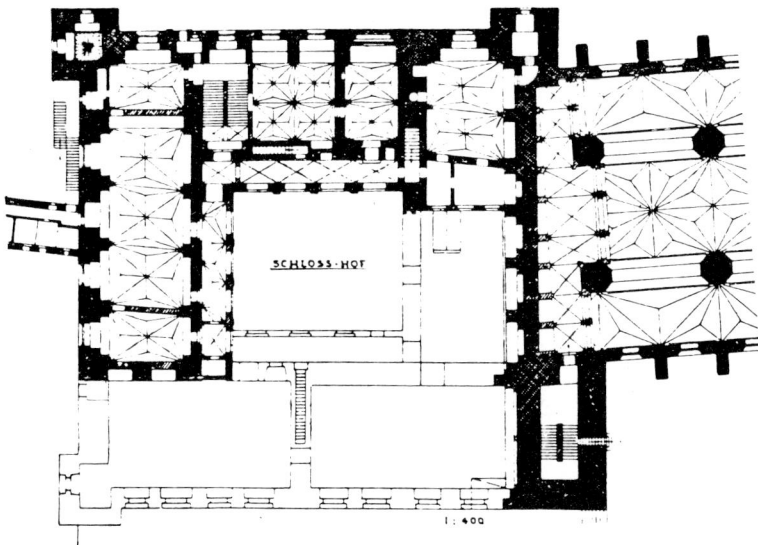

ABB. 66, 67   Burg des
Domkapitels, 14. Jh.
Marienwerder.
Rekonstrukt.
Unten: Grundriß
des heutigen Zustands
nach Abbruch des
Südflügels

87

ABB. 68   Burg und als Wehrkirche errichteter Dom. 14. Jh. Marienwerder. Der Südostturm der Burg ist G

m des Doms. Aufn. um 1900

ABB. 69   Kogge mit Heckruder.
Um 1350.
Siegel der Stadt Danzig

in Montfort nahe Akkon; noch hatte keiner von ihnen seinen Fuß auch nur vor-
übergehend ins Weichselgebiet gesetzt.

Während der Orden rechts der Weichsel missionierend vorging, nahm er links
des Flusses Gelegenheit, sich allmählich in bereits christliches Land hinein auszu-
dehnen, wo verschiedene Linien des kleinen nordwestslawischen Fürstenge-
schlechts der Samboriden herrschten. Zunächst wurde der Bezirk Mewe käuflich
erworben, später das küstenländische Pommerellen; hier hatte sich bereits in Danzig neben einer älteren Siedlung einheimischer Fischer und Schiffer eine kleine
deutsche Kaufmannstadt gebildet, welche vom slawischen Landesherrn mit dem
»Jus Teutonicum« (in diesem Fall dem Lübecker Stadtrecht) begabt worden war.
Danzig wurde die zweite Seestadt des Ordens im Weichseldelta, stieg allerdings
neben Elbing zunächst nur langsam auf.

Die ersten baulichen Vorhaben im Missionsland führte der Deutsche Orden
durch; offensichtlich befanden sich in seiner Mitte Ritterbrüder oder auch Geistliche, denen das nötige Wissen zur Verfügung stand; es ist bekannt, daß der höchst
erfindungsreiche Burgenbauer Kaiser Heinrichs IV. ein Bischof war. Die in Palästina, in Italien und in Spanien geschilderten Burgen gingen dem Wehrbau an der
Weichsel voraus. Als der Orden 1229 die Befestigungen von Jerusalem ergänzte,
hatte die Mission im Gebiet der Prussen noch nicht eingesetzt. In Altkastilien waren die Burgen von Tiedra und La Mota seit 1221 im Bau, in Higarés wurde sogleich
nach der Belehnung des Ordens, 1231, mit den Arbeiten begonnen. In Sizilien errichtete Friedrich II. seit 1230 seine kastellartigen Königsburgen und – im Norden
der Halbinsel – Kaiserpfalzen. Von welchen der genannten Bautengruppen des Mit-
telmeerraums die Burgen des Ordens in Nordosteuropa abhängig sind, wird zu fragen sein.

90

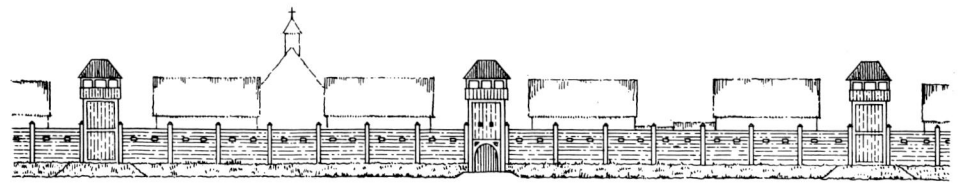

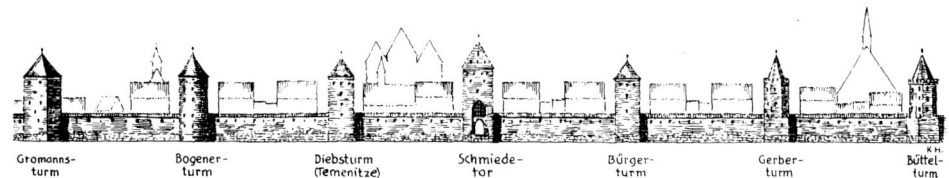

Gromanns-turm   Bogener-turm   Diebsturm (Temenitze)   Schmiede-tor   Bürger-turm   Gerber-turm   Büttel-turm

ABB. 70, 71   Stadtbefestigung Elbing. Oben: Hölzerner Palisadenbau. Um 1240. Rekonstr.
Unten: In Stein ausgeführte Befestigung. Um 1350

ABB. 72   Mauerturm Kiekendekök, 14. Jh. Danzig. Aufriß 1880

91

In dem Gebiet zwischen mittlerer Weichsel und Ostsee entstanden binnen zweihundert Jahren mehr große und architektonisch bedeutende Wehrbauten als irgendwo sonst in Deutschland in einer gleichgroßen Region je errichtet worden sind. Die ersten Burgen waren Behelfsanlagen aus Lehm, Holz und Erde. Vielfach wurden Befestigungen der Prussen wiederverwendet; Reste einer solchen, etwa 1234 entstandenen Burg hatten sich noch bis 1945 in Alt-Christburg (Kreis Mohrungen) erhalten: das unregelmäßige, durch Planken und Pfähle befestigte Erdwerk war durch einen höheren Holzerdewall und davor durch einen Graben gesichert. Der Frühzeit der Mission entstammen auch Burgen, welche der Orden auf dem vorderen Teil eines von seitlichen Schluchten geschützten Höhenzugs errichtete.

ABB. 63 Die Engelsburg vertritt diesen Typ einer »Abschnittsburg«, wie er im Mutterland die Regel war. Man verwendete Findlinge und Feldsteine aller Art für die Funda-

ABB. 73 Lageplan der Ordensburg. Um 1350. Danzig. Rekonstr. 1900

mente und Mauern, war aber mit diesem Baumaterial schnell zu Ende; für das Übrige mußte man sich mit Holz begnügen.

Die Erfolge des Ordens an der Weichsel führten alsbald zu einer größeren Anteilnahme der Kurie. Gemäß einer in Anagni südlich von Rom ausgefertigten Bulle hatten Kreuzfahrer an der Weichsel beim Bau von Wällen und anderen Wehranlagen zu helfen, was zunächst wohl manchem stolzen adligen Ritter als seinem Stand nicht angemessen erschienen sein mag. Die päpstliche Anordnung dürfte auf einen Wunsch Hermanns von Salza zurückgehen; er war während des Palästina-Kreuzzugs Friedrichs II. 1228/1229 beim Bau von Befestigungen durch Kreuzfahrer zugegen gewesen und gab wohl auch später Weisungen für die Errichtung der Deutschordensburgen im Heiligen Land. Es ging an der Weichsel nicht allein um die tatsächliche Abwehr des Gegners, sondern auch um eine monumentale Darstellung abendländisch-christlicher Überlegenheit.

Etwa seit 1240 ist an Teilen der Burgen von Thorn und Elbing erstmals die Verwendung von Backstein nachzuweisen. Wo Ziegel benötigt wurden, mußten

ABB. 74 Hafen mit Krantor und Burg. Um 1450. Danzig. Rekonstr. 1930

zunächst große Bauhütten angelegt werden, über die wir aus etwas späterer Zeit genau Bescheid wissen. Der Steinmeister, ein Ritterbruder des Ordens, leitete die Arbeiten; Brennöfen für Ziegel und Kalköfen für Mörtelgewinnung waren zu errichten, Gräben zum Heranleiten von Wasser auszuheben, Lehm, Kalk und Brennholz laufend zu beschaffen. Beim Bau einer großen Komturburg wurden etwa drei Millionen Ziegelsteine im »Klosterformat« (9 : 15 : 32 cm) benötigt; acht Brennöfen konnten diese Menge in ungefähr sechs Jahren herstellen.

In Norddeutschland entstanden größere Ziegelbauten seit dem Ende des 12. Jahrhunderts, so z. B. die Dome in Lübeck und Ratzeburg. Es ist seit langem erwiesen, daß gemäß übereinstimmendem oder sehr ähnlichem Ornament und anderen Besonderheiten dieses Ziegelbaugebiet von der Lombardei abhing. Dort war die aus Backstein errichtete Kirche Sant'Ambrogio in Mailand bei der Hochzeit des Barbarossasohns Heinrich VI. mit Konstanze von Sizilien im Jahre 1186 vielen Deutschen bekannt geworden. Die aus Ziegeln seit etwa 1240 errichteten Burgen an der Weichsel gehören nicht in diesen Zusammenhang; mit Recht hat man auf

93

ABB. 75–77
Deutschordens-
mühle. 14. Jh.
Danzig. Von
Nordosten. Stich
um 1670.
Rechte Seite oben:
Aufriß um 1880.
Unten: Grundriß

Grund ihrer Ziermotive von »Erinnerungen an orientalische Kunst« (Stahl) gesprochen, ohne jedoch namhaft machen zu können, wo nun eigentlich die Vorbilder zu suchen seien.

ABB. 186   An der Weichsel taucht die Ziegelbauweise gleichzeitig mit dem vollkommen
ausgereiften Typus des sog. »Geviertbaus« auf; seine Grundgestalt erinnert an das
altrömische Lagerkastell. Da eine lückenlose Folge von Zwischengliedern innerhalb eines Zeitraums von tausend Jahren zunächst nicht zu ermitteln war, wurde
1929 in Preußen die These von der »Eigenschöpfung an der Weichsel« aufgestellt,
stieß jedoch bald auf Kritik. Die hohen Blenden am ältesten Teil der Marienburg,
ein höchst eigenartiges Architekturmotiv, sind beim erheblich jüngeren Palast der
Päpste in Avignon ebenfalls anzutreffen. In der Zeitspanne von rund siebzig Jahren,
die beide Bauten trennt, müssen Blenden aber auch an anderen Orten angewandt
worden sein. Um 1940 suchten deutsche Kunsthistoriker jedoch vergeblich nach
einer Bautengruppe von weitreichendem Ansehen, welche sowohl für die Burg an
der Weichsel wie für die an der Rhône das gemeinsame Vorbild abgegeben hat: Es
kann nur der von islamischen Meistern entwickelte Bautyp des spanischen Alcázar sein.

    Die Übereinstimmung zwischen Alcázarbauten des mittleren und südlichen
Spanien und den Ordensburgen an der Weichsel besteht zunächst in der Gesamtanlage: ein Quadrat oder ein dem Quadrat nahes Rechteck wird durch vier Ecktürme

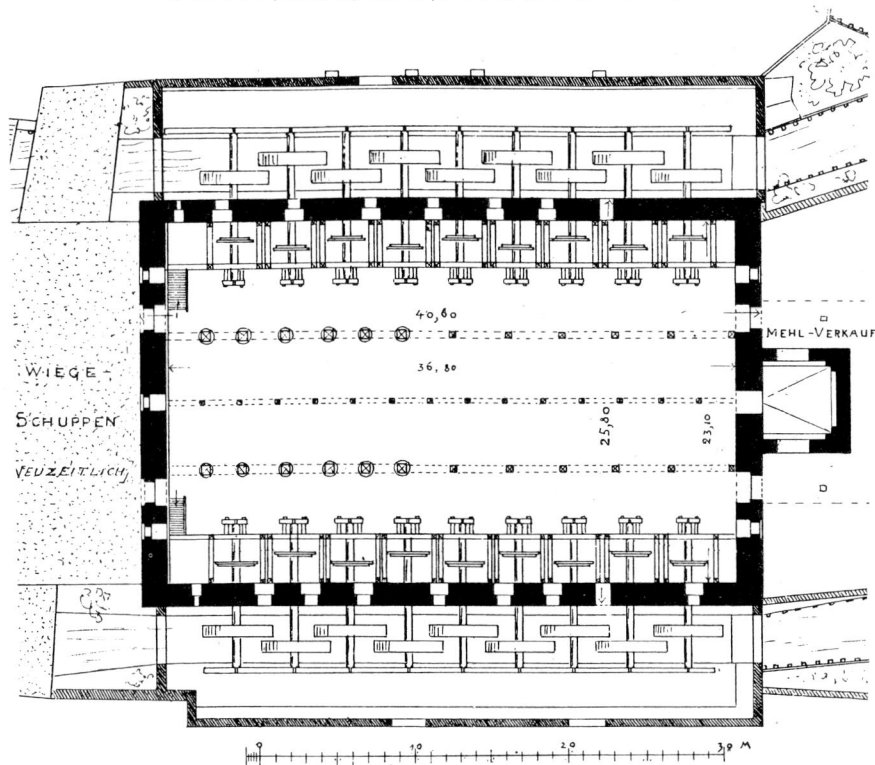

WIEGE-

SCHUPPEN

(NEUZEITLICH)

40,60

36,80

25,80

23,10

MEHL-VERKAUF

95

geschützt; diese können in wuchtiger Gestalt aus dem Baukörper emporwachsen oder aber, schlank und hoch, nach außen vorspringen; in diesem Fall hatten Pfeilschützen die Möglichkeit, in flankierender Abwehr etwaige Angreifer von den Außenmauern der Burg zu vertreiben. Zinnen am oberen Abschluß der Längswände mit einem Wehrgang dahinter oder in den Ansatz der Dächer eingefügte Wehrluken boten den Verteidigern sichere Standorte für das Herabwerfen von Steinen. Sowohl in Spanien wie an der Weichsel findet sich häufig im Burgbereich ein freistehender runder oder achteckiger Hauptturm, der als letzte Zuflucht zu dienen hatte und nur in beträchtlicher Höhe durch eine Luke zugänglich war.

Der obere Abschluß der Ecktürme wie eines etwa vorhandenen großen Einzelturms war auf der Pyrenäenhalbinsel eine zinnengeschützte »Wehrplatte«, auf der – erheblich zurückgesetzt – eine gemauerte Pyramide oder ein Spitzkegel aufsaß. Die Muslims kannten das sogenannte »griechische Feuer«, ein entzündliches Material, das – einmal auf ein feindliches Dach geschleudert – lange brannte und nur mit Essig gelöscht werden konnte. Es war daher zur Regel geworden, den Turmabschluß nicht als Holzkonstruktion zu errichten, sondern ihn aufzumauern. An der Weichsel hatte man keinen Gegner zu fürchten, der Wurfbehälter mit griechischem Feuer verwendete; wenn man gleichwohl diese Bauweise für Turmdächer wählte, so spricht das für die Beteiligung aus Spanien mitgebrachter Werkleute. Im Lauf der Zeit fielen oft Zinnen der Witterung zum Opfer, und es war kostspielig, Dächer in der alten Form zu erneuern; der Fiskus, an der Weichsel in der Neuzeit meist im Besitz der alten Burgen, setzte später ein einfaches mit Ziegeln gedecktes Zeltdach auf, dessen Innenkonstruktion aus Holz bestand. Sofern Wehrkirchen in Ortschaften einen Glockenturm mit der geschilderten Art des Abschlusses erhalten hatten, opferte die betreffende Gemeinde jedoch meist gern die nötigen Mittel für die Pflege bzw. Erneuerung des ursprünglichen Zustands, so z. B. in Strasburg ABB. 60 an der Drewenz.

Es gibt bei den aus Ziegeln errichteten Ordensburgen zwischen Thorn und der Ostseeküste sodann noch eine Reihe architektonischer Einzelmotive, die zwischen Kastilien und Preußen sonst nicht anzutreffen sind und sich wiederum nur durch die Anwesenheit spanischer Bauleute erklären lassen. Die vorhin erwähnten hohen Wandblenden wurden an Außenmauern der Alcázarbauten Spaniens nur in geringer Vertiefung angewandt, um Angreifern keine Deckung gegen Steinwürfe von oben oder Pfeilgeschosse von der Seite zu geben; in den nicht gefährdeten Innenhöfen schnitten die Blenden tiefer in den Baukörper ein. Das Gleiche läßt sich im neuen Missionsland beobachten. Blenden finden sich in Preußen außer an ABB. 89 Burgen auch an Wehrkirchen und schließlich an einzelnen Bauten ohne Wehrfunktion.

ABB. 81 Ein typisch spanisch-islamisches Motiv, welches dem Geist der damals aufkommenden Gotik strikt zuwider läuft, ist die rechtwinkelige Umrahmung von Portalen, z. B. in Balga und in Elbing. Die im Süden der Pyrenäen eingebürgerte

ABB. 78   Komturburg. 13./14. Jh. Marienburg. Von Osten. Gemälde um 1840

ABB. 79   Rathaus. Um 1370. Marienburg. Als Wehrbau errichtet. Stich 1847

Vorliebe für kleinteilige schmuckhafte Wirkung – ein Derivat orientalischer Teppichkunst – führte ferner zum Überziehen der Wände mit Rautenmustern und zur
Verwendung glasierter farbiger Ziegel; Beispiele für beide Zierweisen sind im
preußischen Missionsland häufig. Die Anzahl der Übernahmen berechtigt zu der
Feststellung: Vom Äußeren der Alcázares von Toledo, Córdoba und Sevilla, wie sie
sich um 1250 darboten, geben Ordensburgen an der Weichsel eine bessere Vorstellung als irgendein heute in Spanien aufrecht stehendes Bauwerk.

VI. Das Bekehrungswerk zwischen Elbing und Königsberg. Die Abwehr der Mongolen

Nach 1237 nahmen Befriedung und Mission zwischen dem Unterlauf der Weichsel und dem Kurischen Haff ihren Fortgang. An der Ostsee gelangte man bis zum Frischen Haff, d. h. einem Teil der Ostsee, der durch einen schmalen Landstreifen, die »Nehrung« (prussisch »Neriga«), vom offenen Meer getrennt ist. Die wichtigste Durchfahrt hieß damals »Balga« und südlich von ihr entstand 1239 eine gleichnamige Komturburg; an ihrer Errichtung war der zu einer Kreuzfahrt erschienene Welfenherzog Otto, der Gründer von Hannover, beteiligt. Jenseits von Balga ließ ein Markgraf von Brandenburg bei seiner dritten Kreuzfahrt eine nach seinem Land an der Spree benannte Burg (seit 1945 der westlichste Ort im sowjetischen Gebiet) bauen. Nach und nach wurden den Komturburgen, die an der Küste oder in ihrer Nähe lagen, weit ins Innere nach Südosten sich erstreckende Landbezirke unterstellt.

Im Jahre 1255 trat der mächtige Böhmenkönig Ottokar II. mit einem großen deutsch-böhmischen Kreuzfahrerheer auf den Plan. Durch seine Mutter Kunigunde, eine Tochter Philipps von Schwaben, war er ein Urenkel von Barbarossa. Gleich seinem Vetter Alfons X. von Spanien hatte er sich um die deutsche Königskrone bemüht und sah sich als Kaiserkandidat an; beiden erschien die Förderung des Deutschen Ordens als Mittel, bei den deutschen Fürsten die eigenen Wahlaussichten zu verbessern. Als Ottokars Heer und die Ordensritter sich dem Samland (zwischen Frischem und Kurischem Haff) näherten, kam es nicht mehr zu Kämpfen. Gleich danach wurde als große Stadt mit einer Verbindung zum Meer Königsberg gegründet; die Namengebung erfolgte zu Ehren des Böhmenkönigs. ABB. 88

Während die Erfolge des Ordens im Land der Prussen beachtlich waren, entwickelte sich die Gesamtsituation in Osteuropa um so bedenklicher. »Die Phantasie des Geschichtsschreibers ist nicht groß; wir wissen, wie es gegangen ist und sind daher versucht zu glauben, daß es so habe gehen müssen. Wäre aber im Rückblick nicht ein anderer Verlauf denkbar gewesen?« (Golo Mann). Auf das Deutschordensland um 1260 angewendet, lautet die Frage: Gab es eine Mongolengefahr?

Das Reitervolk der Mongolen war im 12. Jahrhundert aus der Hochsteppe südlich des Baikalsees hinabgestiegen, hatte die Nomadenstämme Innerasiens unterworfen und zog erobernd und verwüstend zum Schwarzen Meer. Die Ermordung

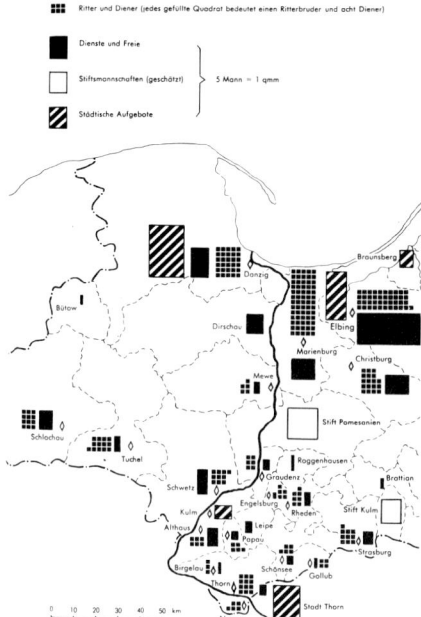

einer mongolischen Gesandtschaft durch Russen und der ihnen vorgeworfene
»Ungehorsam gegen die Gebote des Tschingis-Khan« hatte die Besetzung Südruß-
lands zur Folge. Um 1235 spielten russische Fürsten offenbar mit dem Gedanken
einer Anlehnung an Europa und die Römische Kirche; jedoch war es zum Handeln
zu spät. Eine mongolische Reichsversammlung faßte den Entschluß zur »Unterwerfung Rußlands, Polens, Ungarns und anschließend ganz Europas« (Ludat). Die
Mongolen erreichten die obere Wolga und begründeten für mehr als zweihundert
Jahre ihre Herrschaft über etwa drei Viertel des gesamten russischen Gebiets. Die
Schilderung eines Überfalls auf Moskau schließt der Petersburger Gelehrte Nikolai Kostomarow um 1860 mit dem Satz: »Keine einzige lebende Seele befand sich
mehr in der Stadt; die Kirchen waren mit den Leichnamen der dort erschlagenen
Männer, Frauen und Kinder angefüllt; es war niemand da, um die Totenglocken zu
läuten«.

Die Mongolen planten einen »Durchstoß auf die Ostsee« (Ludat) zu einem
Zeitpunkt, als bereits im Weichseldelta die Stadt Elbing bestand und der Orden die
Herrschaft im burgenbewehrten Gebiet der livländischen Schwertbrüder mit den
großen ummauerten Städten Riga, Dorpat und Reval übernommen hatte (vgl.
Kap. VII). Im Jahre 1241 erschienen zwei gewaltige mongolische Reiterheere in
Schlesien und in Ungarn und erfochten Siege über ihre christlichen Gegner am

ABB. 81 Portal der Nikolaikirche. Um 1300. Balga. Aufriß 1890

9. April bei Liegnitz und am 11. April im Tal der Theiss; im August 1242 erreichte ein Vortrupp Wiener Neustadt. Die Lübecker hielten daraufhin eine stärkere Befestigung ihrer immerhin von den Kriegsschauplätzen beträchtlich entfernten Stadt für geboten. Nach wie vor drohte – gemäß neuesten sowjetischen Forschungsergebnissen – die Gefahr eines mongolischen Überfalls auch der bisher unabhängig gebliebenen nordrussischen Nowgorod-Region.

An der Römischen Kurie verfügte man über einen vorzüglichen Nachrichtendienst, der sich auch auf Asien erstreckte. Die Tiara trug damals der 1195 geborene Innozenz IV. aus dem genuesischen Grafengeschlecht der Fieschi, das im Lauf der Zeit dem Papsttum zweiundsechzig Kardinäle geschenkt hat. Der päpstliche Legat Wilhelm von Modena beriet sich offenbar schon am 21. Februar 1241 – also vor der großen Schlacht in Schlesien – in Thorn mit dem Landmeister des Ordens in Preußen, Poppo von Osterna, über mögliche Abwehrmaßnahmen. Es galt vor allem, den Bau steinerner Burgen zu beschleunigen. Dabei handelte es sich nicht nur um das neu erschlossene Küstenland an der Ostsee, sondern auch um stärkeren Schutz der Gebiete an der mittleren Weichsel. Während der polnische Bischof von Kujawien die Burg Ratscus als Schutz gegen die Mongolen hochführte, entstanden in der nun folgenden Zeit östlich von Thorn neue Ordensburgen, unter anderem Golau und Strasburg.

ABB. 82, 83   Ordensburg. Um 1270. Lochstedt. Remter. Rechts: Kapellenportal

Im Sommer 1245 entsandte der Papst den etwa fünfundvierzigjährigen Franziskaner Giovanni del Piano Carpini zum Groß-Khan; Carpini war zeitweise Provinzial seines Ordens für Sachsen gewesen; er kannte Magdeburg und vielleicht auch östlichere Gebiete und beherrschte vermutlich eine slawische Sprache. Die päpstlichen Gesandten reisten zunächst nach Kiew; bald danach hatten die Italiener ihre eigenen Pferde gegen Mongolengäule einzutauschen, welche große Kälte vertrugen. Mit nur geringen Unterbrechungen wurde monatelang in schnellem Trab von der Morgendämmerung bis in die Nacht hinein geritten; bis zu siebenmal am Tage gab es Pferdewechsel. Abgesehen von den Lagern der Mongolen waren die unendlichen Landgebiete menschenleer, die besiegten Völkerschaften ausgerottet; Skeletthaufen säumten den Weg. Die mißtrauischen mongolischen Begleiter ließen nachts die kleine päpstliche Schar ihre Zelte nur in beträchtlicher Entfernung von den eigenen Stützpunkten aufschlagen. Nach entsetzlichen Strapazen erreichte der Trupp endlich im Juli 1246 die von Tschingis-Khan 1220 gegründete Residenz Karakorum (heute ein Ruinengelände in der Mitte der Volksrepublik Mongolei, etwa drei Viertel Wegs zwischen Südrußland und dem Stillen Ozean).

Carpini verstand es offenbar vorzüglich, von den in Karakorum lebenden Ge-

102

fangenen und Geiseln, unter anderen auch Ungarn, sich wichtige Kenntnisse zu verschaffen, während er auf eine Audienz zu warten hatte. Als der Groß-Khan Kujuk ihn schließlich empfing, wurde außer allgemein gehaltenen Forderungen nach Unterwerfung die deutliche Absicht der Mongolen offenbar, sich gegen Livland und Preußen zu wenden. Carpini begab sich mit unglaublicher Schnelligkeit zum Papst zurück, den er 1247 in Lyon antraf; schon wenige Tage später war ein Bevollmächtigter der Kurie nach Preußen unterwegs; Mißhelligkeiten, welche zwischen dem Deutschen Orden, dem Herzog von Pommerellen und den zum Burgenbau energisch herangezogenen Prussen bestanden, galt es auszuräumen. Der Orden sollte »für den bevorstehenden Kampf gegen die Mongolen intakt bleiben und sich nicht bei Streitigkeiten von untergeordneter Bedeutung aufreiben« (Patze).

Ritter und gewappnete Knechte des Ordens waren die einzige Truppe, über die der Papst direkt verfügen konnte; am 22. Januar 1248 bat er brieflich die bisher noch unabhängigen westrussischen Fürsten Alexander von Nowgorod und Daniel von Wolhynien-Halitsch, ihnen etwa bekannt werdende Angriffsabsichten der Mongolen dem Deutschen Orden zu melden; Alexander sollte als östlicher Grenznachbar Altlivlands den dortigen Landmeister benachrichtigen, der südlicher herrschende Fürst Daniel hingegen »den Rittern in Prussien« (»in Pruscie partibus commorantibus«) Bescheid geben. Vom Zeitpunkt der Rückkehr des päpstlichen

ABB. 84   Keller. 14. Jh. Marienburg. Aquatintablatt 1799

Botschafters aus der Mongolei bis zum nächsten Mongolensturm vergingen jedoch noch rund zehn Jahre; diesen Zeitraum nutzten die Ordensgebietiger.

ABB. 193
Von Riga aus wurde 1252 die Burg Memel gegründet, von Königsberg aus die Kurische Nehrung besetzt und an der Küste eine Landverbindung zum nördlichen Ordensgebiet hergestellt. Die vom Orden weiter im Binnenland durch Burgen gesicherten Bezirke waren von ungleicher Ausdehnung; im ganzen aber bestand ein ABB. 104 christlicher Schutzwall von der Weichsel bis in die Nähe der Newa. 1258 stießen die Mongolen ziemlich weit von der Ostsee entfernt durch Litauen nach Polen vor, wo im eroberten Krakau sich die steinerne Burg halten konnte. Zweifellos drohte die Gefahr, daß die Mongolen dem Lauf der Weichsel nach Norden auf Thorn zu folgen würden.

Die Ordensgebietiger wußten, daß eine offene Feldschlacht gegen die vielfach stärkeren Mongolen tunlichst zu vermeiden sei. Diese ihrerseits kannten die Regeln mittelalterlicher Kriegsführung, welche »ein Kampf um befestigte Punkte war; es galt als gefährlich, flaches Land zu besetzen, ohne die Burgen zu brechen« (Benninghoven). Das asiatische Reitervolk besaß weder Erfahrung noch Geduld, um nach Art der Muslims durch Untergraben von Mauern und durch Belagerungsmaschinen steinerne Wehrbauten allmählich zur Kapitulation zu zwingen, und wandte sich wieder nach Osten.

ABB. 85   Küche der Ordensburg. Um 1270. Lochstedt. Aufn. 1935

ABB. 86   Dom des Bischofs von Ermland. 1329–1388. Frauenburg.

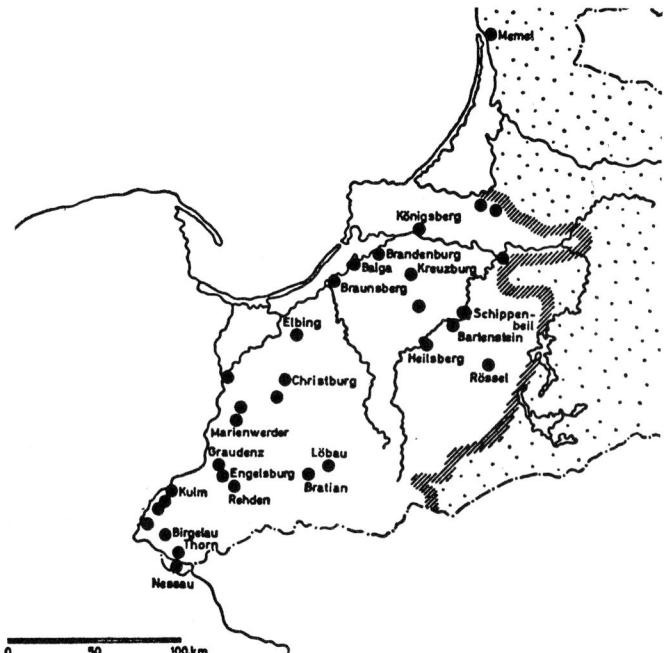

ABB. 87 Burgen zwischen Thorn und Memel zur Zeit des Mongoleneinfalls in Polen, um 1260

»Als die Gefahr der Mongoleneinfälle zunächst drohte, dann eintrat und schließlich wie ein fernes Gewitter noch lange am Horizont stand« (Hellmann), bewährte sich das Deutschordensland als europäische Bastion; es diente zugleich dem Schutz der Westflanke des Nowgorodstaats. Heute wagt es der Europäer in seinem geschwächten Selbstbewußtsein kaum, die Abwehr der Mongolen mit deutlichen Worten als Rettung vor einer Katastrophe zu bezeichnen. Die Mongolenherrschaft zwischen Wolga und Schwarzem Meer gilt den Historikern des Ostens als schwere Beeinträchtigung der eigenständigen Entfaltung eines »versklavten« Volkes, als »die dunkelste Zeit der russischen Vergangenheit« (André Grabar). Das gleiche Los wäre für Polen, Deutsche und Franzosen nicht weniger tragisch gewesen.

Die Jahrzehnte der Mongolengefahr nutzten die noch heidnischen östlichen Prussenstämme und ihre Nachbarn im Binnenland, die Litauer, zu Einfällen in die Landstriche der bereits zum Christentum bekehrten Prussen; immerhin konnten die befestigten Städte sich mühelos halten, auch vereinzelt stehende Burgen wie Brandenburg, Balga und Rheden. In der 1263 von den Litauern besetzten Burg Birgelau am südwestlichen Höhenrand des Kulmer Landes gelang es nicht, die Ordensritter im Hauptturm zur Übergabe zu zwingen.

Die Erfolge heidnischer prussisch-litauischer Heerhaufen führten bei den be-

ABB. 88 Siegel Ottokars
von Böhmen, des Gründers
von Königsberg. Frühester
erhaltener Abdruck 1261

reits bekehrten Landesbewohnern zu Konflikten; eine Entscheidung zwischen
christlichem Glauben und prussischer Stammestreue war unabweisich. In jüng-
ster Zeit veröffentlichte vereinfachende Thesen zu diesem Problem sind zu berich-
tigen; eine große Zahl von Urkunden erlaubt, ein genaues Bild von der Situation zu
zeichnen.

Das Vordringen von Thorn bis Elbing von 1231–1237 war erstaunlich rei-
bungslos verlaufen; die Schwierigkeiten begannen danach. Den Rittern oblag das
Brechen bewaffneten Widerstands und später die Ausübung der weltlichen Herrschaft. Päpstliche Legaten leiteten von 1231–1250 das eigentliche Missionswerk,
zunächst der vorhin erwähnte Bischof Wilhelm von Modena, nach ihm ein gebürtiger Kölner. Der italienische Prälat lernte Prussisch und predigte oft selbst der
einheimischen Bevölkerung; das Weitere war dem Orden der Dominikaner anvertraut, vor allem die Taufe der Bekehrungswilligen. Die große Mehrheit der Prussen
sah die Wandlung ihres Daseins wohl ebenso an wie – fast zur gleichen Zeit – eine
Gruppe Neubekehrter in Altlivland es aussprach: »Wir verehren fortan den Chri-
stengott, da er unsere Götter überwand.« Diese nüchtern-realistische Denkweise
erklärt, warum Getaufte, wenn der Deutsche Orden in Notlagen geriet, sich dem
alten Glauben wieder verschrieben.

Vordem hatte bei den Prussen das Recht des Stärkeren geherrscht, verbunden

ABB. 89 Bischofsdom. 14. Jh. Königsberg. Als Wehrkirche errichtet. Stich 1829

mit Raubehe und Vielweiberei; die Tötung von weiblichen Neugeborenen und kultische Menschenopfer bei besonderen Anlässen sind nachweisbar; sie durften in einem christlich gewordenen Land nicht fortbestehen bzw. stillschweigend geduldet werden. Zur »Entpaganisierung, d. h. zur Ausmerzung heidnischer Gepflo-

ABB. 90 Archivraum der Komturburg. 14. Jh. Königsberg. Aufn. 1920

genheiten, mußten oft Zwangsmaßnahmen angewandt werden, die jedoch nicht an Leib und Leben gingen« (H. D. Kohl). Die Annahme des Christentums bedeutete das Ende der Leibeigenschaft; Abhängige und Schwache müssen die Wende begrüßt haben; die Mächtigen hatten viel aufzugeben.

Etwa um 1245 führte eine Gruppe bereits bekehrter Prussen, wahrscheinlich aus dem Gebiet um Marienwerder und Elbing, Beschwerde bei der Kurie über angeblich unberechtigte Forderungen des Ordens. Der Papst entsandte den Archidiakon Jakob von Lüttich ins Weichselland. Der päpstliche Legat stand vor der schwierigen Aufgabe, gesamteuropäische Notwendigkeiten – in diesem Fall den Schutz der Gebiete des Deutschen Ordens – und die Wünsche der Neubekehrten auf einen Nenner zu bringen. Seine Entscheidung legte er in einem 1249 in Christburg erlassenen Dekret nieder, dessen Text bekannt ist.

Die Prussen hatten erneut heidnischen Sitten abzuschwören, in die sie oft zurückfielen. Die ihnen stets zugestandene persönliche Freiheit wurde noch einmal ausdrücklich bestätigt; als »Kinder Gottes« (»fili Dei«) genossen sie »die Freiheit eines Christen« (»libertas christiana«). Offenbar waren unter denen, die Beschwerde geführt hatten, Adlige; nur so erklärt sich der Satz, daß führende Prussen weltlichen deutschen Rittern gleichgestellt werden sollten. Eine weitere Bestim-

ABB. 188

mung des Dekrets bezog sich auf den Kriegsdienst der Getauften, zu dem der Burgenbau gehörte. Abschließend wurde durch das päpstliche Dekret ausdrücklich festgelegt, daß die oben gewährten Rechte der Bekehrten nur so lange bestehen könnten, »wie sie den Glauben pflegten« (»quamdiu fidem observabunt«).

Alles in allem befanden sich die christlichen Prussen gegenüber vielen Glaubensgenossen in anderen Teilen Europas in einer eher begünstigten Stellung. Über dem unmittelbaren Landesherrn – dem Orden – stand kontrollierend die Römische Kurie; die übliche Habgier weltlicher Fürsten gab es nicht in einem Land, das von geistlichen, zu Besitzlosigkeit verpflichteten Rittern verwaltet wurde. Vermutlich hing auch die besonders niedrige Zinsverpflichtung der das Land bebauenden Prussen mit ihrer päpstlich garantierten Freiheit zusammen.

Der Orden und die aus Rom entsandten Geistlichen erlitten bittere Enttäuschungen, als bei den oben geschilderten Vorstößen äußerer Feinde Neubekehrte in recht großer Zahl abfielen oder sich zumindest abwartend verhielten. Der Burgenbau war eine Notwendigkeit und 1260 gestattete Papst Alexander IV. dem Orden, notfalls durch »Geiselnahme und Gefängnisstrafen« die Beteiligung der Prussen zu erzwingen. Am 29. August 1261 wurde Jakob von Lüttich, der Urheber des Christburger Dekrets, zum Papst gewählt; Heidenkampf und Deutscher Orden waren nicht ganz aus seinem Gesichtskreis gerückt, da er von 1253 bis 1261 das Amt eines Patriarchen von Jerusalem ausgeübt hatte. Eine der ersten Handlungen des neuen Papstes Urban IV. war der Erlaß einer Kreuzzugsbulle zugunsten des Deutschen Ordens; dabei lobte er dessen Wirken, das ihm durch »Augenschein« (»oculata fide«) seinerzeit bekannt geworden sei.

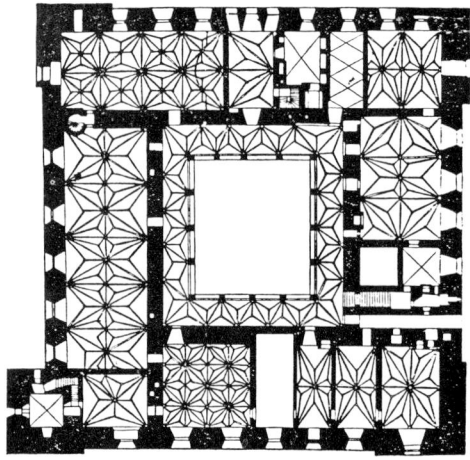

ABB. 91, 92 Bischofsburg. 14. Jh. Heilsberg. Hauptgeschoßplan. Norden unten. Rechts: Remter

ABB. 93   Burg des Bischofs von Ermland. Heilsberg. Von Nordosten. Aufn. um 1935

ABB. 94   Hof der Bischofsburg. Heilsberg. Aufn. um 1935

ABB. 95   Ordensburg. Um 1400. Dachzone nicht ursprünglich. Ragnit

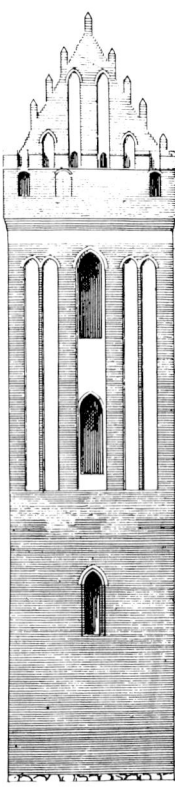

ABB. 96 Wehrturm der Kirche. 14. Jh. Mohrungen. Aufriß um 1890

Allmählich trat die Mongolengefahr in den Hintergrund, die Einfälle noch heidnischer Prussen und der Litauer wurden abgeschlagen bzw. ließen nach. Die Ordenskomture und Vögte hatten nun die undankbare Aufgabe, treugebliebene und zeitweise abgefallene Prussen fortan unterschiedlich zu behandeln. Die ersteren dürften Forderungen erhoben haben; es hat sich eine Urkunde aus dem Jahre 1263 erhalten, in der es heißt, »die mit uns getrewlich bestunden, sich sollen vroywen eines sunderlich vorteyles der freyheit« (neudt. »die uns getreulich beistanden, sollen sich eines besonderen Vorteils der Freiheit erfreuen«); hingegen erhielten die, welche »den Christenglouben hatten abgeworfen« und »uns unde aner christglowbige luwthe growsamlich robiten unde die kirche gotis mit vyl pynen queleten« (neudt. »den Christenglauben abgeworfen hatten« und »uns und andere christgläubige Leute grausam beraubten und die Kirche Gottes mit viel Pein quälten«) einen schlechteren rechtlichen Status als vorher. Allerdings wurde auch manchmal nachsichtig verfahren; so bekamen 1280 zwei Prussen Land, obwohl sie »Glaubensabfall« (lat. »apostacionem fidei«) sich hatten zu Schulden kommen lassen.

ABB. 97   Wehrkirche. 14./15. Jh. Wormditt. Aufn. um 1935

In der zweiten Hälfte des 13. Jahrhunderts gingen Burgenbau und Befestigung der Städte teils schleppend, teils besonders zügig weiter. Bei der folgenden Übersicht wird das kommende Jahrhundert gelegentlich mit einbezogen.

Im vorigen Kapitel ist die Bedeutung des spanisch-islamischen Alcázar für die ordenspreussische Wehrarchitektur an der Weichsel gewürdigt worden. Es gab keinen Grund, wesentliche Abweichungen vorzunehmen, als weiter im Osten und Nordosten der Burgenbau seinen Fortgang nahm. Die sogenannten Haffburgen, zu denen man unter anderen Brandenburg und Lochstedt rechnet, wurden vermutlich

ABB. 82, 83 einheitlich geplant; eine gemeinsame Bauleitung könnte in Elbing bestanden haben. Besonders starke, heute nicht mehr bestehende Burgen des Geviertbautyps

ABB. 190, 193 waren Tilsit und Memel, das einige Jahrzehnte nach seiner Gründung vom livländischen an den preußischen Zweig des Ordens überging. Im Nordwesten erhielt

ABB. 73, 74 Danzig eine große neue Burg; das Wasser für ihre Gräben und die benachbarte Ordensmühle (die bis zum Ende des Zweiten Weltkriegs ihrem Zweck diente) wurde in einem 28 Kilometer langen Kanal von der Radaune herangeführt.

Für Landpfleger und Vögte errichtete der Orden zahlreiche sogenannte »kleine Häuser«; in der Regel waren es Mauerrechtecke mit ein bis zwei innen angebauten Wohnflügeln. Genannt seien Tapiau, Ortelsburg, Neidenburg und die zunächst als Komturburg begonnene und sodann als Pflegeramt zu Ende geführte Insterburg. In den unruhigen Zeiten der Mongolengefahr hatte Thorn mit seiner mächtigen Ordensburg viele geflüchtete Landbewohner aufgenommen; da sie z. T. nicht bereit waren, später wieder vereinzelt ohne Sicherheit zu leben, legte der Orden für sie 1264 die Neustadt an; ihre Pfarrkirche wurde wieder einmal dem am Mittelmeer als Beschützer bei Heidengefahr bewährten Jakobus geweiht.

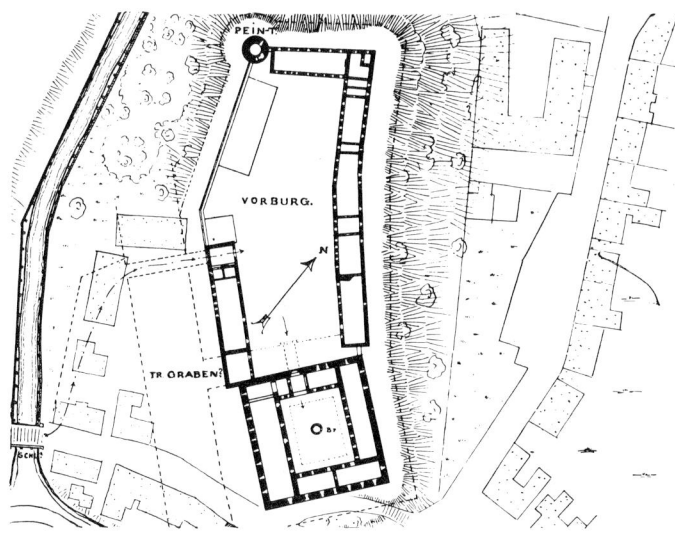

ABB. 98 Grenzburg des Ordens. Seit 1336 erbaut. Insterburg

ABB. 99   Insterburg. Stich um 1670

Als in Altdeutschland die Stadtbürger bereits Selbständigkeit erstrebten und ihnen die Burgen ihrer Landesherren ein Dorn im Auge wurden, hatten die Einwanderer aus dem Westen zwischen Weichsel und Pregel das Gefühl der Geborgenheit, wenn sie auf die Burg der Ritter im Stadtbereich sahen. Es ist bezeichnend, daß z. B. in Elbing sich dem Burgbezirk ohne jede Trennung die Bürgersiedlung anschloß; an Feindseligkeiten zwischen Bürgern und Rittern dachte niemand. Die Kaiserpfalz Friedrichs II. in Prato hingegen wurde etwa gleichzeitig als rundum zu verteidigende Zwingburg hochgeführt; sie sollte ghibellinischen Pratesen das

ABB. 107

Rückgrat stärken und das Aufkommen einer den Staufern feindlichen guelfischen Bürgerpartei vereiteln.

Der Orden errichtete im Missionsland zu Anfang außer seinen eigenen Burgen auch die Befestigungen der Städte; erst etwa fünfzehn Jahre nach der Gründung waren z. B. die Bürger der Altstadt Thorn so weit, mit eigenen Mitteln den weiteren Ausbau zu übernehmen. In Elbing übertrug der Orden nach einer etwas kürzeren ABB. 70 Zeitspanne der Bürgerschaft die Instandhaltung der Stadtmauer, wobei er verfügte, daß an ihrer Rückwand zur besseren Bewegungsfreiheit der Verteidiger keine Baulichkeiten errichtet werden dürften.

Im Stadtinneren nahmen Ordensritter und Bürger das Abstecken des Straßennetzes gemeinsam vor; in den Stadtplänen von Thorn und Elbing lassen sich hier schlesische, dort lübeckische Züge erkennen; das gleiche ergibt das Studium der Haustypen; sie entsprechen der Herkunft der Siedler, die durch historische Quellen belegt ist. Allen Stadtanlagen gemeinsam ist das Prinzip bewußter Planung mit vorzugsweise rechtwinkeligen Baublöcken; am Mittelmeer legten in jenen Jahren die französischen Könige in fast gleicher Art ihre befestigte Hafenstadt Aigues Mortes an. Langsam und natürlich gewachsene, aus einem Kern und mehreren Ringen bestehende Städte – wie etwa Köln – fehlen natürlich im Neuland zwischen Weichsel und Pregel.

Bei der Errichtung der ersten Kirchen in Stadt und Land wirkten Baumeister ABB. 81 und Bauleute des Ordens ebenfalls mit. Die Dorfkirche neben der Burg Balga ist offensichtlich ein Werk der dortigen Ordensbauhütte und weist ihrerseits in Details so genaue Übereinstimmungen mit den ältesten Teilen der Nikolaikirche in Elbing auf, daß der Werkstattzusammenhang offensichtlich ist. Die letztlich spanisch-islamische rechteckige Einrahmung eines gotischen Portals, die bei Ordensburgen beliebt war, erfuhr in späteren Jahren eine besonders monumentale Prä- ABB. 151 gung an der nördlichen Querhausfront der Marienkirche in Danzig; hier betrat – von seiner Burg kommend – der Ordenskomtur mit seinen Rittern die Kirche; man darf vermuten, daß seitens des Ordens an die Bauhütte Wünsche gelangten, die man erfüllte.

So wie an der Küste Südfrankreichs als Zufluchtsstätte bei Landungen von Muslims Kirchenburgen – z. B. die bischöfliche Kathedrale in Agde – entstanden, wurden im östlichen Missionsland nach den Einfällen der Litauer um 1260/70 Sakralbauten mit Wehrfunktion errichtet. In kleineren Städten besaß die Hauptkirche im Inneren einen Brunnen und auf dem Glockenturm die übliche »Wehrplatte«, d. h. Zinnen und in der Mitte einen Spitzkegel.

Im Einvernehmen mit dem Orden hatten Legaten des Papstes vier Bistümer eingerichtet. Die Bischöfe waren in ihrem Gebiet Herren des Lands und übermachten ihrerseits ein Drittel davon an die Domkapitel. Die drei Bistümer Kulm (Kulmer Land), Marienwerder (Pomesanien) und Königsberg (Samland) waren jedoch dem Orden inkorporiert; nur geistliche Ordensbrüder konnten Domherren sein

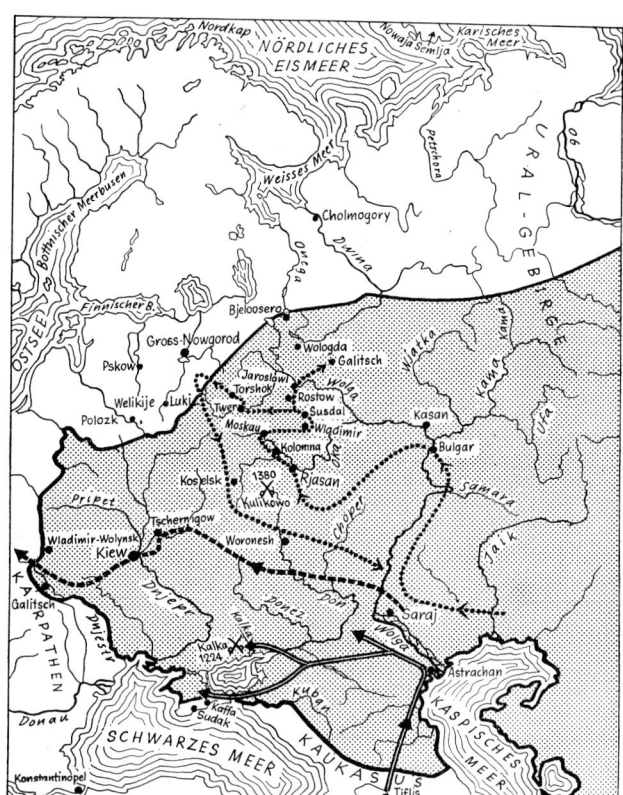

ABB. 100 Das russische Siedlungsgebiet zwischen Schwarzem Meer und Nördlichem Eismeer. Der punktierte Teil seit 1230–40 unter Mongolenherrschaft

und aus ihrer Mitte den Bischof wählen. Das Bistum Ermland (mit dem Hauptsitz Frauenburg) befand sich infolge der Besonderheit seiner Gründung in einer beinah unabhängigen Stellung; der Hochmeister hatte jedoch das Nominationsrecht für einige Domherren und war Schirmherr des Stifts; er konnte daher in der Regel bei der Bischofswahl Einfluß ausüben. Die in Altdeutschland häufigen Auseinandersetzungen zwischen weltlichen und geistlichen Landesfürsten gab es im Ordensland nicht.

Die Bischöfe und Domkapitel bedienten sich, sofern sie größere Bauten planten, der Hilfe des Ordens. Dadurch kam es zu einem recht einheitlichen Gepräge der mittelalterlichen Monumentalarchitektur des Landes. Die kühne Gesamtanlage von Marienwerder über dem Flußtal verrät nicht, daß hier das Domkapitel eines Bischofs Auftraggeber war; die besonders reich mit Blenden versehene Burg ist ABB. 66–68 ein vorzügliches Beispiel eines Geviertbaus (wenn auch durch Abriß eines Flügels im 18. Jahrhundert in der Wirkung gemindert). Der Südostturm der Burg war zugleich Glockenturm des Doms; dieser erhielt auf den oben überbrückten Strebepfeilern einen Wehrgang. Einzelheiten, unter anderem die Form der Kragsteine im Dom, weisen auf eine nahe Beziehung zur Bauhütte der Marienburg.

ABB. 89

Der Bischof von Samland erbat sich vom Komtur von Königsberg Rat bei der Errichtung seiner Burg Fischhausen; in Gesamtanlage und Einzelbildung entstand daraufhin eine typische quadratische Ordensburg. Als in Königsberg der Dom des samländischen Bischofs als mächtige Wehrkirche hochgeführt werden sollte, erhob der Hochmeister Einspruch; eine Kirchenburg unweit des Komtursitzes wurde für unerwünscht erachtet. Schließlich duldete der Orden aber oben an den Längsseiten des Doms Wehrgänge; die Blenden der Hauptfront sind vom Burgenbau übernommen. Der Dombezirk als Ganzes blieb gemäß dem Wunsch des Hochmeisters jedoch unbefestigt.

ABB. 86

Das ermländische Domkapitel errichtete seit 1265 eine wehrhafte Domkirche in Frauenburg, an der drei Meister nacheinander wirkten. Es bestand nicht die Absicht, das architektonische Bild der Kirche Ordensbauten anzugleichen; der Verzicht auf einen Turm deutet auf zisterziensischen Einfluß; beim Westgiebel sind Anregungen aus dem Rheinland zu vermuten. Die Hauptburg des Bischofs von Ermland in Heilsberg hatte sich bis 1945 erhalten; sie wich nur in Einzelheiten vom Typus einer Komturburg ab. Die kräftigen Außenmauern besaßen eine Stärke von zweieinhalb Metern; die ursprüngliche Bedachung des Hauptturms an der Nordostecke und der Türmchen an den drei übrigen Ecken ist nicht bekannt. Der »Hoflaube« genannte innere Umgang zeigte sich etwas leichter und freier als es in Ordensburgen üblich war. Die Burg des ermländischen Domkapitels in Allenstein, eine bescheidenere Anlage, hat durch spätere Umgestaltungen etwas von ihrer ursprünglichen Wirkung eingebüßt.

Die Darstellung wendet sich im folgenden Kapitel der Entstehung des nordöstlichen Ordensgebiets – Altlivland – zu, um danach die spätmittelalterliche Zeit in Preußen zu behandeln.

ABB. 101   Ordensburg und Stadt. Um 1380. Neidenburg. Zeichnung um 1890

VII. Das Missionsgebiet Altlivland.
Die Gründung von Riga. Der Schwertbrüderorden

Das im Gebiet der Prussen entstandene Deutschordensland erweiterte sich seit 1237 flächenmäßig um ein Vielfaches durch die Inkorporierung des altlivländischen Schwertbrüderordens. Während die ersten Deutschen zu Pferde von Thüringen der Weichsel zuritten, wurde Altlivland über die Zwischenstation Gotland – wie der Chronist berichtet – »aufgesegelt«. Nach Palästina, Italien, Spanien und ABB. 103 dem binnenländischen Ostmitteleuropa wendet sich die Darstellung nochmals einem neuen Schauplatz zu: den nördlichen und östlichen Küsten des Mare Balticum. Die hier wirksam gewesenen politischen Kräfte erschließen sich dem Verständnis nicht ohne einen Rückblick. Unsere Kenntnis der frühmittelalterlichen Geschichte des Ostseeraums ist in letzter Zeit u. a. durch Bodenfunde skandinavischen Gepräges im Inneren Rußlands und die Entdeckung dem Orient entstammender Münzen auf Gotland vertieft worden; die Deutung arabischer Texte, so des Geographen Idrisi, erhellt das Dunkel, aus dem Schleswig, Reval und Nowgorod auftauchen sollten.

In der Antike war wichtiges Handelsgut aus dem Norden durch das Weichselland und Mähren über die Donau zur oberen Adria befördert worden; diesen Weg versperrten später die streitbaren Prussen. Seit dem 8. Jahrhundert erschlossen schwedische Kriegerkaufleute, die »Waräger«, eine neue Route durch den Finnischen Meerbusen und über den Ladogasee zunächst bis Nowgorod, das sie Holmgard nannten. Die Waräger gelangten schließlich bis zum Schwarzen Meer und nach Byzanz. 957 ließ sich die warägische Fürstin Helga (russ. »Olga«) taufen; dreißig Jahre später besiegelte der Warägerfürst Wladimir, dessen Mutter eine Slawin war, durch seine Heirat mit einer byzantinischen Prinzessin den Anschluß an die Ostkirche. Im 11. Jahrhundert drangen im Norden warägisch-russische Fürsten in das Gebiet der noch heidnischen Esten vor und legten dort die Burg Jurjew an. Ein gewaltiges warägisch-russisches Reich war im Entstehen begriffen, das ein wertvolles Glied der europäischen Völkerfamilie zu werden versprach.

Während diese Entwicklung sich vollzog, erweiterte das Papsttum von Holstein aus den Bereich der Römischen Kirche. Hatte die Weltreligion des Islam als mächtiger Gegner die Christen am Mittelmeer zu gemeinsamer Abwehr gezwungen, wurde das Bekehrungswerk in Nordeuropa für weniger schwierig gehalten; Ost- und Westkirche erlaubten sich am Mare Balticum ein getrenntes Missionieren. Die primitiven Kulte der Völkerschaften im Norden Europas besaßen keine werbende Kraft mehr und begannen, sich mit christlichen Vorstellungen zu durchsetzen; so ist der spät auftretende, Erlösung verheißende Gott Baldur als eine Christus ähnliche Gestalt zu verstehen.

Nach den ersten Missionserfolgen des Erzbistums Bremen machte sich 1103 der Bischof des damals dänischen Lund mit englischer Hilfe unabhängig und erhielt den Rang eines Erzbischofs. Bald danach entstand das schwedische Erzbistum Uppsala. Bremen, Lund und Uppsala, zeitweise auch Magdeburg, waren die Erzbistümer, welche die Küstenländer des östlichen Mare Balticum für die Westkirche gewannen. Die Erzbischöfe von Lund und Uppsala führten Kreuzzüge durch; Finnland wurde von Schweden aus im 13. Jahrhundert der christlichen Welt eingefügt.

Neben das Bekehrungswerk trat ein Umstand, der in viele Bereiche hineinwirken sollte: das Entstehen eines großen Handelswegs vom Niederrhein in den Ostseeraum. In Köln und seinen Nachbarstädten hatten sich bereits Geldwirtschaft und ein spezialisiertes Gewerbewesen entwickelt; hinzu kam eine neue Form des Handels, wobei der Kaufmann nicht mehr selbst die Ware anbot, sondern als Fernhändler durch Vertreter und Korrespondenten in weite Gebiete hineinwirkte. Köln – damals die größte deutsche Stadt – beherrschte den Landweg über Dortmund und Soest bis zum Ostseehafen Schleswig. Der von dort ausgehende

ABB. 102 Siegel des Livländischen Ritterordens der Schwertbrüder. Um 1205

ABB. 103   Ritter auf der Ostsee. 13. Jh. Kirche, Skamstrup/Dänemark

Seeverkehr war indessen zunächst ein Monopol der Gotlandschweden; ihre verhältnismäßig kleinen Schiffe entfernten sich nicht weit von den Küsten. Von Schleswig ging es hinauf nach Kalmar und sodann ostwärts zum Hafen von Wisby, der Drehscheibe des gesamten Ostseehandels; von Gotland segelte man an der Insel Oesel vorbei zum Naturhafen der Revaler Bucht und schließlich zur Newamündung.

Zur Zeit von Friedrich Barbarossa begannen auch Deutsche, sich an der Schifffahrt zu beteiligen. Schleswig wurde von Soests Tochterstadt Lübeck überflügelt;

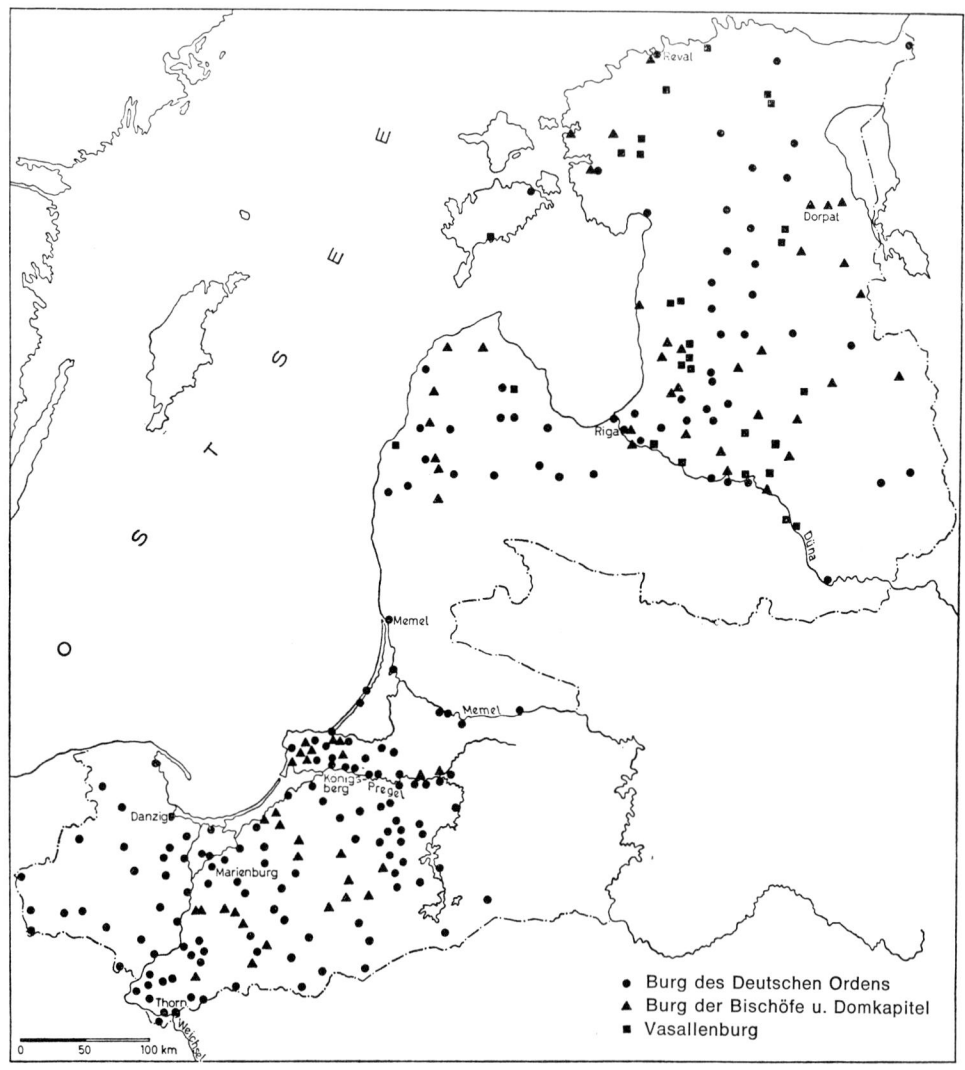

ABB. 104 Burgen des Deutschordensgebiets zwischen Pommern und Rußland. Um 1400

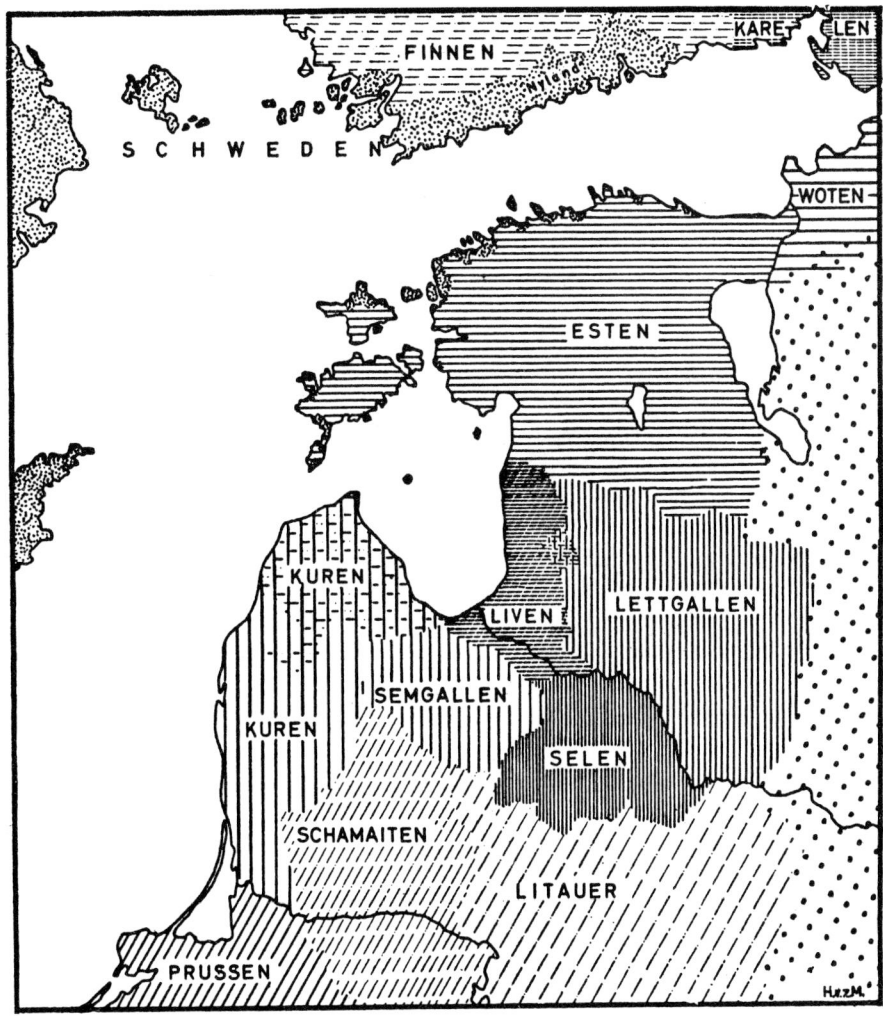

ABB. 105 Völker im nördlichen Missionsgebiet des Ordens. Um 1300

dadurch verkürzte sich der Landweg zwischen Köln und der Ostsee beträchtlich. In Wisby versammelten sich zu bestimmten Zeiten die Vertreter aller größeren nordwestdeutschen Handelshäuser; sie bezeichneten sich gemäß ihrem erstmals 1161 nachweisbaren Siegel als »Gemeinschaft der Kaufleute des Kaiserreichs« (»Universitas Mercatorum Romani Imperii«). Seit 1199 schlossen die »Mercatores« Verträge mit Nowgorod und errichteten dort ihren »Peterhof«; der Weihename betonte die Zugehörigkeit zur Westkirche, während in der Kathedrale nach byzantinischem Vorbild die Heilige Sophia (russ. »Sonja«) das Patrozinium innehatte.

Im Peterhof lebten die deutschen Mercatores, vermutlich meist jüngere, un-verheiratete Männer, in steter Waffenbereitschaft; »noch waren kaufmännischer und ritterlicher Geist einander nahe« (Benninghoven). Das in Gold und Silber be-stehende Vermögen der Nowgoroder Niederlassung lag vorsichtshalber im Haus der Mercatores in Wisby; die Schatztruhe hatte vier Schlösser und konnte nur ge-öffnet werden, wenn vier beauftragte deutsche Kaufleute aus Dortmund, Soest, Lübeck und Wisby selbst – jeder mit dem ihm anvertrauten Schlüssel – sich gleich-zeitig zusammenfanden. Die geschilderten Vorgänge mag man als Geburtsstunde

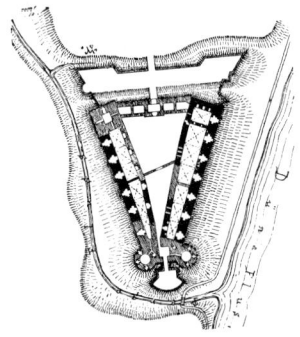

ABB. 107   Lageplan der Burg Kokenhusen am Ostufer der Düna. Norden unten

ABB. 108   Ordensburg Ascheraden an der Düna. 13./14. Jh.

der Hanse betrachten; das Wort besaß im Mittelalter nicht stets den gleichen Bedeutungsgehalt und wird von der Geschichtswissenschaft heute mit mehr Zu-
rückhaltung verwendet als vor zwei Menschenaltern.

Der Fernhandel wurde seit etwa 1190 wesentlich erleichtert durch den in dieser Zeit aufkommenden Großschiffstyp der Kogge; »die Ozeanriesen des Mittelalters« (Heinsius) leiteten eine neue Epoche der Seefahrt ein. Mit den hochbordigen
Koggen, die ein mächtiges Viereckssegel besaßen, wagte man sich aufs freie Meer,
konnte gegen den Wind kreuzen und beträchtliche Geschwindigkeiten erzielen.
Das Innere einer Kogge faßte zehnmal mehr Waren als die vorher gebräuchlichen
Schiffe; zu Lande hatten etwa hundert Pferdefuhrwerke den gleichen Transport zu
bewältigen. Die Stammbesatzung von fünfzig Mann reichte aus, um das Schiff notfalls zu verteidigen.

Koggen dienten auch der Beförderung von Mensch und Tier; zum Barbarossa-
Kreuzzug von 1189 fuhren von Köln aus Ritter und gewappnete Knechte mit ihren
Pferden auf Koggen rheinabwärts, an Westeuropas Küsten entlang und durch das
Mittelmeer zum Heiligen Land. In Kapitel II wurde erwähnt, daß das Segel einer
Kogge 1190 vor Akkon für das Zeltlazarett Verwendung fand, das bei der Gründung
des Deutschen Ritterordens eine Rolle spielte. Wenige Jahre später begann man,
auch in Lübeck Koggen zu bauen; bald danach legten – wenn man dem Chronisten

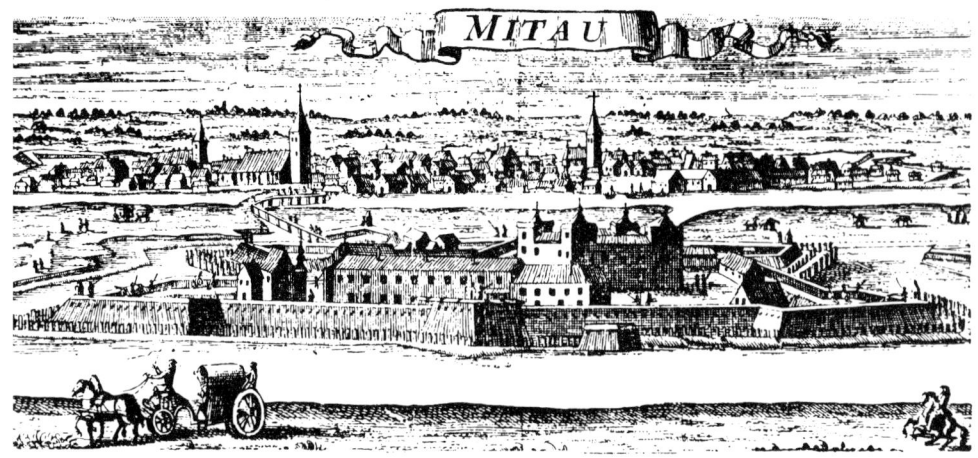

ABB. 109 Ordensburg. Spätes 13. Jh. Mitau. Stich um 1780

Glauben schenkt – mehrere Koggen die 127 Seemeilen von Gotland bis Oesel in einer Nacht zurück. Manches spricht dafür, daß die Entwicklung dieses Schiffstyps ursprünglich von den großen Handelshäusern Kölns in die Wege geleitet worden ist.

Die Mercatores Romani Imperii trieben nicht nur mit Nowgorod Handel, sondern wandten ihr Interesse auch dem Mündungsbereich der Düna zu. Im Gebiet, das Historiker heute zusammenfassend »Altlivland« nennen, lebte eine Vielzahl einander bekämpfender heidnischer Kleinvölker, u. a. Liven und Letten, im Norden Esten, im Süden Kuren. Das Hinterland beherrschten der Ostkirche angehörende warägisch-russische Kleinfürsten. Während Kaufleuten aus dem Westen in der Revaler Bucht ein offener Hafenplatz zur Verfügung stand, der notfalls schnelle Flucht erlaubte, sah sich der in die Düna eingefahrene Fremdling Überfällen ausgesetzt; daher blieb – vom Standpunkt des Handels betrachtet – die Dünamündung lange Zeit »ein toter Winkel der Ostsee« (Laakmann); erst Befriedung und Mission sollten eine Änderung herbeiführen.

1185 entsandte der Erzbischof von Bremen, dem seit langem die Erzstifte von Lund und Uppsala ein Wirken im nördlichen Ostseebereich verwehrten, Geistliche zur Dünamündung. Trotz anfänglicher Rückschläge wurde die Missionierung tatkräftig fortgesetzt. Erzbischof Hartwig II. weihte zu Beginn des Jahres 1199 seinen Neffen, den etwa fünfundzwanzigjährigen Domherrn Albert von Buxhoeveden, zum »Bischof von Livland«; dieser energische und politisch begabte Niedersachse sollte den Anstoß zu einer der folgenreichsten Unternehmungen im Zeitalter der Kreuzzüge geben. Nach einer Verständigung mit dem Erzbischof von Lund und dem König von Dänemark traf Bischof Albert zehn Monate nach seiner Weihe in Magdeburg mit Barbarossas Enkel Philipp von Schwaben zusammen, der nach

128

ABB. 110 Ordensburg. 13./14. Jh. Goldingen. Rekonstr. 1920

ABB. 111 Mauerteil aus der ersten Bauzeit der Burg. Um 1245. Goldingen

129

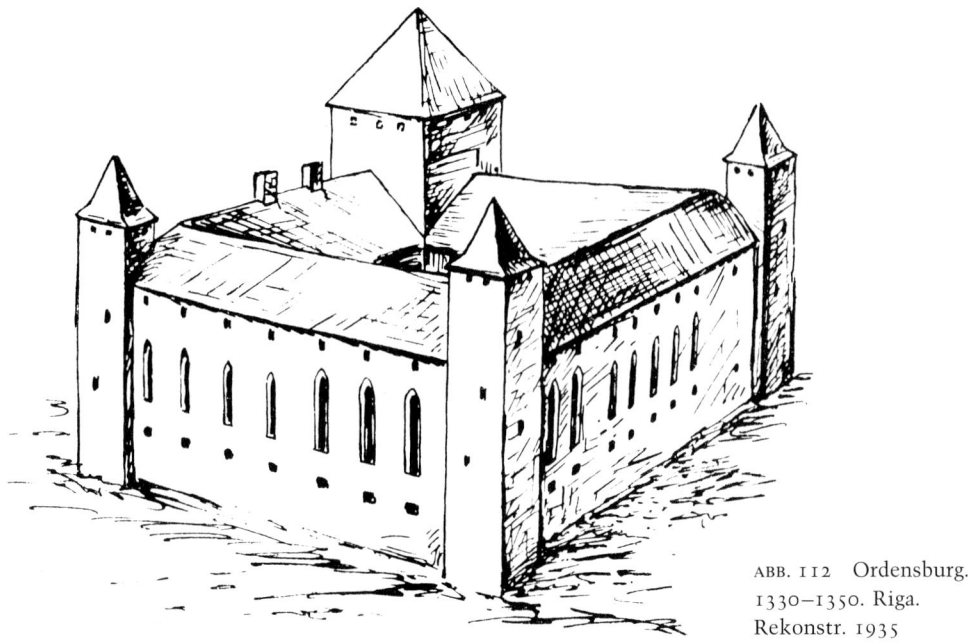

ABB. 112 Ordensburg.
1330–1350. Riga.
Rekonstr. 1935

dem Tod seines Bruders Heinrich VI. deutscher König geworden war. Von Bischof
Albert unermüdlich vorbereitet, fanden in den Jahren danach zahlreiche Livland-
kreuzzüge statt; Papst Innozenz III. verfügte, daß sie Kreuzfahrten ins Heilige Land
gleichzusetzen seien.

Im Jahre 1201 gründete Bischof Albert an der Düna als befestigten Bischofssitz
und sicheren Handelsplatz die Stadt Riga. Es wurde eine Stelle gewählt, bis zu der
die Koggen der Mercatores gerade noch flußaufwärts gelangen konnten; die beträchtliche Entfernung vom Meer sollte Überfälle der heidnischen Esten erschwe-
ren; sie übten mit schnellen offenen Schiffen, die dreißig Mann Besatzung hatten,
seit langem »die faktische Seeherrschaft auf der östlichen Ostsee aus« (Heinsius).
Die Esten taten es den Wikingern gleich, welche einst – den Rhein, die Seine und
den Guadalquivir hinauffahrend – Köln, Paris und Sevilla geplündert hatten.

Der Bischof von Livland verfügte zur Sicherung des Missionswerks vor allem
über Kreuzfahrer; es waren zumeist in Wisby tätige niedersächsische Kaufleute,
die sich für ein halbes Jahre verpflichteten. Weiterhin standen deutsche Ritter zur
Verfügung, die auf bischöflichem Territorium mit Land belehnt worden waren und
einige Monate jährlich Vasallendienst zu leisten hatten. Während dreißig Jahre
später das Missionsland an der Weichsel vor allem durch Thüringer, Schwaben und
Franken befriedet und gefestigt werden sollte, erschienen an der Düna Niederdeut-
sche: Der Adel des Erzstifts Bremen und der Grafschaften Oldenburg, Hoya und

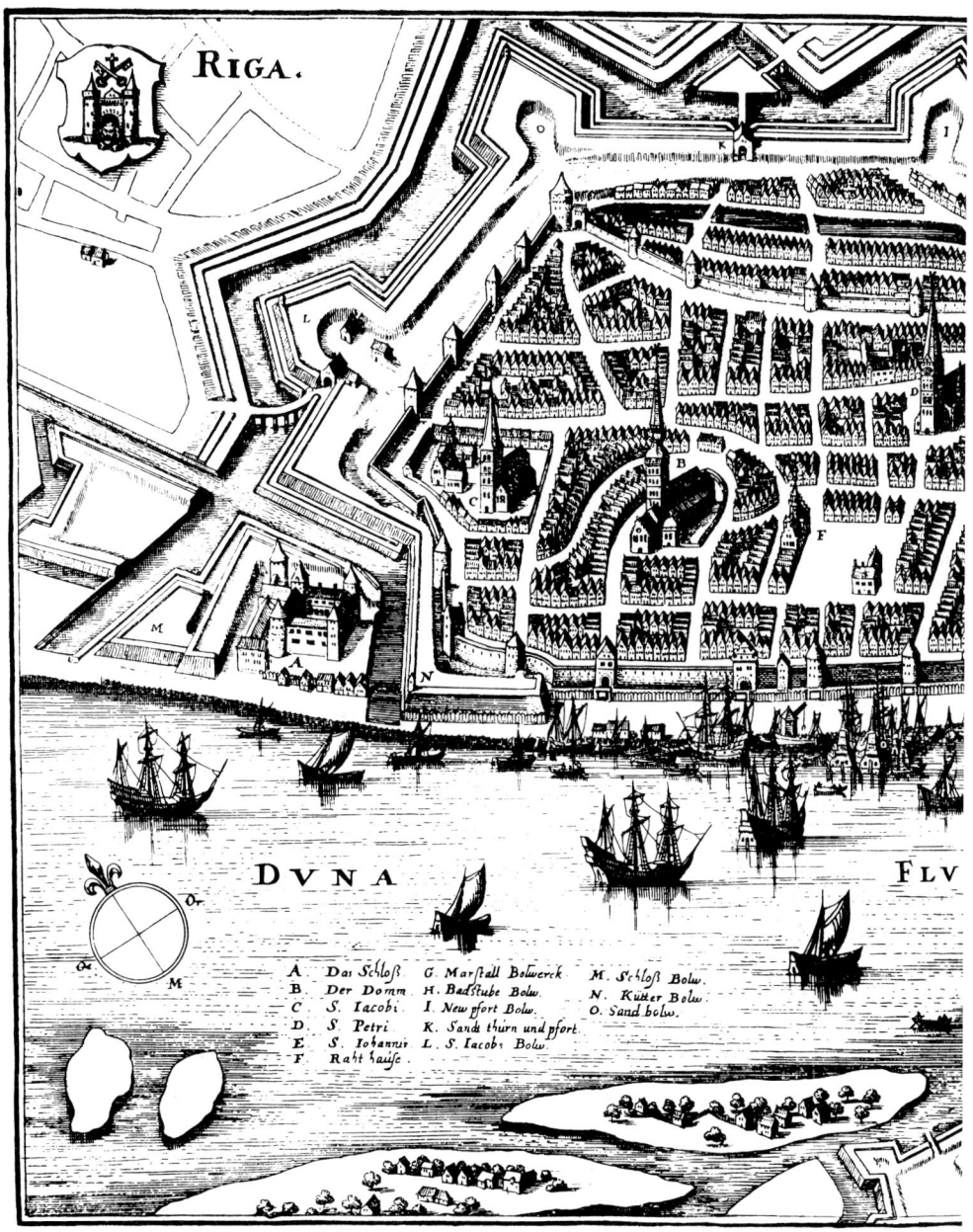

RIGA.

DVNA   FLV

A.   Das Schloß.   G. Marstall Bolwerck   M. Schloß Bolw.
B.   Der Domm   H. Badstube Bolw.   N. Kutter Bolw
C.   S. Iacobi   I. New pfort Bolw.   O. Sand bolw.
D.   S. Petri   K. Sandt thurn und pfort.
E.   S. Iohannis   L. S. Iacobs Bolw.
F.   Raht hause.

ABB. 113   Burg und Nordteil der Stadt. Riga. Von Westen. Stich 1646

Diepholz »vollzog die Gründung der Kolonie Livland, trug sie anfänglich, gab ihr die geistlichen Leiter und den weltlichen Vasallenstand« (Hellmann). Es stellte sich an der Düna aber bald die Frage, ob Kreuzfahrer, die schnell wieder absegelten, und Vasallen das begonnene Werk ausreichend sichern könnten.

Die Nachricht von dem seit 1198 in Akkon bestehenden Deutschen Orden war über Lübeck auch zu den Deutschen in Riga gelangt; hier gründeten die Zisterzienser 1202 einen neuen kleinen geistlichen Ritterorden mit einem auf Livland beschränkten Tätigkeitsfeld. Bereits in Spanien hatten um 1170 Zisterzienser die dortigen Ritterorden mitgeschaffen; vom spanischen Santiago-Orden übernahm man an der Düna das Schwertzeichen, von den Templern den weißen Mantel. Die ABB. 102 »Bruderschaft des Ritterordens Christi in Livland« (»Fratres Militiae Christi de Livonia«) und Bischof Albert fanden bald zusammen; ihm wurde vom »Meister« der Schwertbrüder der »Oboedienz-Eid« geleistet. Es gab nunmehr im sich bildenden christlichen Missionsland als »stehendes Heer« die Ritterbrüder und bewaffneten Knechte des neuen geistlichen Ordens.

Infolge der stark von Handelsinteressen bestimmten Entstehung Altlivlands entwickelte sich der Schwertbrüderorden in naher Beziehung zum Bürgertum; Städter, selbst solche, die unter Kirchenstrafe standen, konnten ohne weiteres Ritterbrüder werden. Dem neuen kleinen Orden wandten sich außer Niedersachsen auch viele Westfalen zu. 1207 trafen Bischof Albert und der Meister der Schwertbrüder die Regelung, daß dem Orden ein Drittel der neu befriedeten Gebiete gehö-

ABB. 114   Hl. Mauritius, als Neger dargestellt. Um 1250. Dom, Magdeburg

ABB. 115 Haus der
Mauritiusbrüder
(»Schwarzhäupter«).
15. Jh. Riga. Stein-
druck um 1820

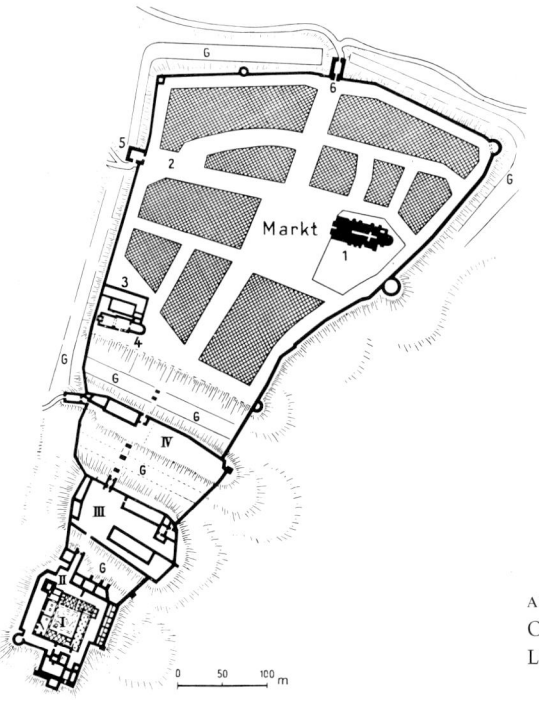

ABB. 116, 117   Ordensburg. 13./14. Jh. Fellin.
Oben: Remter. Rekonstrukt. um 1880.
Links: Burg, Vorburg, Stadt

ren solle; im gleichen Jahr nahm Bischof Albert von König Philipp von Schwaben Livland zu Lehen und wurde Reichsfürst.

Zunächst waren die Liven am Unterlauf der Düna zu bekehren. 1214 traten ihre Nachbarn, die bereits ostkirchlich getauften Lettgaller, freiwillig zur Westkirche über, um gegen Angriffe der heidnischen Esten bei den Deutschen Schutz zu finden. Damit war der mittlere Teil des Gebiets zwischen Kurischem Haff und Finnischem Meerbusen westchristlich geworden. Zwei kleine Episoden aus jener Zeit sind überliefert.

Ein in vorgeschrittenen Jahren Zisterziensermönch gewordener Graf von Lippe erschien 1211 in Livland; damals waren Esten wieder einmal auf ihren schnellen kleinen Schiffen durch den Unterlauf der Düna in einen nach der westfälischen »Aa« benannten Nebenfluß eingefahren; während die Piraten im Landinneren wüteten, ließ Bernhard von Lippe an einer seichten Stelle der »Kurischen Aa« unter Wasser Pfähle einrammen; so konnten die zurückkehrenden Esten überwältigt und die geraubten Lettinnen und Kinder befreit werden. – Etwa zehn Jahre später kam man vor einem burgartig befestigten Lager heidnischer Gegner in Mesothen nicht weiter; hier bewährte sich der Kreuzfahrer Herzog Albert von Sachsen; eine in Palästina erprobte neuartige Steinschleudermaschine, die sogenannte Gegengewichtsblide, wurde nach seinen Angaben konstruiert; die Burgbesatzung ergab sich sofort und nahm das Christentum an.

Beim Vordringen nach Norden wurde 1209 das Siedlungsgebiet der Esten erreicht; in diesen Feldzügen standen den Rittern des Schwertbrüderordens Aufgebote der oft von den Esten heimgesuchten, inzwischen bekehrten Letten und Liven

ABB. 118, 119 Vasallenburg. 14. Jh. Wack. Aufn. 1941. Rechts: Schnitt

ABB. 120 Hauptturm der
Ordensburg. 1265–1270.
Nebenbauten 15. Jh. Wei-
ßenstein. Stahlstich um
1860

136

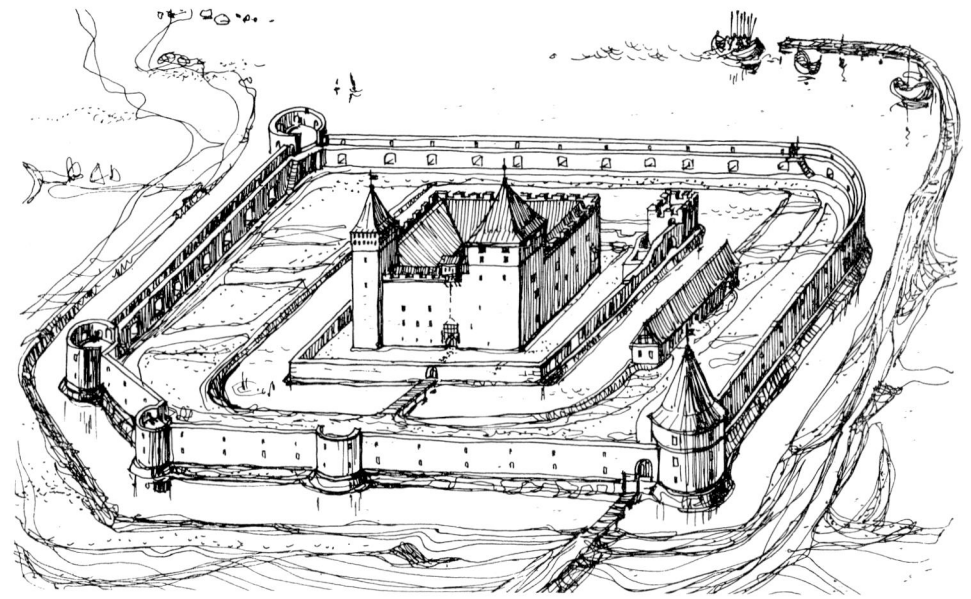

ABB. 121, 122   Burg des Bischofs von Oesel. Um 1400. Arensburg. Rekonstr.
Rechts: Nordseite der Burg. Aufn. um 1950

bei; zunächst fiel Fellin, bald danach kam der estnische heilige Berg in Dorpat – als
kurzlebige warägisch-russische Veste Jurjew schon genannt – in christliche Hand;
hier wurde ein neues Bistum gegründet. An der Küste von Oesel hielten die
Holz-Erde-Burgen den Rammböcken der Schwertbrüder nicht stand; der dortige
Estenstamm ließ sich bekehren. Auf der Ostsee gab es keine heidnischen Piraten
mehr.

Die »schönste Frucht der Städtepolitik der Schwertbrüder war die Gründung
von Reval, der zweitgrößten Stadt Altlivlands« (Benninghoven). Neben dem kleinen gotlandschwedischen Hafenplatz mit seiner Olavkirche (Ecclesia Sancti Ola-
vi) gründeten sie 1230 eine neue Stadt unter »Lübischem Recht«, das hier im wesentlichen bis ins späte 19. Jahrhundert Geltung behalten sollte. Die ersten deutschen Bürger Revals, vermutlich vierzig Kaufleute und einhundertsechzig Handwerker, kamen aus Wisby. War in Dorpat 1224 noch Jakobus der Schutzpatron gewesen, wählte man zum ersten Mal in Reval den Heiligen Nikolaus zum Herrn der
neuen Stadtkirche.

Die Bedeutung der Schutzheiligen bei christlichen Unternehmungen gegen
Heiden wurde wiederholt gestreift, ist aber unter neuem Blickwinkel abermals zu
behandeln. Als Erster hatte der Erzengel Michael Christen tatkräftig beigestanden;
schon im 5. Jahrhundert erhielt er auf dem Berg Gargáno in Apulien seine erste
Kultstätte im Bereich der Westkirche. Michael wurde nun im ganzen Abendland

138

für mehr als ein halbes Jahrtausend der mächtige Helfer bei der Abwehr von Nicht-christen. Der Sieg über die Ungarn bei Augsburg wurde nach Überzeugung der Teilnehmer durch Michaels Eingreifen aus den Lüften herab entschieden.

In Nachahmung des Heiligtums auf dem Gargáno-Berg entstanden in der zweiten Hälfte des ersten Jahrtausends vielerorts auf Höhen, aber auch in oberen Geschossen von größeren Bauten aller Art, Michaelskapellen. In Rom verwandelte sich das Mausoleum Hadrians in das Castel Sant'Angelo, die Engelsburg. An der Küste des Ärmelkanals wurde der heutige Mont St. Michel eine von weither be-suchte Wallfahrtsstätte des Erzengels. Die bei der Annahme des Christentums in diesem Gebiet seßhaft gewordenen Normannen wandten sich dem Michaelskult zu; er führte zu Pilgerfahrten nach Apulien, die bei ihrer Niederlassung in Süd-italien – wie erwähnt – eine Rolle spielten.

Einer der letzten großen Wikinger, Fürst Olav, war im Jahre 1015 in Rouen Christ geworden, hatte sodann in mehreren Gebieten Skandinaviens Bekehrungs-versuche unternommen und fand schließlich als König von Norwegen 1030 im Kampf mit heidnischen Gegnern den Tod. Der Märtyrer königlichen Ranges stieg schnell zum großen nordischen Heiligen auf; man stellte ihn ähnlich wie Michael dar, einen Fuß auf den Drachen – das überwundene Heidentum – setzend; sofern ABB. 157 das Untier ein Menschenhaupt trug, galt es als Personifizierung des heidnischen Königs, den Olav überwunden hatte. Der neue Heilige wirkte bei Kreuzzügen als

Schlachtenhelfer mit, insbesondere in Finnland; ihm wurden ferner häufig in Stützpunkten nordischer Kaufleute an noch von Heiden besetzten Küsten Kapellen geweiht, u. a. in Reval. Eine Art Schutzfunktion übte Sanctus Olavus wohl auch als Patron gotlandschwedischer Handelshöfe im Inneren Rußlands aus; in Byzanz war das Kirchlein der dort in Sold genommenen skandinavischen Krieger ihm geweiht.

Ist Sankt Olav letztlich ohne den Michaelskult auf dem Gargáno-Berg nicht vorstellbar, so gilt dasselbe für das folgenreiche Erscheinen heiliger Ritter über Antiochia während des Ersten Kreuzzugs (vgl. Kapitel II). Die den Deutschen nahestehenden Patrone lassen sich leicht aus den Weihungen von Burgkapellen ablesen. Auf Michael folgten Georg, Mauritius und andere ursprünglich auch in der Ostkirche verehrte Heilige. Nach den im Eingangskapitel geschilderten Vorgängen von 1165 wurde der als streitbarer Ritter auftretende Apostel Jakobus für längere Zeit der bevorzugte Schutzheilige deutscher Kreuzfahrer. An der Ostsee entstanden bis nach Dorpat hinauf unzählige Jakobikirchen; der erste getaufte Livenfürst erhielt in Riga den christlichen Namen Caupo (niederdt. »Kopp« = Jakob), Bischof Albert vollzog 1211 die Grundsteinlegung seines Doms am Jakobstag.

Während die Schwertbrüder an der Revaler Bucht eine Stadt gründeten, betrat bekanntlich Kaiser Friedrich II., begleitet von Deutschordensrittern, das den Chri-

ABB. 123, 124 Burg des Bischofs. Arensburg. Sakramentsnische. Rechts: Hoftreppe

sten wiedergewonnene Jerusalem; dies wurde bereits einige Monate später den Schwertbrüdern im Lager vor Reval bekannt. Der ohne Blutvergießen durchgeführte kaiserliche Kreuzzug hatte nach dem Glauben der meisten Teilnehmer unter dem Schutz des Heiligen Nikolaus seinen Verlauf genommen; die Schwertbrüder sahen infolgedessen davon ab, die Hauptpfarrkirche Revals dem »Maurentöter« (span. »Matamoros«) Jakobus zu weihen; Nikolaus, der in Bari ruhende Schirmherr der Staufer, wurde Titelheiliger. Sämtliche in Territorien des Deutschen Ordens geweihten Nikolaikirchen entstanden später, u. a. in Elbing (1237). Von den Nikolaikirchen in Spanien war in Kapitel IV die Rede. So ergibt sich erneut ein Zusammenhang beim Wirken des Ordens in Palästina, Italien, Spanien und an der Ostsee.

Wie im Heiligen Land neueingetroffene, unerfahrene und kampffreudige Kreuzfahrer gelegentlich unvorsichtige Kriegszüge provozierten, erzwangen 1236 in Altlivland weltliche Ritter einen gewagten Vorstoß von der Düna nach Süden gegen die heidnischen Litauer; er führte bei Schaulen zu einer schweren Niederlage, die der Mehrzahl der Schwertbrüder das Leben kostete. Die Unglücksnachrichten aus Riga führten dazu, daß die Römische Kurie im Einvernehmen mit Kaiser und Hochmeister zum Entschluß kam, den Schwertbrüderorden aufzulösen und seinen Besitz dem Deutschen Orden zu übertragen; der Rechtsakt der Inkorporie-

ABB. 125 Kapitelsaal der Bischofsburg, Arensburg

141

rung wurde in der päpstlichen Residenz Viterbo bei Rom vollzogen. Daraufhin begab sich Hermann Balk, der gerade die Stadt Elbing gegründet hatte, mit einem kleinen Heer von Ordensrittern über See nach Riga und meisterte die kritische Lage. Einige der letzten Schwertbrüder tauchten – mit dem Zusatz »aus Livland« (»de Nifland«) – wenig später beim Deutschen Orden in Palästina auf.

Ein Blick auf die Verhältnisse in Altlivland um die Mitte des 13. Jahrhunderts sei eingeschaltet. Als Erbe des Schwertbrüderordens und Vollender seiner Aufgaben hatte der Deutsche Ritterorden knapp zwei Drittel des Landes inne; neben ihm standen jedoch nicht – wie zwischen Weichsel und Pregel – ganz oder weitgehend abhängige, sondern freie Bischöfe sowie die mächtige Stadt Riga. Die Stellung des Deutschen Ordens in Altlivland war folglich von vornherein viel schwächer als im Land der Prussen; er bildete nur den wichtigsten Bestandteil eines recht lockeren Staatengefüges.

In Riga wurde ein aus Köln gebürtiger Nachfolger von Bischof Albert 1255 erster Erzbischof; ihm unterstanden die Bistümer des gesamten Deutschordenslands von der Weichsel bis zur Insel Oesel; hingegen gehörte im Zusammenhang mit einer zeitweiligen Beteiligung Dänemarks an der Bekehrung der Esten das Bistum Reval zur Erzdiözese Lund.

Das Städtewesen war in Altlivland bereits sehr entwickelt, als der Deutsche Orden das Erbe der Schwertbrüder antrat. Am mächtigsten war das mit einer ansehnlichen Landmark versehene Riga. Die Bürgerschaft hatte zunächst in starker Abhängigkeit von Soest gestanden, an dessen Stelle später Lübeck trat. Als die in Wisby tätigen Mercatores 1229 ein (für Jahrhunderte maßgebendes) Handelsabkommen mit den russischen Fürsten von Smolensk schlossen, durfte das aufstrebende Riga neben Wisby, Lübeck, Bremen, Münster und Dortmund den Vertrag mit unterzeichnen. In Reval wuchs um 1270 die deutsche Nikolai-Stadt mit der älteren Olai-Siedlung skandinavischen Ursprungs zusammen. Der Bischofssitz Dorpat und zahlreiche kleinere z. T. nicht ummauerte Städte, u. a. das vom Deutschen Orden gegründete Pernau, erreichten nicht die Bedeutung von Riga und Reval.

Das flache Land wurde von den bekehrten Angehörigen der in Altlivland ansässigen Kleinvölker bebaut, deren Gesamtsituation der preußischen entsprach. Während die Einheimischen sich dort jedoch gelegentlich auflehnten, begrüßten die Liven, Letten und anverwandte Völkerschaften von vornherein die Anwesenheit der Deutschen als Schutz gegen angriffslustige Nachbarn: die Esten (bis zu ihrer vollständigen Bekehrung) und vor allem die Litauer. Hochgestellte Einheimische wurden nach Altdeutschland gesandt; sie sollten feste Vorstellungen vom Leben in der christlichen Welt gewinnen und später ihren Stammesbrüdern vermitteln. Die im deutschen Missionsland »wie in einer Kapsel« (von Rauch) lebenden Kleinvölker entgingen der Russifizierung, welche im 14. und 15. Jahrhundert das Los der ihnen anverwandten, weiter östlich siedelnden Stämme werden sollte.

Bei einem Blick auf den Burgenbau in Altlivland empfiehlt sich zunächst die

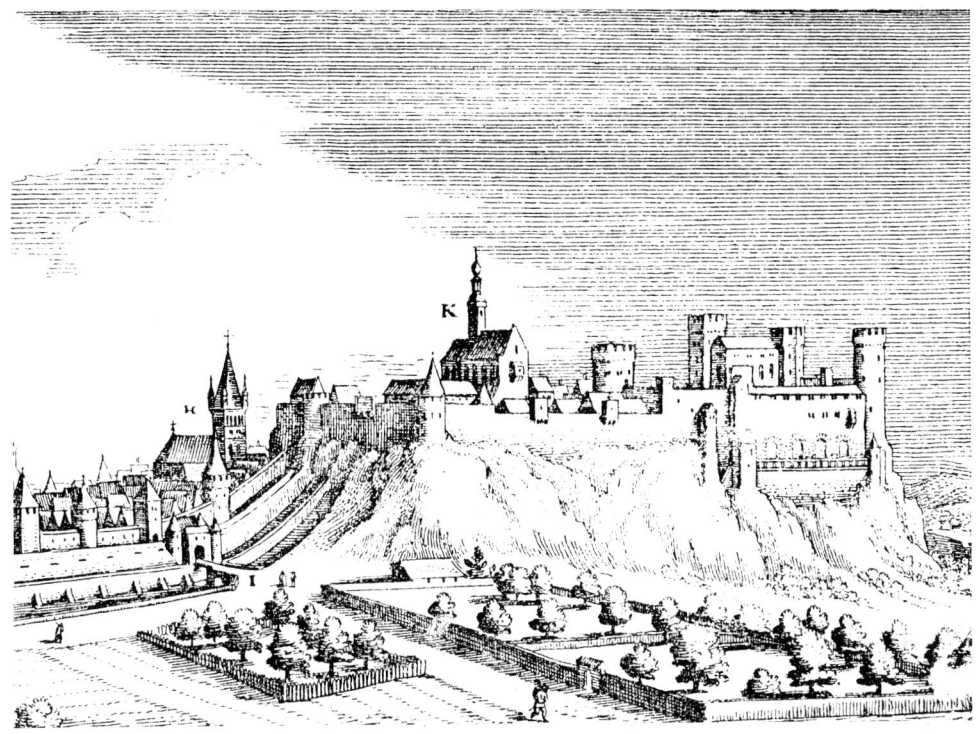

ABB. 126 Ordensburg. 13.–16. Jh. Reval. Von Westen. Stich 1646

Beschränkung auf die Frühzeit, d. h. die fünfzig Jahre vor der Einfügung in das Deutschordensland an der Weichsel. An der Düna haben sich Reste von Burgen erhalten, die schon bestanden, als in der Schlacht bei Hattin 1187 beinah ganz Palästina verloren ging und Kaiser Friedrich Barbarossa den großen Kreuzzug in Angriff nahm, bei dem er den Tod fand. Zu diesem Zeitpunkt gab es zwischen Lübeck, der schnell wachsenden Stadt an der Trave, und dem Unterlauf der Düna kein einziges von deutscher Hand errichtetes kirchliches oder weltliches Bauwerk.

Wer in dem weiten Land zwischen Memel und Narwa sich nie aufgehalten hat, pflegt es sich als Backsteingebiet vorzustellen; es gibt jedoch mehrere Kalksteinzonen. Das gilt für Nordestland, weiterhin für die Insel Oesel (wo ein besonders harter Dolomit gebrochen werden kann) und für Teile des Unterlaufs der Düna. Dort war der erste Missionar Meinhard zugleich der erste Burgenbauer im Lande; er kam aus Segeberg westlich von Lübeck, wo die Christen 1138 für etwa zwanzig Jahre sowohl die Burg wie das Augustinerkloster bei einem Einfall der Wenden verloren hatten. Als Meinhard 1184/85 sein Kloster verließ, war die seit etwa 1165 in Bau befindliche dortige Kirche als erster Ziegelgroßbau des Landes wohl z. T. vollendet; vom aus Oberitalien übernommenen neuen Material, seiner Herstellung und Verwendungsweise, mußte Meinhard also etwas wissen.

Nach den ersten erfolgreichen Bekehrungen der Liven im Gebiet von Uexküll an der Düna hatte Meinhard den neuen Christen einen sicheren Stützpunkt zu bauen; die Voraussetzung für das Brennen von Ziegeln fehlte, jedoch mangelte es nicht an Feldsteinen. Die Mercatores, welche die Mission ständig unterstützten, ließen aus Gotland mit Steinbau vertraute Werkleute kommen. Die kleine Anlage wurde offenbar z. T. schon im Sommer 1185 fertiggestellt. Ein Versuch heidnischer Gegner, den Bau mittels Schiffstauen in die Düna zu zerren, mußte naturgemäß scheitern; zwar waren Steinschichtungen, nicht aber Mörtel in Altlivland bekannt. Die Deutschen beobachteten bald, daß die von ihnen bekehrten Liven außer Stande waren, »die ansehnliche Veste« (»tanta munitio«) im Ernstfall zu verteidigen. Die Burg Uexküll wurde etwas später dem aus Magdeburg gekommenen Ritter Konrad von Meyendorff übergeben, der sie erfolgreich gegen einen warägisch-russischen Heerhaufen aus dem Fürstentum Polozk zu behaupten wußte. Die erhaltene Ruine besteht aus einem quadratischen mittelgroßen Bergfried, den eine Ringmauer umschließt; sie bleibt historisch denkwürdig als der erste Ort, an dem je Deutsche und Russen sich bewaffnet gegenüber gestanden haben.

Eine zweite größere Burg wurde für die getauften Liven auf der Dünainsel Holm wohl 1186/87 angelegt; sie war, wie es scheint, nicht mehr als ein mächtiges Mauerviereck. Offenbar wurde nie ein Turm errichtet. Die Angreifer konnten nur die hölzernen Aufbauten der drei Meter starken Mauern vernichten; diese bestanden außen und innen aus bis zu sechzig Zentimeter langen, sorgfältig behauenen Quadern, die Füllung aus vermörtelten Steinbrocken aller Art. Das uneinnehmbare Lagerkastell Holm wurde der feste Mittelpunkt im Gebiet der Bekehrten; hier nahm Bischof Albert im Jahre 1200 seinen ersten Aufenthalt, bevor er Riga gründete. Bis 1939 sah man noch Reste der Mauern von Holm.

Im 1201 gegründeten Riga waren offensichtlich von Anfang an ebenfalls Bauleute aus Wisby tätig; 1207 hatten bereits Kreuzfahrer eine Erhöhung der Stadtmauer vorzunehmen. Um diese Zeit befanden sich an dem von der Düna abgewandten nordöstlichen Stadtrand der Bischofssitz und eine kleine Burg der Schwertbrüder; sie wurde »Weißenstein« (niederdt. »Wittensten«) genannt, zweifellos wegen einheitlicher Verwendung von sehr hellem Kalkstein.

Riga entwickelte sich als Zielpunkt eines lebhaften, von Lübeck ausgehenden Schiffsverkehrs schnell und muß um 1210 bereits eine größere Zahl von Maurermeistern zu seinen Bürgern gezählt haben; ihnen war der in Lübeck gepflegte Backsteinbau bekannt. Der Rigaer Dom wurde aus Ziegeln errichtet; der Giebel der nördlichen Querhauswand bezeugt engste Verwandtschaft mit der seit 1212 errichteten südwestlichen Vorhalle des Doms von Ratzeburg bei Lübeck.

Während der nach 1200 schnell fortschreitenden Bekehrung der Liven und Letten im weiteren Umkreis von Riga bemühte sich Bischof Albert um die dü-

ABB. 127   Burg Tawastehus. 14. Jh. Finnland. Zeichnung 17. Jh.

naaufwärts liegenden Gebiete, wo warägisch-russische Kleinfürsten Tribute erhoben. Fürst Vesceke übergab Bischof Albert und den Schwertbrüdern zwar seine
Dünaburg Koknese (später dt. »Kokenhusen«), ließ aber die zum steinernen Ausbau der Burg entsandten Werkleute töten. Daraufhin wurden Bewaffnete entsandt,
vor denen Vesceke flüchtete; seit 1209 entstand eine »sehr feste Wehranlage«
(»Castrum firmissimum«), eine typische Abschnittsburg auf einem spitz zulau-
fenden Hügel beim Einfluß der Perse in die Düna; schon 1210 überstand sie eine Belagerung der Litauer; sie ließen fortan bei Raubzügen in das mittlere und nördliche
altlivländische Gebiet Kokenhusen unbehelligt, z. B. im Jahre 1213. Die stolze
Burgruine Kokenhusen bewahrt aus ihrer ersten Bauzeit ein romanisches Doppel-
fenster und Reste von drei bis vier Meter starken Mauern; die beiden mächtigen
Rundtürme wurden erst erheblich später hinzugefügt.
    Bischof Albert hatte – wie erwähnt – in seinem Gebiet Vasallen angesiedelt,
die ihm bewaffnete Hilfe schuldeten. Der Ritter Daniel von Bannerow erhielt bald
nach 1200 Lennewarden, wohl eine alte Livenburg. Konrad von Dolen wurde mit
Land auf einer Dünainsel belehnt, wo Reste seiner Burg Dole, später Altdahlen,
noch um 1800 erhalten waren. Dieser Vasall unternahm einen privaten Raubzug in
das Gebiet der Esten; Bischof Albert wollte ihm daraufhin sein Lehen entziehen,

konnte die Burg Dolen aber nicht bezwingen. Vorgänge dieser Art lassen begreiflich erscheinen, warum der Deutsche Orden von weltlichen Rittern in festen Burgen nichts wissen wollte.

Im Jahre 1214 erbaute eine Gruppe von Kreuzfahrern aus Holstein für Bischof Albert nordöstlich von Riga an der Livländischen Aa einen festen Wehrturm als Mittelpunkt einer Burg. Die »Friedland« (niederdt. »Fredeland«), später meist Treiden genannte Bischofsburg wurde in ihren unteren Teilen aus Feldstein, oben aus Backstein errrichtet. Der gewaltige Turm von Treiden ragte 1939 noch siebenundzwanzig Meter hoch empor.

Als älteste Burg des Schwertbrüderordens gilt Segewold. Dort amtierte ein »Meister«. 1225 machte der in Kapitel VI erwähnte päpstliche Prälat Wilhelm von Modena hier Station. Von der ersten Bauperiode von Segewold, sodann von der Burg Wenden und weiteren Anlagen der Schwertbrüder im Binnenland nördlich von Riga hat sich kaum Wesentliches erhalten. An der Düna konnte 1213 unweit der Bischofsburg Kokenhusen der Orden ebenfalls Fuß fassen; er errichtete hier auf

ABB. 108 einer Anhöhe die Burg Ascheraden; von der malerischen Ruine gehört etwa ein Drittel zur frühesten Bauzeit; der große Rundturm dürfte spätmittelalterlich sein.

Aus der Zeit zwischen 1220 und 1237 – also immer noch vor der Ausdehnung des Deutschen Ordens nach Altlivland – sind weiterhin auch Burgen im Gebiet der Esten zu nennen; dort baute Bischof Hermann von Dorpat die Burg Ödenpäh, der Schwertbrüderorden Fellin. Auf der Anhöhe, zu deren Füßen die Stadt Reval entstand, schufen die Schwertbrüder wenige Jahre später ein steinernes rechteckiges Lagerkastell, vermutlich mit hölzernen Wohnbauten im Innern; Ausgrabungen der Jahre 1935/1939 haben die Fundamente erkennen lassen. Die Grundgestalt der später vom Deutschen Orden ausgebauten Schwertbrüderburg blieb erhalten, als in der Neuzeit schwedische Festungsingenieure, sodann zaristische Baumeister und schließlich die Architekten der von 1919 bis 1944 bestehenden Republik Estland Ergänzungen vornahmen.

VIII. Machthöhe und Kulturblüte
des Ordensstaats im 14. Jahrhundert

Als Landesherr an der Ostsee erreichte der Deutsche Orden im 14. Jahrhundert die Gipfelhöhe seiner Macht; sie war von kultureller Blüte begleitet. Der Mittelmeerraum – zweihundert Jahre lang Hauptschauplatz des Kreuzzugswesens – entschwand allmählich dem Horizont der Europäer nördlich der Alpen.

Ein ruchloser französischer König erpreßte durch Folter von Tempelrittern 1304 Geständnisse nie verübter Untaten, konfiszierte die Güter des Ordens und setzte seine Auflösung bei der Römischen Kurie durch. Die Johanniter faßten daraufhin den Entschluß, sich auf Rhodos ein kleines uneinnehmbares Refugium zu schaffen. Die drei zeitweise sehr selbstherrlichen kastilischen Ritterorden hatten sich darein zu fügen, daß die Krone ihre Macht beschnitt und sie schließlich unterwarf; der jeweilige Herrscher übte das Amt des Ordensgroßmeisters aus. Der zuletzt gegründete Deutsche Orden gewann jedoch weiter an Bedeutung und Einfluß; das tragische Ende der Templer trug dazu bei, die endgültige Wendung vom Mittelmeer zur Ostsee zu beschleunigen.

Der Hochmeister und die ihm zur Seite stehenden Gebietiger hatten aus der Ferne die bisher berichteten Aktionen zwischen Weichsel und Finnischem Meerbusen zum Teil geleitet, oft aber auch nur nachträglich gebilligt; die Landmeister in Preußen und Livland hatten nach Richtlinien zu handeln, indessen auch eigene Entschlüsse zu fassen. Das änderte sich zu Beginn des 14. Jahrhunderts. Nach dem Fall von Akkon (1291) hielt sich der Hochmeister zunächst einige Zeit in Apulien auf, vermutlich in Barletta oder in der Ordenskommende Andria; anschließend bezog er das Ordenshaus in Venedig, sodann für wenige Jahre die Niederlassung in Marburg.

Im neuen Missionsland an der Weichsel sollte zunächst Kulm Verwaltungsmittelpunkt werden. Das schnelle Fortschreiten nach Nordosten und die Inkorporierung des livländischen Schwertbrüderordens (1237) ließen es angezeigt erscheinen, weiter nördlich, in der Nähe der Ostsee, Umschau zu halten; der preußische Landmeister nahm seinen Sitz in Elbing. Anstelle dieser großen Hafenstadt wählte man als Hochmeistersitz 1309 die Marienburg, vor deren Südseite sich nur eine bescheidene Handwerkersiedlung befand. Von dort schaute man nach Altdeutschland und den Ländern Westeuropas; für die Verbindung nach Riga und Reval stand außer dem Seeweg die küstennahe Straße über Memel zur Verfügung.

ABB. 128 Bernikower Torturm, aus der Ordenszeit.
Frühes 15. Jh. Königsberg/Neumark

Im Lauf der nächsten Jahrzehnte gab der Orden sich seine endgültige Form. Ältere Statuten erhielten Zusätze, manche Vorschriften wurden auch stillschweigend fallen gelassen. Voraussetzung für die Aufnahme in den Orden – sowohl für Ritterbrüder wie für Priesterbrüder – bildete die eheliche Geburt. Zunächst wurden Angehörige städtischer Patrizierfamilien gern aufgenommen; allmählich aber baute der niedere Adel des Reichs »den Orden zu seiner Domäne aus« (Hellmann); hier befreite sich der einzelne von einer etwa bestehenden Lehnsabhängigkeit. In Preußen und in Altlivland übten die Ritterbrüder korporativ die Landesherrschaft (lat. »Dominium terrae«) aus; wer sich bewährte, konnte Amt und Macht gewinnen, gar als Hochmeister zu einer fürstengleichen Stellung aufsteigen.

Eine Probezeit für die meist achtzehn- bis zwanzigjährigen Anwärter war vorgeschrieben, ehe die Gelübde des Gehorsams, der Ehelosigkeit und der Keuschheit abgelegt wurden; ferner bestand die Verpflichtung zu Besitzverzicht und Krankenpflege. Die Ritterbrüder hatten sich im Kriegshandwerk zu üben, um zum Heidenkampf bereit zu sein. Sofern sie Waffen und Pferde selbst stellten, verloren sie ihr Eigentumsrecht daran; Familienwappen durften nur auf gestifteten kirchlichen Gegenständen und auf Grabsteinen erscheinen. Die Ritterbrüder, seit dem Generalkapitel von 1382 als »Deutschherren« bezeichnet, verfügten über vier Reitpferde und trugen den weißen Mantel mit dem kleinen schwarzen Kreuz auf der linken Schulter (während bei den Templern die Farbe des Kreuzes rot war). Der Mantel der Priesterbrüder reichte bis zu den Füßen; bei den Ritterbrüdern war er

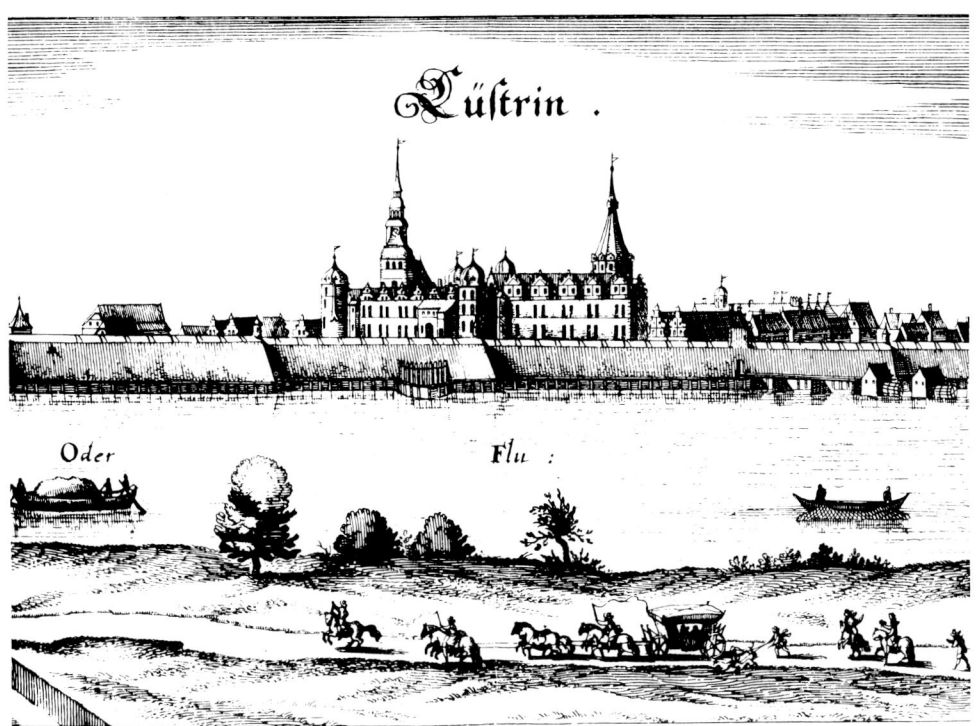

ABB. 129   Schloß, ursprünglich Ordensburg. 15.–17. Jh. Küstrin. Stich um 1720

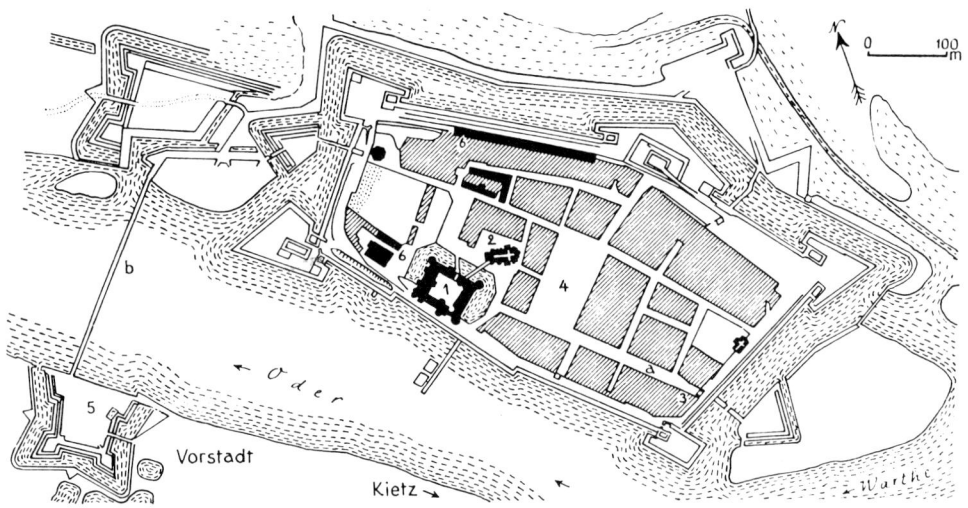

ABB. 130   Küstrin um 1650. Rekonstr. 1930

kürzer und vorne offen, um beim Reiten nicht hinderlich zu sein. Im Kampf legten die Ritter den Mantel oft ab und fochten im weißen Waffenrock.

Zeitweise gab es eine große Zahl von »Graumänteln«, d. h. leicht bewaffneten »Sarjantbrüdern« (altfrz. »Servient«, heute »Sergeant«); ihnen standen nur zwei Pferde zu; sie kämpften auch nach Ritterart. Gewappnete Knechte in großer Zahl, meist sogenannte Halbbrüder, zogen mit ins Feld; einen Ritter begleiteten vermutlich etwa zehn Waffenträger geringeren Ranges. Im Jahre 1379 gab es 824 Ritter- und Priesterbrüder; davon mögen insgesamt sechshundert ritterlichen Standes gewesen sein, was insgesamt sechstausend bewaffnete Streiter ergibt.

Nach der Ordensregel lebten in einer Burg zwölf Ritterbrüder und ein Komtur zusammen; die Zahl wurde nicht immer strikt eingehalten; in Königsberg weilten nach 1400 einmal 68 Ritterbrüder. Nach den Statuten sollten sich die Komture »mehr für die Diener denn die Herren der anderen halten«. In Preußen war bis 1309 der Landmeister der ranghöchste Vertreter des Ordens gewesen; dies Amt wurde um 1340 aufgelöst, bzw. ging an den Hochmeister über; in Altlivland blieb es wegen der Entfernung von der Marienburg bestehen.

Die Ritterbrüder vollzogen die Wahl eines neuen Hochmeisters aus dem eigenen Kreis; sie bedurfte weder päpstlicher noch kaiserlicher Bestätigung. Nach den Ordensstatuten stand der gewählte zwar »über allen anderen«, sollte zugleich aber »den Brüdern ein Vorbild guter Werke geben«. Neben dem Hochmeister nahmen an politischen und sonstigen Entscheidungen mehrere Großgebietiger teil; jeder von ihnen hatte seinen eigenen selbständigen Verwaltungsbereich, Kriegswesen, Krankenpflege usf. Dem Hochmeister stand, wie in Kapitel II erwähnt, seit 1226 das Recht zu, den einköpfigen staufischen Reichsadler dem Ordenskreuz seines Banners »aufzulegen« und auch sonst zu verwenden. Angesichts der Vergrößerung des Ordensheeres benötigte man besondere Banner für die Gebietiger und die Komture.

Nach 1300 sah der für Mission bzw. Heidenkampf gegründete geistliche Orden sich schwierigen Problemen gegenüber; nur noch im Hinterland des Kurischen Haffs gab es in Europa Ungläubige, gegen die eine »Militia Christi« antreten konnte: die Litauer. Die Annahme des Christentums durch sie war nur eine Frage der Zeit. Die Männer des Ordens konnten jedoch nicht – wie in Ungarn oder Spanien – ihr Wirken als zeitlich begrenzt ansehen und eines Tages das gewaltige Territorium verlassen, in dem sie Landesherren (lat. »Domini terrae«) waren.

Das Papsttum verfolgte seit langem das Ziel, die der Ostkirche angehörenden Christen nach und nach in die Römisch-katholische Kirche einzugliedern, wozu der Orden dienlich sein konnte; Kaiser, Fürsten und Adel ihrerseits betrachteten das Land zwischen Weichsel und Pregel, wiewohl der Hochmeister nicht Reichsfürst war, allmählich als ein Stück Deutschland. Es gab keine geistliche oder weltliche Instanz, welche den Deutschen Orden von der Ostsee zu vertreiben strebte, wohl aber eine heidnische Macht: ein litauischer Fürst bot um die Mitte des

ABB. 131 Stadtmauerturm aus der Ordenszeit.
Um 1400. Wisby

14. Jahrhunderts die Bekehrung an, sofern er einen großen Teil des Ordenslandes bekäme; die geistlichen Ritterbrüder sollten ins ferne Podolien »an die Türkenfront verpflanzt werden« (Weise). Um 1360 wünschten sich jedoch in den Deutschordensterritorien weder Städter noch Bauern einen Litauer als Landesherrn; die Angelegenheit verlief im Sande.

Seit der Übersiedlung des Hochmeisters ins Weichseldelta kann man von einem »Ordensstaat« sprechen, dem ein eigener »Seinswille« (Golo Mann) innewohnte. Fortan wurden immer mehr Gebiete erworben, in denen bereits Christen lebten; der Orden glaubte ihrer zu bedürfen, um sich besser verteidigen zu können. Der Ankauf von Mewe und Pommerellen mit der von Deutschen gegründeten Stadt Danzig wurde in Kapitel V bereits gestreift. Beim Aussterben der Samboriden, denen Pommerellen gehört hatte, machten vier Fürstenhäuser Erbansprüche geltend, wobei der König von Polen an letzter Stelle stand. Der Orden fand die meistberechtigten Brandenburger mit zehntausend Mark Silber ab; der damals noch in Elbing amtierende Landmeister nannte sich daraufhin um 1320 »Deutschordensmeister in Preußen und Pommern« (lat. »magister Theutonicorum per Prussiam et per Pomeraniam«). Die mit dem Verlauf der Dinge unzufriedenen Polen bereiteten einen Krieg gegen den Orden vor, der nun eine grundsätzliche Entscheidung zu treffen hatte: Da er zur Heidenbekämpfung erschienene Kreuzfahrer

ABB. 132
Großer
Remter des
Hoch-
meisters.
Um 1330/50.
Marienburg.
Aquatinta-
blatt 1799

keinesfalls gegen Christen ins Feld führen konnte, warb er 1331 zum ersten Mal Söldner an. Schließlich kam es zwischen dem Orden und Polen zum »Ewigen Frieden« von Kalisch, in dem König Kasimir der Große polnischerseits einen förmlichen Verzicht auf Pommerellen leistete; indessen blieb am Hof in Krakau das bittere Gefühl zurück, der Möglichkeit eines Zugangs zur Ostsee verlustig gegangen zu sein.

Eine wenig bekannte Episode ist die nach Westen, also nach Altdeutschland hin verlaufende zeitweilige Ausdehnung des Deutschordensstaats. Im Jahre 1260 war ein recht großes Stück Binnenland östlich der Oder und nördlich der Warthe an ABB. 192 die Mark Brandenburg gelangt; diese sogenannte Neumark kam mit Schiwelbein und einem Teil von Pommern 1402 durch Kauf an den Orden. Der Besitz eines nahezu geschlossenen Territoriums von der Oder bis zur Narwa zeichnete sich ab.

Die Neumark war von Ständekämpfen zerrissen und weit entfernt von Ordnung und Wohlstand, wie sie zwischen Weichsel und Memel bestanden; die dorthin entsandten Ritterbrüder empfanden das Land als »zurückgeblieben« (Heidenreich). Bei der Errichtung von Burgen konnte man nur die rohesten Arbeiten einheimischen Kräften anvertrauen; die Bauleiter, Maurer und Zimmerleute mußten von der Weichsel geholt werden. Der Hochmeister ernannte für die wichtige Oderstadt Küstrin gleich nach 1402 einen Burggrafen und übernahm die Kosten für neue Wehrbauten; aus dieser Zeit stammen die Fundamente des späteren Schlosses, fer-ABB. 129, 130 ner der runde Südturm und die Hofmauer des nordwestlichen Flügels. Die etwas anspruchsvolleren spätmittelalterlichen Bauten der Neumark gehen sämtlich auf den Orden zurück; das gilt auch für einen Teil der Stadtbefestigungen, z. B. die zinnenbewehrten Tortürme von Königsberg/Neumark mit zurückgesetzten, letztlich spanisch-islamischen Steinpyramiden als oberem Abschluß.

Der altlivländische Ordenszweig konnte im 14. Jahrhundert ebenfalls großen Landgewinn erzielen. 1238 hatte – nach dem Willen des Papstes und mit dem Einverständnis von Hermann von Salza – Dänemark einige Teile Estlands übernommen, in denen vorher bereits Schwertbrüder gewirkt hatten; im Jahre 1346 gelangte dieses Gebiet durch Kauf wieder in deutsche Hand.

Einige Jahrzehnte später bedrohten die berüchtigten Vitalienbrüder, ein gefährlicher Verband von Seeräubern, die Küstengebiete des Ordensstaats. Der Hochmeister entschloß sich zur Gegenwehr; die Schlupfwinkel der Piraten an entlegenen Punkten der Insel Gotland sollten besetzt werden. Das in seiner Weise einmalige Kriegsunternehmen über See wurde vorzüglich vorbereitet.

Die sechs preußischen »Seestädte« Thorn, Kulm, Elbing, Danzig, Braunsberg und Königsberg stellten ein knappes Viertel der Teilnehmer; Danzig war der Haupteinschiffungshafen. Der Hochmeister ernannte zwei erfahrene Ratsherren aus Danzig und Königsberg – ein arabisches Fremdwort benutzend – zu »Admiralen« (»anmyralen«) der Flotte sowie einen Ordensritter zum Leiter der Kämpfe auf Gotland. Nach einer überraschenden Landung überwältigte man die Piraten; dem

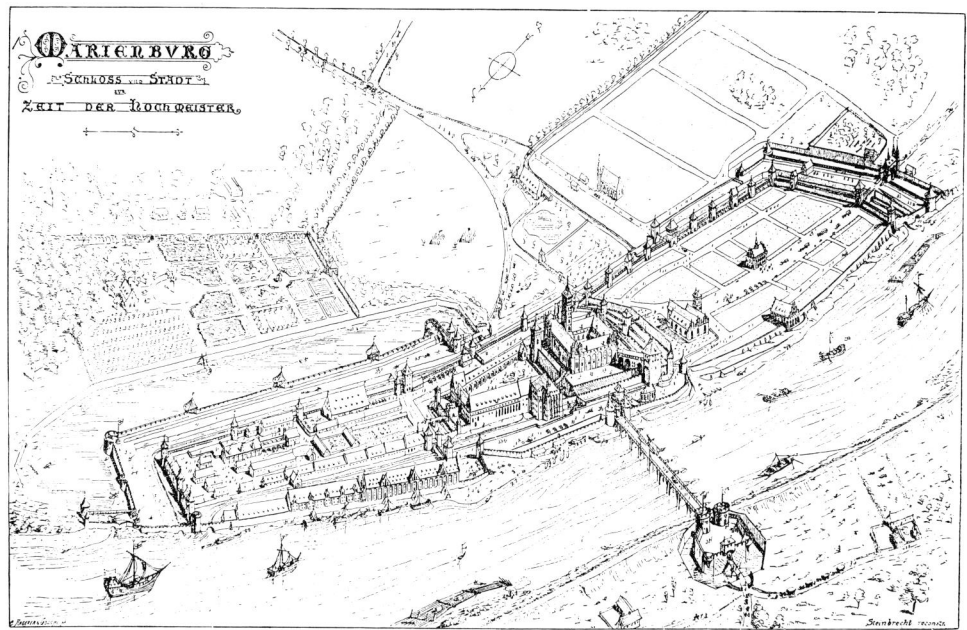

ABB. 133   Burg und Stadt Marienburg. Um 1400. Von Nordwesten. Rekonstrukt. 1899

Orden fiel die Verwaltung der Insel zu; die Ritterbrüder bauten hier und da neue
Wehranlagen, z. B. in Wisby. Der Hochmeister veräußerte als zu kostspieligen
Außenbesitz Gotland jedoch bereits 1407 gegen eine unbedeutende Summe an
Dänemark.

ABB. 194

    In dem Gebiet östlich und südlich des Kurischen Haffs behielten die jährlichen
kurzen Vorstösse noch bis zu Beginn des 15. Jahrhunderts den Charakter von
Kreuzzugsunternehmen. Die mächtige Burg »Landshut« (Ragnit) sowie Ortelsburg
und einige später wieder aufgegebene bewehrte Stützpunkte hatten das Ordensland zu sichern. Die sogenannten »Litauerreisen« fanden in dem Sumpfgebiet nur
im Winter bei strengem Frost oder in trockenen Spätsommern statt. Für ihre Ge-
fechte wählten Führer des Ordensheers gern die Marienfeiertage am 2. Februar
oder am 15. August. Die Gottesmutter war Schutzherrin des Bekehrungswerks; in
jener Zeit erhielt das Haupthaus des Ordens ein acht Meter hohes Mosaikrelief der
Maria an seiner nach Osten, gen Litauen, gewandten Front (1945 zerstört).

ABB. 140

    Es ist eine in den letzten Jahrzehnten oft erörterte Frage, wie gefährlich der
Druck der heidnischen Litauer auf das Ordensland Preußen gewesen ist. Der litauische Gegner war zweifellos »weitaus stärker als seinerzeit die zersplitterten Prussenstämme« (Weise). Die Ansicht, wonach es sich bei Tilsit um bloße »Ritterspie-
le« (Maschke) gehandelt habe, ist unhaltbar.

155

1335 hatte als Kreuzfahrer ein Fürst aus dem Hause Wittelsbach am Memel-
fluß für den Orden eine Burg errichtet; sein Verwandter, Kaiser Ludwig der Bayer,
übersandte daraufhin dem Orden 1337 eine Goldene Bulle des Inhalts: »Auf Grund
Kaiserlicher Befugnis geben wir Litauen als Lehn« (lat. »Terram Lythwinorum de
Imperiali auctoritate donamus«). Die in München ausgefertigte Urkunde gibt in
einer Zeichnung den Hochmeister Dietrich von Altenburg wieder, wie er kniend
ABB. 143   die bayerische Rautenfahne entgegennimmt.

Eine wirkliche Entlastung brachte für den Orden der Litauenkreuzzug von
1345, an dem sich mächtige deutsche Fürsten beteiligten: der erblindete Johann
von Böhmen und sein Sohn, der spätere Kaiser Karl IV., Ludwig von Ungarn,
Albrecht von Hohenzollern, ein Herzog von Burgund und ein Graf von Holland-
Hennegau. Erst fünfzehn Jahre später wandte sich Litauen wieder mit starken Kräf-

ABB. 134   Hochmeisterschloß. Um 1400. Marienburg. Von Nordwesten. Aquatintablatt 1799

ABB. 135   Hochmeisterschloß und Komturburg, Marienburg. Von Westen. Gemälde um 1840

ten gegen seinen christlichen Nachbarn. Bewaffnete aus weit entfernt liegenden
östlichen Gebieten nahmen an diesen Angriffen teil; ein 1945 zerstörtes Kapitell in
der Marienburg zeigte neben einem litauischen Lanzenwerfer einen russisch-mon-
golischen Bogenschützen. Wiederholt gelangten die Litauer in der Folge bis Insterburg; im Jahre 1370 standen sie zwanzig Kilometer vor Königsberg. Bei der Abwehr
bewährte sich Winrich von Kniprode (aus dem heutigen Knüprath, südlich von
Köln) zuerst als Komtur von Königsberg und oberster Marschall, später als Hochmeister.

Ein großer Heereszug gegen die Litauer und ihre Hilfsvölker konnte nie gewagt   ABB. 189
werden; die Gefahr der Umzingelung im offenen Land war zu groß; die Christen
hatten sich darauf zu beschränken, Aufmarschstellungen ihrer Gegner zu zerschlagen; im Grenzgebiet des Ordens errichtete Burgen mußten sogar oft wieder
aufgegeben werden. Übergelaufene und bekehrte Litauer wurden zum Schutz gegen Racheakte ihrer nichtchristlichen Landsleute im Inneren des Ordensgebietes
angesiedelt.

War die Zukunft des Ordensstaats auch keineswegs gesichert, so blickte man doch aus Mittel- und Westeuropa zur Marienburg nur mit einhelliger Bewunderung. Die ständigen Geldsorgen weltlicher Fürsten waren dem Hochmeister unbekannt. Der Orden brauchte keine Steuern zu erheben; allein das Bernsteinregal war eine sehr bedeutende Einnahmequelle; in Königsberg gefertigte bernsteinerne Rosenkränze wurden über Venedig bis nach Rhodos vertrieben. Die in Getreide zu leistenden Abgaben überstiegen den eigenen Bedarf; zwei Ordensbeamte ritterlichen Standes, die »Großschäffer« in Marienburg und Königsberg, veräußerten das im Lande nicht benötigte Getreide in Westeuropa, wobei sich für sie Reisen bis nach Brügge und Paris ergaben.

Im Bereich des Münzwesens war der Deutsche Orden seinen Nachbarn weit voraus. Der Handelsverkehr im Weichselgebiet hatte im 13. Jahrhundert noch wesentlich auf Tausch beruht. Eine überall verwendbare Leitwährung, der Kölner Pfennig, schaffte Abhilfe; damit schloß sich das Deutschordensgebiet stark an Altdeutschland an. Die Prägeanstalten in Burgen des Ordens hatten Münzen mit stets gleichem Feingehalt herzustellen; der Deutschordensstaat wurde so zu einem der größten geschlossenen Währungsgebiete seiner Zeit.

Die politischen und sozialen Zustände innerhalb der Grenzen des Deutschordensstaates galten Beobachtern aus dem Westen als beneidenswert. Die Bischöfe waren inkorporiert oder weitgehend abhängig, die Städte unterstanden dem Orden,

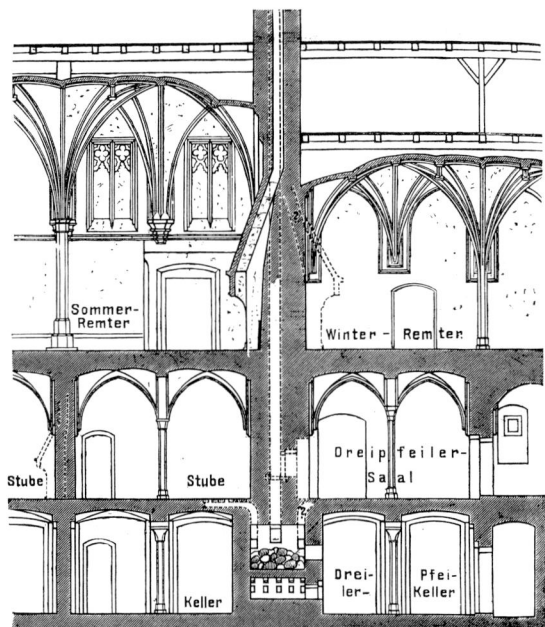

ABB. 136 Heißluftheizung im Hochmeisterschloß.
Um 1400. Marienburg. Rekonstr.

ABB. 137   Flur im Hochmeisterschloß. Um 1400. Marienburg. Aquatintablatt 1799

ABB. 138 Sommerremter im
Hochmeisterschloß. Um 1400.
Marienburg. Aufn. um 1920

160

freie weltliche Ritter in festen Burgen gab es kaum; Spannungen konnten nicht in Bürgerkrieg oder langwierigen Streit ausarten; zudem war jedermann mit seinem Los leidlich zufrieden.

Auf dem Lande verwandelte sich der prussische Adel, der während der Unruhen um 1260 meist ordenstreu geblieben war, in einen Stand von Gutsbesitzern. Die mittlere Schicht der – nach neueren Forschungen – sehr zahlreichen prussischen Freien bebaute das Land an der Seite um 1300 eingewanderter deutscher Bauern; diese hatten den bis dahin im Osten unbekannten eisernen Scharenpflug mitgebracht, der auch schweren Boden in Kultur zu nehmen erlaubte. Dörfer deutschen und prussischen Ursprungs entwickelten sich friedlich nebeneinander; erhaltene Urkunden erweisen, daß z. B. der Komtur von Christburg zahlreiche deutsche Bauern ansiedelte, außerdem aber Land verschiedenen Umfangs an Ruthenen gab, die in einem Litauenkreuzzug zu den Deutschen übergegangen waren. In anderen Komtureien erhielten Polen aus Masowien und bekehrte Litauer Siedlerstellen.

Der Orden nahm kein Kaufgeld für Land, das er vergab, erhielt aber bestimmte Gegenleistungen. Das Rechtsverhältnis wurde in »Handfestenbücher« eingetragen, die in großer Zahl erhalten sind. In Kriegszeiten bestand für deutsche Grundherren und ihnen gleichgestellte Prussen die Verpflichtung zum Waffendienst mit einem oder mehreren Reitern; Bauern hatten nur einen Geldbetrag als Kriegssteuer zu entrichten, stets aber regelmäßig einen geringen Teil der Ernte abzuführen. Vom Hochmeister Winrich von Kniprode hieß es im Volksmund: »Und sonderlich den Bauersmann hat er gehalten lobesam«.

Nach und nach entstand zwischen Weichsel und Memel im Lauf des 14. Jahrhunderts eine einheitliche Bevölkerung mit einer Art Heimatgefühl. Um 1230 hatten christliche Ritter noch von »den Prussen und anderen Sarazenen« gesprochen, womit die Gesamtheit der Heiden an der unteren Weichsel und östlich davon gemeint war; das Wort »Prusse« verlor jedoch schnell seine Beschränkung. Um 1340 bezeichneten sich deutsche Kaufleute aus Pommerellen bei einem Aufenthalt in westeuropäischen Hafenstädten bereits als »Prussen«; der Ausdruck wurde hingegen nicht für Altlivland benutzt; das Gesamtgebiet hieß 1398 »ordensland beide czu Prussen und czu Lifflande«.

Altlivland bot im Vergleich zu Preußen ein weniger erfreuliches Bild; Einmütigkeit bestand keineswegs. Die Stadt Reval war ordenstreu und schrieb einmal dem Papst, ohne den Orden drohe bald »das ganze Land« (lat. »tota patria«) den Russen anheim zu fallen. In Oesel gelang es dem Hochmeister Winrich von Kniprode, einen Neffen auf den Bischofsstuhl zu bringen. Hingegen verbündete sich die Stadt Riga mit den heidnischen Litauern, zu denen sie gute Handelsbeziehungen unterhielt. Der Orden fühlte sich für das ganze Land verantwortlich und nahm die Abwendung Rigas nicht hin; es kam zum Krieg, den die Stadt verlor. Riga mußte die volle Landeshoheit des Ordens anerkennen, Heeresfolge geloben und der Er-

ABB. 139 Vorburg und Hochmeisterschloß. Um 1400. Marienburg. Von Norden. Gemälde um 1840

ABB. 140 Maria an der Außenwand der Kapelle.
14. Jh. Mosaikrelief. Marienburg

ABB. 113

ABB. 193

richtung einer neuen Ordensburg zustimmen; sie wurde am Stadtrand angelegt – zugleich Bastion gegen den äußeren Feind und Zwingveste gegen die Bürgerschaft.

Als im frühen 13. Jahrhundert der Schwertbrüderorden entstanden war, hatte sich bei ritterlichen Familien in Niedersachsen und in Westfalen die Tradition herausgebildet, jüngere Söhne nach Altlivland zu schicken. Der starke Anteil an Ritterbrüdern aus diesen Teilen Deutschlands im livländischen Ordenszweig führte gelegentlich zu Reibungen mit dem Hochmeister und den Gebietigern im preußischen Ordensland, die in der Regel ihrer Abkunft nach Thüringer, Hessen und Süddeutsche, gelegentlich auch Rheinländer waren. Da es nicht gelang, eine Landbrücke zwischen Altlivland und Kurischem Haff gegen die Litauer zu behaupten, wurde die von Riga aus gegründete Burg Memel im Jahre 1328 eine preußische Komturburg. Altlivland behielt in hohem Maße den Charakter eines überseeischen Bereichs.

Das altlivländische Ordensland bestand aus etwa dreißig Verwaltungsbezirken unter Komturen und Vögten; die Komture von Fellin, Reval und drei kleineren Burgen bildeten einen »Inneren Rat«, an dessen Beschlüsse sich der Landmeister weitgehend gebunden fühlte. Wie erwähnt besaß das altlivländische Missionsgebiet in bischöflichen und auch in zeitweise dänischen Territorien zahlreiche Vasallen; bei kriegerischen Auseinandersetzungen mit Nachbarn war das Aufgebot daher sehr uneinheitlich. Neben etwa dreihundert Deutschherren spielten die weltlichen Ritter mit ihren Knechten, sodann reitende Freibauern und bäuerliches Fußvolk nichtdeutscher Abkunft eine Rolle; dazu kamen die Kontingente der großen Städte.

In den letzten Jahrzehnten haben Forscher – u. a. in Schweden und Amerika ansässig gewordene Letten und Esten sowie aus Riga und Reval gebürtige Deutsche – zur Klärung der Volkszugehörigkeit der Bewohner Altlivlands beigetragen. Der Feldbau blieb stets in den Händen der Letten und Esten; ein Zuzug deutscher Bauern hätte zu Schiff erfolgen müssen und war zu kostspielig. Hingegen gab es eine beträchtliche schwedische »Strandsiedlung« in Estland; seit etwa 1250 waren Fischer, Seehundjäger, Lotsen und Bauern aus Schweden vom Bischof von Oesel, von Vasallen und von der Stadt Reval auf die Inseln und an die Küste geholt worden. Ein Übergang zum Deutschtum fand auf dem Lande in Altlivland statt, wenn einzelne Bekehrte nach Ritterrecht ein Lehn erhalten hatten.

Die ortsansässigen Kaufleute und Handwerker Rigas saßen in Gildenhäusern beisammen, die nach wie vor »Stube von Münster« und »Stube von Soest« hießen. In den Städten erfolgte eine Loslösung vom angestammten Volkstum durch den Eintritt in die wesentlich deutsch bestimmten höheren Zünfte, z. B. die der Goldschmiede. Im ganzen blieben die großen Gemeinwesen mehrsprachig: die stolzen deutschen Fernhändler hatten in Riga lettisch und russisch mit ihren Fuhrleuten zu reden, in Reval sich estnisch und schwedisch mit dem Schiffsvolk zu verständigen.

ABB. 141 Weltliche Kreuzfahrer mit hohen Helmaufsätzen. Spätes 14. Jh. Wandbild Dom. Königsberg.

Wieviel vom Wesen der Kreuzzugsepoche und den Idealen eines geistlichen Ritterordens zwischen der Weichsel und der Narwa im frühen 14. Jahrhundert lebendig war, ist ein heute von Berufenen und Unberufenen gern behandeltes Thema. Noch 1293 betonte der Ritterbruder Hugo von Langenstein, »der welte aventure« sei nichts für seinesgleichen. Wer gegen diesen Grundsatz verstieß, hatte Buße zu tun. In den auf den Hof gehenden Mauern der Kapelle von Burg Lochstedt, die um 1300 vollendet wurde, haben sich Hohlräume erhalten, die überzeugend als »Zellen für büßende Ritter« erklärt worden sind. Das Gebot des mönchischen Gehorsams blieb auch in späteren Jahren ungemindert bestehen; ein Ritterbruder hatte sich in allen das Leben der Gemeinschaft berührenden Fragen den Beschlüssen von Kollegien – Großer Rat, Kleiner Rat, Konvent – zu fügen.

Im Lauf des Jahrhunderts läßt sich indessen »ein neues geistiges Klima des Ordens« (Kluge) beobachten. Die am Mittelmeer den Ordensbrüdern nicht zuteil gewordenen Aufgaben der Landesverwaltung und des Herrschens formten Träger von Ämtern um; dank dem Eigenhandel des Ordens sich ergebende intensive Verknüpfungen mit dem westlichen Frühkapitalismus konnten nicht ohne Wirkung bleiben. Der Stolz auf die Macht des eigenen Staats mußte manchen der »Herren Preußens« (lat. »Domini Prussiae«) zu Hochmut verleiten.

ABB. 142   Komtur in Verehrung Mariae. 1388.
Silbernes Reliquiar. Marienburg

ABB. 143 Kaiser Ludwig der Bayer
bei der Verleihung der bayeri-
schen Rautenfahne an einen
Hochmeister. Initiale einer in
München 1337 ausgefertigten
Urkunde

Als allenthalben in Europa sich die Einzelpersönlichkeit stärker auszuprägen
begann, ereignete sich etwas Unerhörtes: Ein wegen einer Verfehlung zur Buße
verurteilter Ritterbruder ermordete den Hochmeister Werner von Orseln. Bestre-
bungen mehrten sich, eigene Familienwappen zu benutzen, elegante Rüstungen
und luxuriöses Sattelzeug zur Schau zu stellen. Um 1380 mußte der Hochmeister
das Tragen von modisch spitzen Hüten und Schnabelschuhen untersagen. Diese
Auswüchse wurden nicht zuletzt durch den Umgang mit weltlichen, prachtlie-
benden Rittern aus Altdeutschland und dem Westen gefördert, die als Kreuzfahrer
in Danzig oder Elbing an Land gingen.

Im »Herbst des Mittelalters« (Huizinga) blickte das langsam von der Bühne ab-
tretende Rittertum nicht ohne Wehmut in die Epoche der Kreuzzüge im Heiligen
Land zurück; westlich des Rheins sah man das Preußenland als ein Ersatz-Palä-
stina an, wo noch echter Heidenkampf möglich war. Zwischen Thorn und
Ragnit gab es Orte mit den Namen »Jerusalem« und »Josaphat«; hier hieß das Vor-
werk einer Burg »Parcham« (arab. »Barbacane«), im Pferdestall ein Wallach »Tur-
keman«; die Gerichte für gewappnete Knechte bereitete der »Torkeppel«-Koch;
schließlich konnte man die Litauer als Heiden immer noch »Sarazenen« schelten.
Ein burgundischer Adliger verkündete, wem »die Ruhe des Friedens« lästig falle,
der möge in Preußen (»en Prussie«) an einem ritterlichen Kriege teilnehmen. Die
Zeit im Nordosten blieb jedem ein unvergeßliches Erlebnis: Bei der Belagerung von
Caën im Jahre 1402 erkannten gegeneinander Kämpfende sich als einstige Gefähr-

ABB. 190 ten von einer »Litauenreise« bei Tilsit wieder und ließen sogleich Waffenruhe und Verbrüderung ausrufen.

Bei Gelegenheit hatten Ordensgebietiger Entartungen des Kriegs zu steuern: Französischen Rittern wurde untersagt, um den Preis kostbarer Waffen mit den feindlichen Litauern Turniere zu veranstalten. Im Jahre 1388 sandte ein Herzog von Geldern Wein zur Bewirtung ritterlicher Kämpfer bei Insterburg und Tilsit voraus, ehe er sich zur Kreuzfahrt anschickte. Ein flandrischer Graf entlieh sechstausend Gulden beim Hochmeister persönlich, um im Grenzland verschwenderisch auftreten zu können. Den Ritterschlag während eines Kreuzzugs in Litauen zu erhalten, wurde Mode: 1377 erschien Albrecht von Österreich zu diesem Behufe mit vierundsechzig jungen Adligen.

Teilnehmer aus England kamen zeitweise in großer Zahl. 1349 wollte ein englischer Kreuzfahrer eine Burg an der Grenze gegen Litauen errichten; bald danach wurden zwei Engländer Taufpaten bekehrter litauischer Fürstensöhne. Ein Menschenalter später erschien zweimal Graf Henry Derby, der spätere König Heinrich IV. von England; das erste Mal zeichnete er sich bei Insterburg aus; beim zweiten Aufenthalt forderte er das Führen des englischen Georgsbanners durch das Kreuzfahrerheer und trat bei der Ablehnung dieses Ansinnens schon in Königsberg die Heimreise an. In Danzig erschlugen 1391 Engländer im Streit den schottischen Ritter William Douglas (einen Sohn des aus Uhlands Ballade bekannten Archibald Douglas); dem Hochmeister gelang es gerade noch, den Ausbruch einer Fehde zwischen Engländern und Schotten zu verhindern.

Den Kreuzzügen gegen die Litauer folgten Festlichkeiten, die sich nur durch das Fehlen der Frauen von denen weltlicher Höfe unterschieden. Die »Verfürstlichung des Hochmeistertums« (Forstreuter), welche mit der Übersiedlung vom Canal Grande an die Nogat 1309 begonnen hatte, erreichte etwa zwei Menschenalter später ihren Höhepunkt. Nach dem Abschluß einer »Litauenreise« wurden ungeachtet ihres Rangs die zwölf tapfersten Kämpen ermittelt; wie einst König Artus, lud sie der Hochmeister an den »Ehrentisch«.

Die Gastereien fanden ihren erlesensten Rahmen, wenn sie in der Marienburg selbst stattfanden. Weiche Kissen lagen auf den Steinbänken längs der Wände; die Zufuhr heißer Luft durch Schächte aus dem mit Feuerung versehenen Kellergeschoß war hier noch intensiver als sonst in der Burg. An Speisen wurde Gebratenes von Eichhörnchen, Staren und Rebhühnern, als Nachtisch Korianderkonfekt gereicht. Man trank Rheinwein (den der Ordenskomtur von Koblenz geliefert hatte), auch dalmatinische und italienische Sorten, während »der gemeine Rittertisch« in einem einfacheren Saal mit Elbinger Bier vorlieb zu nehmen hatte. Es gab Tafelmusik, wobei 1398 zweiunddreißig Spielleute mitwirkten. Nach dem Mahl trugen »Liedersprecher« ritterliche Epen vor; dann kam die Stunde der Gaukler; an der Seite des Narren, den sich der Hochmeister hielt, trat einmal »der Geck von Burgundia« auf, ein anderes Mal der Possenmacher des Bischofs von Ermland. Schließ-

lich setzte sich alles zum Brettspiel zusammen. War der Abend beendet, ließ sich
der Hochmeister in sein Schlafgemach geleiten; er ruhte hinter einem Vorhang unter einem Flaumfederpfühl.

Die eben geschilderten Szenen spielten sich in einem Bauteil der Marienburg
ab, den man zu Recht als Schloß bezeichnet. Der Würdigung der Remter in der
hochmeisterlichen Residenz hat ein Blick auf die Entwicklung gewölbter Räume
in der ordenspreußischen Architektur vorauszugehen. Vor etwa fünfzig Jahren
wurde die richtige Feststellung getroffen, daß die Verwendung von Backstein für
die sogenannten Kappen über den Rippen gotischer Gewölbe ein besonders engma-
schiges Rippennetz erfordere mache; Kappen aus Backstein waren »besonders
einsturzgefährdet« (Clasen) und mußten folglich kleiner sein als aus Haustein ge-
fügte. Es blieb bisher offen, woher der Orden erfahrene Bauleute für diese Arbeiten
geholt hatte. Die in Kapitel V gegebene Ableitung des Geviertbaus aus Spanien
führt zu der Frage, ob beim Gewölbebau im Weichselland an den gleichen Ur- ABB. 163
sprung zu denken ist. In Toledo sahen Deutschordensritter kleine, aus Backstein
gemauerte Rippenkuppeln u. a. in der als Moschee erbauten Kirche Cristo de la
Luz. Die spanisch-islamischen Gewölbeformen können jedoch auch auf dem Um-
weg über England nach Nordosten gelangt sein; die Gotik entwickelte sich auf
der britischen Insel z. T. mittels Entlehnungen aus der Architektur der Pyrenäenhalbinsel.

Das 1233 vollendete Mittelschiff der Kathedrale in Lincoln besitzt ein Gewöl-
benetz, dessen System – unter Verwendung der sogenannten Scheitelrippe – etwa
zwei Menschenalter später an der Weichsel in recht genauer Weise nachgeahmt
wurde. In einem Teil von Pommerellen, in dem der Orden seit 1282 Landesherr
war, schmückten die Zisterzienser in ihrem Kloster Pelplin um 1290 den dreischif-
figen Langchor der Kirche mit zierhaften Sterngewölben; die des nördlichen Chor-
schiffs wirken besonders englisch in ihrer Zeichnung. In der Marienburg entstanden 1309/1310 der Kapitelsaal (in Lübeck in der sog. »Briefkapelle« an der Marien-

kirche nachgeahmt), sodann etwa dreißig Jahre später der »Große Remter« und kurz vor der Jahrhundertwende der Winter- und der Sommerremter des Hochmeisters. In dieser Periode wurden zahlreiche ähnliche Säle in Ordens- und Bischofsburgen errichtet, so – mit der typisch englischen Scheitelrippe – der Remter in Heilsberg (wohl um 1370).

ABB. 132   Der »Große Remter« der Marienburg gehört zu den edelsten Architekturschöpfungen des Mittelalters. Auf drei sehr schlanken Granitpfeilern steigen fontänengleich aus der Saalmitte die Sterngewölbe auf; leicht und flutend umgibt uns der Raum; als »Aufenthalt von unbeschreiblich milder Heiterkeit, wo alles Gemeine sein Recht verliert«, erschien er vor hundertfünfzig Jahren Joseph von Eichendorff. Um einige Grade irdischer wirken die später entworfenen Säle, in de-
ABB. 138 nen ein einziger Pfeiler ein sechzehnrippiges Gewölbe trägt. Die Einzelformen sind kantiger und kräftiger; horizontale Linien verdrängen den Spitzbogen.

Die beiden zuletzt genannten Remter befinden sich im Hauptgeschoß eines beinah selbständigen Gebäudes vor der Südwestecke der Mittelburg. Der Hochmeister zeigte sich hier vor seinen Besuchern, die über die Nogatbrücke anritten, weder als Haupt eines geistlichen Ritterordens noch als Herr eines wehrhaften Gebiets »am Rande der Christenheit«, sondern als weltläufiger europäischer Fürst. Der Entwurf stammt von dem aus Koblenz berufenen Baumeister Fellenstein; er hatte auch die Ausführung überwacht. Die reichliche Verwendung von Hausteingliedern an entscheidenden Stellen entsprach nicht der Tradition des Ordens; der Baumeister kannte offenbar gleichzeitige, in Haustein errichtete Stadtschlösser hoher französischer Prälaten, z. B. den Palast des Bischofs von Sens. Fellenstein versah um 1390 die Ecken der Nogatfassade mit turmartigen Pfeilern; sie bildeten zusammen mit Zwischenpfeilern hoch oben am Bau Nischen, über denen ein von Wurfscharten durchbrochener Wehrgang angelegt wurde. Das Dach trat stark zurück wie bei den älteren Türmen der Ordensburgen. Die Dachgestaltung Fellensteins war – mit unwesentlichen Zutaten des 17. Jahrhunderts – noch 1797 erhalten. Die reiche, etwas unruhige Fassade strahlte um 1400 Macht, Glanz und Fortschrittlichkeit aus; hinter ihr aber – das sollten schon die nächsten Jahre zeigen – war vielerei antiquiert; der Niedergang stand bevor.

IX. Die Schlacht bei Tannenberg.
Das Ende der Ordensherrschaft in Preußen

Im 15. Jahrhundert erfolgte ein für die Zeitgenossen unbegreiflicher Sturz des Deutschen Ordens von der erreichten Höhe, den jedoch der Historiker als unabwendbar ansehen muß. Der halbgeistliche Charakter des vom Hochmeister regierten Staates erschwerte die Anpassung an innere Wandlungen, welche sich damals allenthalben vollzogen und namentlich von der führenden Schicht in den Städten gefordert wurden. Außerdem beraubte die Bekehrung der letzten Heiden den Orden seines grundlegenden Daseinszwecks, der Defensio Christianitatis.

Die von Litauern bewohnten bzw. beherrschten weiten Landstriche im Osten und Süden des Kurischen Haffs gehörten in ihrem südlichen Teil bereits zum Wirkungsbereich der Ostkirche. Im nördlichen Litauen hätte der Orden die Mission vielleicht versuchen können; jedoch war dort niemand willens, sich in den zwangsläufig konservativen, im Grunde überalteten Staat der Ritter einzufügen; ein Zusammenschluß mit Polen eröffnete dem tatkräftigen Volk freiere Möglichkeiten. Der litauische Fürst Jagiello heiratete nach vollzogener Taufe die erbberechtigte polnische Königstochter Hedwig und wurde 1386 Herr des neuen Großreichs Polen-Litauen; diese dynastische Verbindung sollte entscheidende Folgen haben. Jagiello befahl seinen Untertanen, soweit sie bereits zur Ostkirche gehörten, die Annahme des römisch-katholischen Glaubens; sich weigernde Adlige verloren das Recht auf öffentliche Ämter.

In der Marienburg mußte man damit rechnen, daß der mächtige neue Staat an die Ostsee streben würde. Als Witold, Vetter des Königs und Statthalter des litauischen Gebiets, die frühere Expansionspolitik seines Volkes nach Südrußland fortsetzen wollte, begrüßte daher der Hochmeister »die Ablenkung zum Schwarzen Meer« (Weise) und ließ 1399 sogar Ordensritter an einem Zuge gegen die Mongolen teilnehmen. Das Unternehmen scheiterte und die Litauer wandten sich zurück zur Ostsee; ihr Stammland Schamaiten – zwischen Preußen und Livland gelegen – befand sich jedoch auf Grund eines Vertrags in der Hand des Deutschen Ordens. Die Polen ihrerseits hatten nie aufgegeben, eines Tages Pommerellen in Besitz zu nehmen. Witold und Jagiello erstrebten somit beide territoriale Gewinne, welche ihnen nur ein Krieg mit dem Orden verschaffen konnte; man beschloß einen Angriff.

Die Lage spitzte sich im Jahre 1409 zu. Gestützt auf die zahlreichen Burgen

ABB. 145   Von Polen erbeutete Feldzeichen. Komtur Balga, Bischof von Samland, Komtur Graudenz.
Rechte Seite: Herzog von Pommern, Hochmeister, Livländischer Meister. Stich 1850

hätte der Hochmeister eine hinhaltende Verteidigung seines Gebiets durchführen
können; er wählte eine Entscheidung in offener Feldschlacht, weil ihm der Sieg
gewiß schien. Im Sommer 1410 führten Jagiello und Witold ihre Heere gemeinsam
über die Grenze. Am 15. April stießen bei Tannenberg etwa 14000 Deutsche auf
20000 Polen, Litauer, Russen und Mongolen. Auf der Seite des Ordens befanden
sich außer dem Hochmeister, den Gebietigern und Ritterbrüdern auch bischöfliche Lehnsleute und die Kontingente der Städte. Danzigs Bürgermeister führte einen besonders starken Haufen, darunter viele als verwegen geltende »Schiffskin-
der«. Der dem Orden verbündete Herzog Kasimir von Pommern-Stettin war ebenfalls zugegen, weiterhin weltliche Ritter aus vielen Teilen Altdeutschlands, darunter »sechzig Lanzen« aus Schwaben.

Die wohl größte Schlacht des Mittelalters auf deutschem Boden brachte Jagiello einen vollen Sieg. Der Hochmeister und die Mehrzahl der Ritter fielen, der
Rest des Heeres geriet in Gefangenschaft. Witold ließ wegen schnöder Bemerkun-
gen über ihn einzelne Ordensritter auf dem Schlachtfeld enthaupten, so Marquardt
von Salzbach, den Komtur der Burg Brandenburg; es ist überliefert, daß Jagiello das
Verhalten Witolds mißbilligte. Der Waffenrock des Hochmeisters kam, zu einem
Priestergewand umgearbeitet, in eine russische Kirche; die erbeuteten Feldzeichen
gelangten in den Dom der polnischen Hauptstadt Krakau. Die Sieger zogen dem
Weichseldelta zu, wobei das Land »von Polen, Mongolen und vielen Heiden sonst«
(»a polonis, tartaris et infidelibus plurimis«) verwüstet wurde; so steht es auf einem Reliquiar, das ein Jahr später in die Nikolaikirche in Elbing gestiftet wurde
(seit 1945 verschollen).

Inzwischen hatte der zur Verteidigung des westlichen Deutschordenslandes
bestimmte Komtur der Burg Schwetz, Heinrich von Plauen, mit allen verfügbaren
Kräften die Marienburg bemannt; er verbesserte ihren Verteidigungszustand und
ließ die südlich davor liegende Stadt niederbrennen, um dem Feind keine Deckung

ABB. 146 Münze des
Hochmeisters Heinrich
von Plauen. 1411 geprägt.
Stich um 1680

Solidus Henrici Plaveny.

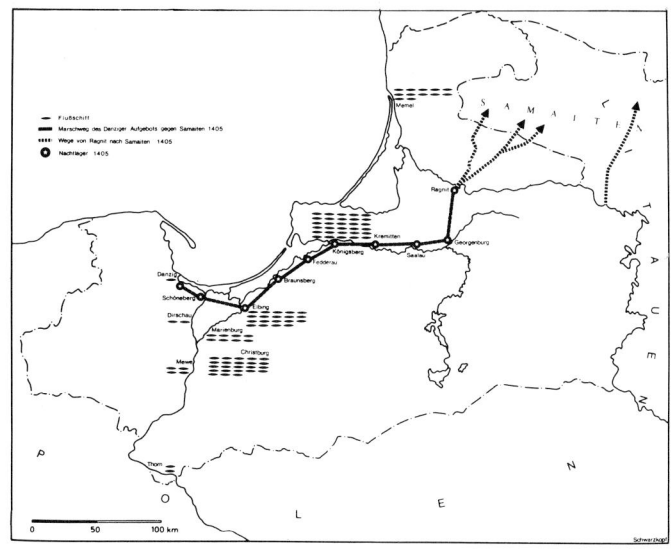

ABB. 147 Standorte der
Flußschiffe des Ordens.
Heerstraße vom Weichsel-
delta nach Nordosten. Um
1410

ABB. 148 Bischofsburg mit Geschützturm. 14./15. Jh. Rössel

zu lassen. Die Bedeutung einer großen Burg zeigte sich erneut bei der Belagerung. Offenbar verfügten die Polen noch nicht über das schwere Geschütz, dem bereits zwölf Jahre zuvor zum ersten Mal eine süddeutsche Ritterburg erlegen war; eine vom westlichen Ufer der Nogat feuernde polnische Batterie richtete so gut wie nichts aus. Nach neun Wochen hob der Feind – dem mutige Ausfälle der Besatzung ständig Abbruch taten – die Belagerung auf; es kam zu einem für den Deutschen Orden glimpflichen Friedensschluß; eine große Geldzahlung war zu leisten, aber die Grenzen blieben intakt. Auf dem Schlachtfeld von Tannenberg errichtete der Orden eine Kapelle für das Seelenheil aller, »dy do geslagin von beyden teilin yn dem stryte«.

Heinrich von Plauen, der am 6. November 1410 zum Hochmeister gewählt wurde, nahm nun eine behutsame Umwandlung des Deutschordensstaats in Angriff; u. a. wurde die Heranziehung der Städte und freien Hofbesitzer zu politischen Entscheidungen in einem Landesrat erwogen; durch Anspannung aller Kräfte sollten die Grenzgebiete in Verteidigungszustand versetzt werden. Der nächste Hochmeister, Paul von Rußdorf, zog es aber vor, sich nach allen Seiten nachgiebig zu zeigen; im »Vertrag vom Melno-See« willigte er in Gebietsabtretungen südlich und östlich des Kurischen Haffs an Polen-Litauen ein. Gleichzeitig gewährte er dem landbesitzenden weltlichen Adel und den großen Städten weitgehende neue Rechte.

Um diese Zeit fühlten sich die Bewohner des Gebiets zwischen Thorn und Memel – ob deutscher oder nichtdeutscher Abkunft – sämtlich als »Preußen«; das Ansehen der landfremden, meist aus Westfalen gebürtigen Hochmeister und Ordensgebietiger hatte seit dem Tage von Tannenberg eine schwere Einbuße erlitten. Die Patrizier in Danzig, Elbing und Thorn strebten energisch nach politischer Handlungsfreiheit; nicht ohne Neid blickte man nach den Reichsstädten in Altdeutschland. Die Handwerkerschaft hielt hingegen vorwiegend zum Orden, desgleichen in der Regel der hohe Adel prussischer Abkunft.

Im Jahre 1440 gründeten die großen Städte und ein kleiner Teil der weltlichen Ritterschaft den »Bund vor Gewalt«. Sie waren zunächst bereit, dem Hochmeister – unter Übergehung des Ordens – als persönlichem Landesherrn weiterhin zu huldigen. In den kommenden Jahren verschärfte sich die Lage und der »Bund vor Gewalt« trug die Landesherrschaft mehreren fremden Fürsten an, von denen nur der König von Polen-Litauen keine Absage erteilte. Beim neuen Aufflackern des Krie-

ABB. 149 Nikolaikirche mit
Zinnenschmuck an der Längsseite.
Um 1400. Danzig. Aufn. 1935

ges zwischen dem Orden und Polen sah sich der Hochmeister genötigt, zahlreiche Söldner anzuwerben; nicht rechtzeitig entlohnt, übergaben diese die in ihrer Hand befindliche Marienburg dem Gegner. Der Orden konnte die Weichselstellung nicht mehr halten und verlor damit die Verbindung zum Westen.

In den sich noch Jahre hinziehenden Kämpfen erwies sich die Stadt Danzig als der unerbittlichste Gegner des Ordens; der dortige Komtur mußte die Burg, von der ABB. 73 aus er den Hafen mittels einer Kette hatte sperren können, den Bürgern übergeben. In Elbing nahm das Ende der Deutschordensherrschaft einen blutigen Verlauf; der vom Orden in Dienst genommene Söldnerhauptmann Graf Adolf von Gleichen verteidigte den einst von Ordensrittern und Lübecker Bürgern gegründeten Komtursitz lange Zeit; nach der Kapitulation wurde sie von den Elbingern sofort – angeblich binnen acht Tagen – zerstört; in Thorn geschah das gleiche. Inzwischen hielt man auch in Danzig die Niederlegung der Burg für geboten, »damit sie nicht dem polnischen Könige als Zwingveste in die Hände fiele« (Keyser). Verwertbare

ABB. 150   Krantor. Um 1445. Als Wehrbau errichtet. Danzig. Stich um 1670

176

ABB. 151   Komturportal der Marienkirche. Um 1400. Danzig. Zeichnung 1939

Bestandteile wurden neuer Verwendung zugeführt; der Dachstuhl des Pferdestalls der Ritter deckt seit nun mehr als fünfhundert Jahren den Chor der Kirche St. Trinitatis. Den Danzigern gelang es, die nicht sehr tiefe Einfahrt von der Ostsee ins Frische Haff zu »verpfählen« und damit den Seeweg nach Königsberg abzuschneiden. Die Polen brachten inzwischen das flache Land von Thorn bis zum Meer endgültig in ihre Gewalt; 1457 huldigte Danzig dem polnischen König.

ABB. 152 Turm der Petrikirche mit Zinnenschmuck. Um 1500. Danzig. Steindruck um 1850

Remterartiger Saal des Artushofs. Um 1480. Danzig. Steindruck um 1850

Das Gebiet östlich von Elbing konnte schließlich behauptet werden, da es hier noch ordenstreue kampfbereite Truppen und Städte gab; der Hochmeister wählte nun Königsberg als seinen Sitz. Die Römische Kurie beteiligte sich im Interesse des Ordens an den in Thorn beginnenden Friedensverhandlungen. Der päpstliche Legat Rudolf von Rüdesheim, Bischof von Lavant, erinnerte an eine Bestimmung aus den Tagen Hermanns von Salza: das Ordensland – so führte er aus – gehöre seit jeher dem Heiligen Petrus; ein etwa dem Hochmeister polnischerseits abverlangter Eid sei keinesfalls als Lehnseid zu verstehen, da der Papst als Stellvertreter Petri der oberste Lehnsherr des Ordens sei. In späteren Jahren fanden die Ordensritter den Ausweg, deutsche Reichsfürsten zu Hochmeistern zu wählen, weil diese einen Eid an den König von Polen ablehnen konnten.

Von 1511 an leitete Markgraf Albrecht von Hohenzollern-Ansbach die Geschicke des Ordensstaats; er war bei seinem Amtsantritt erst zwanzig Jahre alt und voller Tatendrang; jedoch erlebte er eine Enttäuschung nach der anderen. Der damals regierende Kaiser Maximilian wollte aus Gründen habsburgischer Hausmachtpolitik nicht für den Orden und gegen Polen Stellung nehmen. Im sog. »Reiterkrieg« erzielte der Hochmeister 1520/21 keine entscheidenden Erfolge. Zwar vermittelte der junge Kaiser Karl V. einen vierjährigen Waffenstillstand; bei dessen Ende versprach aber die Lage für den Orden keineswegs günstiger zu sein.

Es kam schließlich zu einer Art Staatsstreich des Hochmeisters, der nur aus der religiösen Erregung nach dem Wittenberger Thesenanschlag zu verstehen ist. Bei einem Aufenthalt im heimatlichen Franken lernte Albrecht von Hohenzollern durch den Prediger Osiander die evangelische Lehre kennen und besuchte Luther in Wittenberg. Inzwischen meldete ihm sein Statthalter aus Preußen, daß dort die neue Lehre eine starke Verbreitung gefunden habe. Der Hochmeister faßte den revolutionären Entschluß, den Ordensstaat in ein erbliches weltliches Herzogtum zu verwandeln; der Gedanke, sein Amt niederzulegen und es einem zu wählenden Nachfolger zu übertragen, scheint Albrecht nicht gekommen zu sein. Der König von Polen stimmte der Neuordnung erst zu, nachdem Albrecht sich bereit erklärt hatte, ihn als Lehnsherrn anzuerkennen. Ordensritter, die ihrem Eid treu bleiben wollten, begaben sich in katholische Gebiete Altdeutschlands; die Mehrheit wandte sich der Lehre Luthers zu.

Die Regierungshandlungen Herzog Albrechts in den nun folgenden Jahrzehnten bezeugen eine aufrichtige lutherische Frömmigkeit; er förderte Kirchenbau und Schulwesen auf dem Lande und siedelte konfessionell Verfolgte an, zu welchem Volkstum sie auch gehören mochten; eine ehrgeizige Außenpolitik lag ihm nicht im Sinn. Hochbetagt starb Albrecht von Hohenzollern im Jahre 1568 in Tapiau. In Preußen regierte noch ein halbes Jahrhundert die fränkische Linie des Hauses; nach ihrem Aussterben erbten 1618 die brandenburgischen Hohenzollern das Herzogtum Preußen; damit war die Verbindung Königsberg–Berlin vollzogen.

In der Spätphase des Ordensstaats Preußen kündet auch die Wehrarchitektur vom Heraufkommen einer neuen Zeit. Der Übergang von der veredelten Kunstform der Burg Rheden zu einem nüchternen Zweckbau zeichnete sich bereits ab, als Schlochau (mit einer 1365 geweihten Kapelle) an der großen binnenländischen Straße von der Weichsel zur Oder errichtet wurde. Die für einen der Wege nach Altlivland wichtige Burg Tapiau, uns durch Reste und alte Zeichnungen bekannt, legt von einer stilistischen Vereinfachung Zeugnis ab, die bis zur Trockenheit geht. Die im Süden gelegene Burg Osterode wurde um 1385 als kubischer Häuserblock hochgeführt; im Hauptgeschoß begegnen wir Formen, wie man sie früher – z. B. in der ABB. 84 Marienburg – nur in Kellerräumen verwendet hatte: statt Rippen tragen plumpe, wenig profilierte Backsteingurte das Gewölbe; in der Mitte der Säle finden sich statt schlanker Pfeiler kurze dicke Stützen.

Die Insterburg diente als wehrhafter Vorposten bei den Litauenfeldzügen Ende des 14. Jahrhunderts; in drei Flügeln gab es Unterkunftsräume für gewappnete Knechte, der breite Südflügel enthielt Gemächer und Säle für ritterliche Kreuzfahrer. Damals feuerten die Verteidiger bereits mit Hakenbüchsen aus den Schießkammern der Türme und den Wehrluken.

Die wichtigste Neuanlage der Spätzeit war die an der Memel liegende grenznahe Burg in Ragnit; ihre Errichtung oblag eigentümlicher Weise der Marienburger Bauhütte des Hochmeisters. Die vollständigen Ausgabenbelege für die Arbeiten, welche 1397 begannen, sind erhalten; aus dem Jahre 1408 erfahren wir z. B., daß die »muwer an dem vorborge zehn zygel dicke« sein solle. Bei dem mächtigen Mauerwürfel der Burg Ragnit sprechen die Horizontalen bereits stark mit, unten die Abschlußlinie des Sockels, oben der Wehrgang. Die Form der Blenden an der Hauptschauseite und der Fenster zeugt von spätgotischer Vorliebe für den Ausdruck derber Kraft; die heutige Dachzone von Ragnit ist nachmittelalterlichen Ursprungs. Die Komturburgen des 13. Jahrhunderts hatten uns an die ritterliche Eleganz von Reitergefechten gemahnt; die »Söldnerkaserne« (Clasen) Ragnit läßt an Landsknechte denken, denen im brutalen Nahkampf jedes Mittel erlaubt war.

ABB. 95

181

Bei Wehranlagen geringer Größe folgte man in der Spätzeit mehr und mehr der Bodengestalt oder nutzte auch etwa vorhandene ältere Bauteile. Die seit 1381 hochgeführte Neidenburg mit ihrer Zweiturmfront bezeugt als eine der letzten kleineren Burgen noch Sinn für monumentale Wirkung. Fortan wurde es wichtig, sehr dicke Türme für die Geschütze zu besitzen; sie waren meist niedrig, da die Kanonen ihre stärkste Feuerkraft horizontal entwickelten. Vielen älteren Burgen baute man Geschütztürme an, wobei wehrtechnische Überlegungen die Rücksicht auf das architektonische Gesamtbild in den Hintergrund drängten.

ABB. 54, 55

Als die Spannung zwischen dem Orden und den Städten sich verschärfte, bemühten sich die Bürger, unter diesem oder jenem Vorwand uneinnehmbare Wehranlagen im Bereich des eigenen Gemeinwesens zu erbauen. Das gewaltige, ständig erweiterte Altstädtische Rathaus in Thorn mit seinen Zinnen und recht kleinen Fenstern darf als eine kaum bezwingbare Burg der städtischen Obrigkeit gelten, die in dieser Hinsicht nur in dem etwas älteren, als »Palazzo del Popolo« errichteten Castel Vecchio in Florenz ein Gegenstück hat. Das Krantor in Danzig, welches dazu diente, Masten in neuerbaute Schiffe vertikal einzusetzen, wurde mit seinem mächtigen Turmpaar »trotz dem Widerstand des Ordens« (Gall) seit 1444 festungsartig erbaut. Als die Danziger zehn Jahre später von ihrem Landesherrn abfielen, war das Krantor gerade fertiggestellt; seine drohende Gegenwart trug zur kampflosen Übergabe der Komturburg an die Stadt bei.

ABB. 74

Ob ordenstreu oder nicht, die Bürger des preußischen Landes errichteten ihre wichtigeren profanen und sakralen Bauten in Formen, die der Ordensarchitektur nahe verwandt waren. Die Nikolaikirche und die Petrikirche in Danzig sowie zahlreiche Rathäuser weisen Zinnen in allen Spielarten auf. Als die Danziger nach dem Gewinn der Freiheit einen stolzen Saalbau für Versammlungen und Feste zu besitzen wünschten, nannten sie ihn nach der Idealgestalt eines verklungenen Ritterepos »Artushof«. Der Hauptsaal wurde dem Remter der abgebrochenen Komturburg des Deutschen Ordens frei nachgebildet, seine Pfeiler dürften ebenda bereits Dienst getan haben.

ABB. 191

Noch im Jahre 1608, zweihundert Jahre nach der Schlacht von Tannenberg, entstand ein remterartiger Innenraum, als man der Königsberger Burg eine kleine Hofkirche einfügte. Hier empfing Kurfürst Friedrich von Brandenburg 1701 die Krone als erster »König in Preußen«; der 1226 von Kaiser Friedrich II. von Hohenstaufen dem Hochmeister als Wappentier verliehene einköpfige schwarze Adler schützte fortan den Hohenzollernstaat. 1861 fand in der alten Stadt am Pregel die Krönung Wilhelm I. statt; wir wissen, daß er zehn Jahre später bei seiner Ausrufung zum Deutschen Kaiser im Prunkschloß von Versailles an Königsberg zurückdachte und den dort empfangenen Rang als allein angemessen empfand. Das heutige Kaliningrad bewahrt von der 1457 zum Hochmeistersitz aufgestiegenen Komturburg und der königlich preußischen Krönungskirche keinen Stein mehr.

X. Das russische Streben zur Ostsee.
Der Anschluß Altlivlands an Schweden bzw. Polen

Das Erlöschen des Deutschen Ordens in Altlivland zog sich bis zum Ende des 16. Jahrhunderts hin und war nicht frei von dramatischen und tragischen Momenten. Der nordöstliche Ordenszweig war seit langem zu einer Politik des Lavierens gezwungen; dabei wichen die tagespolitischen Notwendigkeiten an der Düna von der allgemeinen Grundlinie des im Weichseldelta amtierenden Hochmeisters gelegentlich ab.

Bald nach der Schlacht von Tannenberg entschloß sich der livländische Meister, in Litauen zugewandten Gebieten zur Belehnung von ritterlichen Vasallen überzugehen. Die Gefahr sollte jedoch nicht von Süden, sondern von Osten kommen. Der »Moskowiter«, d. h. das durch Mongolenherrschaft und Mongolenblut verhärtete südliche Russenvolk, strebte zur Ostsee. Das Jahr 1460 brachte ein Ereignis von größter Tragweite: der an Altlivland grenzende russische Kleinstaat Pleskau unterstellte sich der Oberhoheit von Moskau.

ABB. 195

Der livländische Meister Johann von Herse erkannte, welche Folgen ein weiteres Ausgreifen Moskaus in den russischen Norden haben würde; ihm kam daher der Gedanke, den Orden für die Unabhängigkeit des seit mehr als zweihundert Jahren nach Europa hin orientierten Nowgorodstaats einzusetzen; im Rückblick wird man sagen dürfen, daß der Plan eine Überschätzung der eigenen Kräfte verrät. Der aus der Grafschaft Mark im südlichen Westfalen gebürtige, seit 1451 in Livland nachweisbare Meister hatte seine Residenz in die starke Burg Fellin verlegt und traf Maßnahmen zur Straffung der Ordensführung; er schuf sich erbitterte Gegner im Orden, die schließlich einen verzweifelten Entschluß faßten: Der in Haft genommene Meister wurde in der Burg Wenden dem Hungertod überantwortet; offenbar erschienen einige Vorhaben des herrischen Mannes seinen Mitbrüdern als eine Art Landesverrat.

Im russischen Raum dehnte inzwischen Zar Iwan III. von Moskau die Oberherrschaft seines Staates aus; 1478 wurde Nowgorod endgültig bezwungen, wobei die ansässige Führungsschicht nach massenhaften Hinrichtungen und Deportationen als politischer Faktor ausschied; die leitenden Männer des bereits abhängigen Staates Pleskau hatten inzwischen gelernt, Weisungen des Zaren bedingungslos zu folgen.

1481 fand der erste furchtbare Einfall des Russen in die von Deutschen, Esten und Letten bewohnten Ordensgebiete statt. Dem zwei Jahre später gewählten Landmeister Johann Freytag von Loringhofen gelang es jedoch, Altlivland in die Bündnisverhandlungen Kaiser Friedrichs III. mit Iwan III. aufnehmen zu lassen, wodurch die äußerliche Ruhe für einige Zeit wiederhergestellt wurde. 1489 berief der Landmeister den Vogt von Rositten (Lettgallen), Wolter von Plettenberg, an seine Seite; der aus dem Gebiet von Soest stammende Westfale sollte die letzte große Gestalt des Deutschen Ordens in Nordosteuropa werden.

ABB. 169 Moskau hatte 1492 mit der Errichtung der Feste Iwangorod (Johannesburg) gegenüber Stadt und Burg Narwa begonnen und fand sich in der Folge nur noch zu zeitlich begrenzten Friedensschlüssen bereit; dabei mußte die demütigende Eingangsformel »Sich ans Haupt schlagend« deutscherseits in allen schriftlichen Vereinbarungen unterschrieben werden. Die Russen setzten Grenzkorrekturen zu ihren Gunsten durch, wobei in den betreffenden Gebieten das römische Christentum sofort der griechisch-orthodoxen Kirche zu weichen hatte. Im moskowitisch gewordenen Nowgorod ging auch der Einfluß der Hanse zurück; die deutschen Kaufleute hatten zunächst für den Fall eines Krieges zwischen den Russen und dem Orden Neutralität zuzusagen; 1494 wurde der deutsche Peterhof in der einstigen großen Handelsmetropole geschlossen. Die russische Absicht einer Isolierung und Einverleibung Altlivlands war kurz vor 1500 klar zu erkennen und trug dazu bei, daß die Ordensritter den energischen Wolter von Plettenberg einstimmig zum Landmeister wählten.

ABB. 155 Grabmal des livländischen Ordensmeisters Wolter von Plettenberg. 1535. Johanniskirche Wenden. Zeichnung um 1820

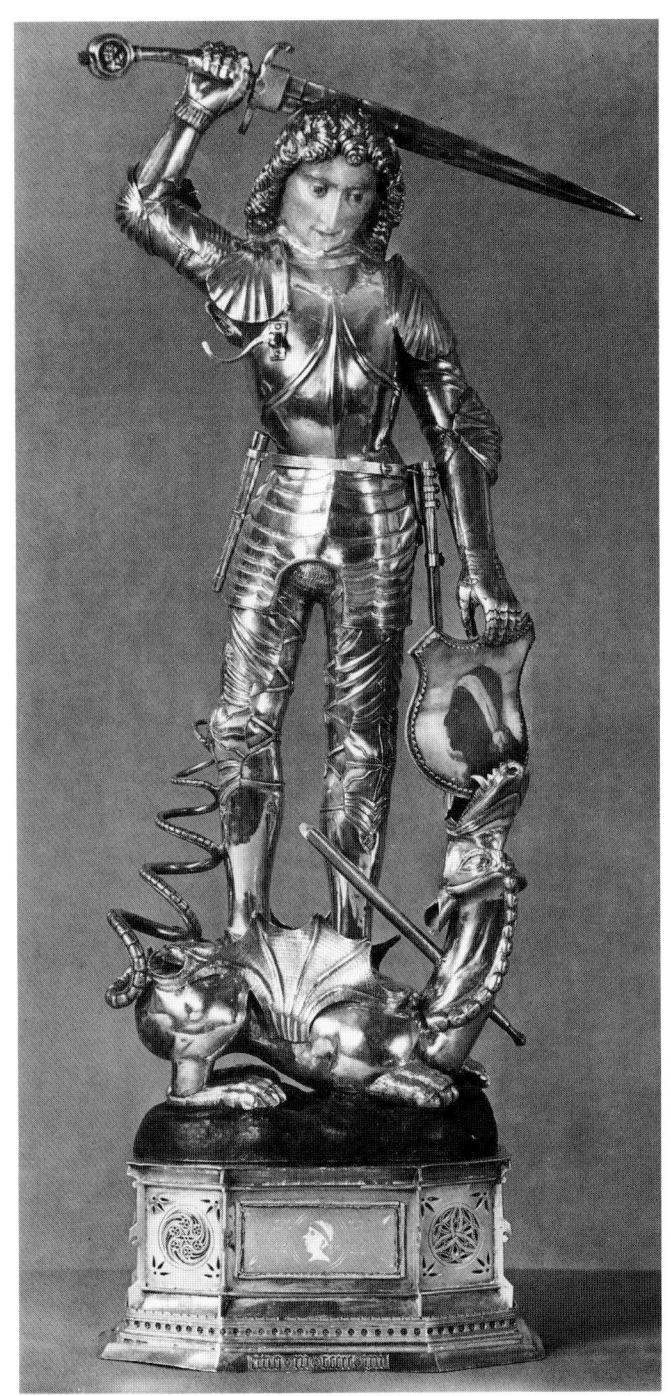

ABB. 156 Silbernes
Georgsreliquiar. Um 1500.
Ursprünglich der Petri-
kirche in Riga von der
Schwarzhäupterbruder-
schaft gestiftet. Lüneburg

Plettenberg wandte sich um Hilfe an Lübeck, da – wie er schrieb – »durch Beistand Eurer ehrsamen Vorfahren« Livland vom Orden »mit großer Mühe begründet und erhalten worden ist« (»mit grotem arbeide becrefftiget und beholden syn«). Schließlich standen jedoch nur einheimische Streitkräfte zur Verfügung, als im Spätsommer des Jahres 1502 die Heere aufeinander stießen. Am Smolinasee südlich von Pleskau sammelten sich am 13. September etwa 18000 Russen, Mongolen und auch deutsche, von Moskau in Sold genommene Landsknechte. Plettenberg verfügte über 2500 Reiter, vor allem Ritterbrüder des Ordens und Vasallen, sodann über bischöfliche und städtische Kontingente, außerdem tapfere estnische und lettische Hilfstruppen. »Wurde dies Heer geschlagen, so war Livland menschlicher Berechnung nach verloren« (Wittram); die Deutschen siegten. Ein gleich nach dem Kampftag geschriebener Brief eines Ordenskomturs schildert den Hergang; zunächst brachten die Mongolen einen vom Erzbischof von Riga geführten Heeresteil in Gefahr; das Eingreifen von Ordenstruppen stellte die Lage wieder her. Die eigentliche Entscheidung erzielten die deutschen Ritter, welche »dreimal hin und zurück durch die Feinde brachen«, bis diese sich zur Flucht wandten. Eine Verfolgung konnte nicht stattfinden, da »Reiter und Pferde« (»beyde manns unn perde«) zu erschöpft waren. Es war die letzte große Ritterschlacht des Mittelalters.

Der Sieg vom Smolinasee brachte einen mehrmals verlängerten Frieden; er wurde zuletzt im Jahre 1531 auf zwanzig Jahre abgeschlossen. Moskau äußerte dennoch wiederholt grundsätzliche Ansprüche auf Altlivland. Aus Deutschland gingen Geschütze nach Rußland und deutsche Landsknechte fuhren fort, in russische Dienste zu treten. Es waren wohl vor allem anderweitige Sorgen der Herrscher Moskaus – u. a. die Unbotmäßigkeit ihrer Untertanen im Gebiet von Kasan –, welche Altlivland Ruhe verschafften.

In diesen Jahrzehnten fand die Lehre Luthers auch in Riga Verbreitung; Herzog Albrecht von Preußen riet Wolter von Plettenberg, nach seinem Beispiel ein weltliches Fürstentum zu gründen. In dem altlivländischen Staatenverband konnte jedoch eine so einschneidende Umwälzung dem im Osten sprungbereit drohenden Nachbarn Gelegenheit zum Eingreifen geben; zudem dachte Plettenberg persönlich nicht an Eidbruch und Übertritt, war aber tolerant. Die Letten und Esten erhielten nun Gottesdienst in ihren Muttersprachen; im Jahre 1535 druckte Hanns Luft in Wittenberg im Auftrag des Revaler Rats einen deutsch-estnischen Katechismus. Luther selbst richtete Sendschreiben nach Riga, die »neben allgemeiner geistlicher Belehrung sogar Ratschläge für den Augenblick enthielten« (Wittram). Die evangelische Lehre brachte Deutsche, Letten und Esten einander nahe; die Welt der »Moskowiter« und ihr altertümlich orthodoxer Christenglaube wurden als fremd empfunden.

Im Jahre 1535 starb Wolter von Plettenberg. Noch bestand der Deutsche Orden, war jedoch in dem evangelisch-lutherischen Lande »zu einer öffentlichen Lüge geworden« (Arbusow). Einige Jahre später begann das Ringen zwischen den

ABB. 168

ABB. 157 Besiegter Heidenkönig unter dem Fuß des Hl. Olav. Um 1480. Altar. Reval

Staaten Nord- und Osteuropas um Altlivland; dessen Bewohner konnten selbst jedoch nicht mehr entscheidend mitwirken.

Es gab zunächst kleinere Zerwürfnisse mit Rußland; der livländische Landmeister des Ordens hatte von Moskau angeworbenen deutschen Kriegshandwerkern, u. a. Büchsenmeistern, in Lübeck die Weiterreise nach Osten sperren lassen, mußte jedoch schließlich seinen Einspruch zurückziehen. Der Orden bestand jetzt vorwiegend aus älteren Brüdern, die in Verwaltungsgeschäften aufgingen; die Vasallen, d. h. die Gutsbesitzer, empfanden die Landesverteidigung als eigene Sache und waren beritten schnell zur Stelle, aber letztlich gering an Zahl; genügend Söldner konnten nicht angeworben werden. Die lettischen und estnischen Kontingente kämpften tapfer, hatten aber keine Feuerwaffen; entscheidende Erfolge in offenen Schlachten waren nicht zu erhoffen.

Am 11. Mai 1558 mußte die Burg Narwa kapitulieren; am 29. Juni erzwangen meuternde Söldner die Übergabe der Grenzveste Neuhausen; gleichzeitig öffnete die Bischofsstadt Dorpat kleinmütig den Russen ihre Tore. Hingegen verteidigte der fünfundzwanzigjährige Ordensritter Jaspar von Oldenbockum die Ordensburg Weißenstein so zäh, daß die russischen Belagerer schließlich wieder abzogen. Im Jahre 1560 schlug bei Ermes der Deutsche Ritterorden seine letzte offene Feldschlacht nach mehr als 350 Jahren des Bestehens; viele mutig kämpfende Ordenbrüder und Vasallen an ihrer Seite fanden den Tod; der livländische Landmarschall Philipp Schall von Bell und andere gleich ihm zu Kriegsgefangenen gemachte Rit-

ABB. 158 Die Ausdehnung des Moskaustaates nach Westen und Norden von 1462 bis 1533

ABB. 159 Geschützturm und Südflügel. Um 1520 bzw. 14. Jh.
Ordensburg. Riga

terbrüder des Ordens wurden nach Moskau geschafft und dort – entgegen allem
Kriegsrecht – öffentlich hingerichtet. An eine selbständige Zukunft des Landes war
nicht mehr zu denken.

In dieser verzweifelten Lage suchte jedes einzelne Glied des altlivländischen
Staatenbundes für sich auswärtigen Beistand. Reval und die Ritterschaft des noch

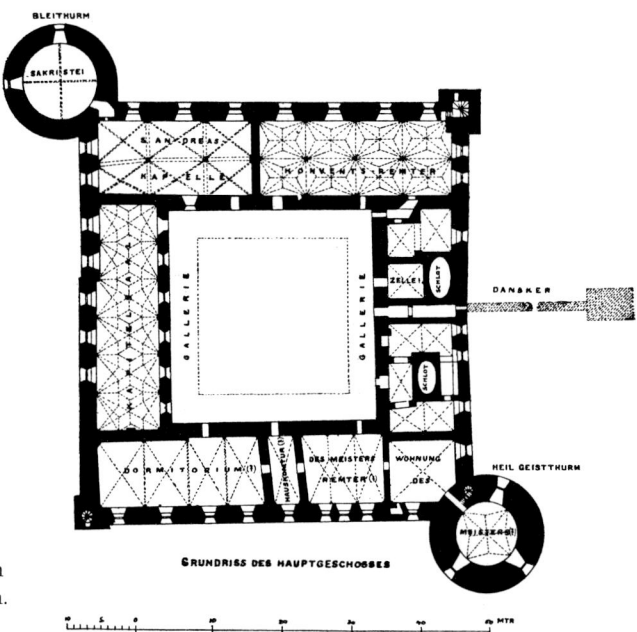

ABB. 160 Ordensburg mit den um
1520 angebauten Geschütztürmen.
Riga. Norden unten

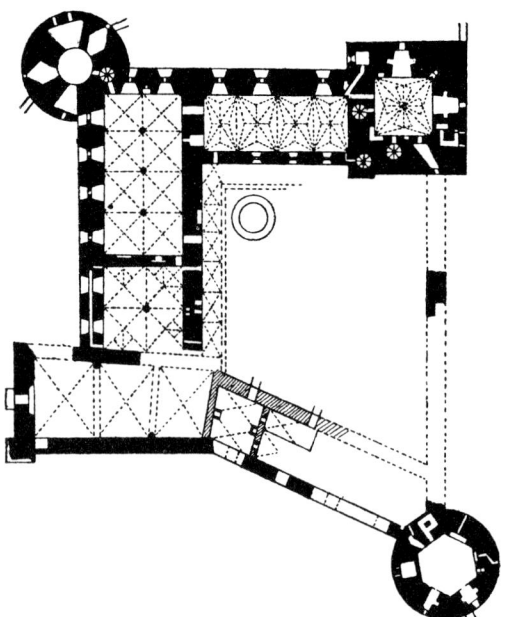

ABB. 161, 162 Ordensburg 13.–16. Jh. Wenden. Hauptgeschoßplan. Rechts: Rundturm am Remterflügel

ABB. 161

nicht von den Russen besetzten Nordens unterwarfen sich im Juni 1561 Schweden; ein Jahr später schloß sich – Riga ausgenommen – der Süden Altlivlands Polen an. Die neuen staatsrechtlichen Bindungen konnten jedoch nicht verhindern, daß weiterhin kriegerische Auseinandersetzungen stattfanden.

Im Jahre 1564 war der russische Administrator Dorpats, Fürst Andrj Kurbski, in den Westen geflohen; ein Jahr später wurden die Bürger der Stadt ins Innere Rußlands verschleppt. 1577 erfolgte die Sprengung der belagerten Burg Wenden durch ihre verzweifelten Insassen; etwa 300 Ritter, Geistliche und Flüchtlinge vom Lande zogen den sicheren Tod dem Schicksal vor, das ihnen der Gegner bereiten würde. In dieser Zeit überstand Reval glücklich zwei russische Belagerungen. Schweden trat gegen Rußland an und sicherte sich Estland. Im Süden führte Stefan Bathory von Siebenbürgen, König von Polen, siegreich Krieg gegen Moskau, das schließlich im Frieden von Zapole etwaige Ansprüche auf Altlivland aufzugeben hatte.

Die beinahe uneinnehmbare Stadt Riga hatte zunächst »eine Art reichsunmittelbarer Selbständigkeit« (Wittram) bewahren können. In einer Verlautbarung sprach der Bürgermeister Padel im Hinblick auf das Verhältnis zu Moskau von großer »contrarietet und ungleichheit«, ja schlechthin von »inhumanitet« des Gegners. Ein isoliertes Fortbestehen der Stadt erwies sich auf die Dauer als unmög-

ABB. 163   Saalgewölbe im Hauptturm der Ordensburg. Um 1520. Wenden.

ABB. 164 Ruine der Tolsburg des Deutschen Ordens. 15. Jh. An der Meeresküste zwischen Reval und Na

lstich um 1860

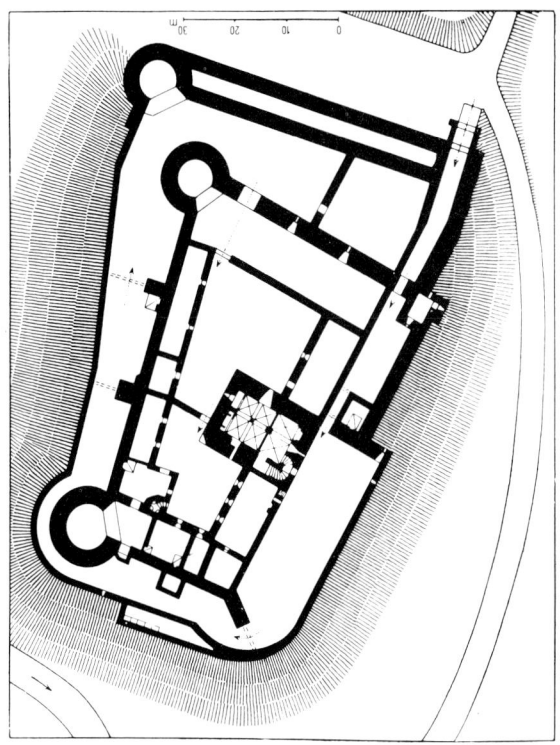

ABB. 165   Bischofsburg. Um 1500. Neuhausen.
Norden unten

lich. Die Anerkennung Polens als Oberherrn war 1582 der Schlußpunkt der Geschichte des Deutschen Ordens in Nordosteuropa.

Der in entscheidenden Etappen geschilderten politischen Entwicklung folgt
der Blick in einige für das Thema des Buches wichtige kulturhistorische und bau-
künstlerische Bereiche; dabei ist eine Rückwendung in die Zeit vor Luther vorzunehmen. Als man im 15. Jahrhundert der langsam wachsenden Gefahr aus dem
Osten gewahr wurde, belebte sich die Erinnerung an die Frühzeit des Ordens. Es
gab keine heidnischen Gegner mehr, gegen die einst gelegentlich Christen der
West- und der Ostkirche gemeinsam Front gemacht hatten; eine starke Entfrem-
dung zwischen den Bewohnern der Küstenländer des Mare Balticum und denen des
Moskaustaates prägte sich aus.

Die Burgen im Osten von Altlivland erhielten als Hinweis auf die Römische
Kirche das Zeichen des lateinischen Kreuzes, z. B. Neuhausen; von russischer
Seite antworteten die Grenzvesten Isborsk und Iwangorod mit dem gleichschenk-
ligen griechischen Kreuz.

Im Inneren der altlivländischen Städte entsann man sich der Heiligen, die um

194

1200 das Missionswerk beschützt hatten. Der Revaler Rat bestellte in Lübeck 1483 einen Altar, auf dessen Seitenflügeln der streitbare nordische König Olav, die Spitalstifterin und Deutschordenspatronin Elisabeth von Marburg und der dem staufischen Hause hilfreiche Bischof Nikolaus von Bari dargestellt waren. Die Bevorzugung dieses oder jenes Heiligen durch einzelne Gruppen von Zuwanderern war vergessen.

Während der Erzbischof von Magdeburg die Mission im Dünagebiet gefördert hatte, war von der Elbe der Kult des als Neger dargestellten Hl. Mauritius nach Altlivland gewandert. Bürgergilden wählten Mauritius als Schutzherrn und hießen »Schwarzhäupter«; die von den Mitgliedern dieser Vereinigung geforderte Ehelo- ABB. 114 sigkeit kann nur eine Angleichung an die Regel des Deutschen Ordens gewesen sein. Die Rigaer Schwarzhäupter verehrten als Nebenpatron den Hl. Georg und ABB. 199 ließen sich um 1500 in Lübeck sein etwa halblebensgroßes Standbild in Silber fertigen, wohl aus Anlaß der Erwerbung einer Reliquie; der Schild des Ritters zeigt in Emailmalerei den Negerkopf des einst in Ägypten enthaupteten Mauritius. Die »Schwarzhäupterkompagnie« in Riga überlebte die Einführung der Reformation

und bestand – sogar mit dem Gebot der Ehelosigkeit – als angesehener Kaufmanns-
verein bis 1939 fort; ebenso die einstige Mauritiusgilde in Reval.

Als die baltischen Deutschen 1939–1944 das in diesem Buch stets »Altlivland« genannte Gebiet verließen, gelangte mit anderem Vereinsbesitz das Silberre-
liquiar in die Nähe seines Entstehungsorts. In Lübeck, Hamburg und Bremen kon-
stituierten sich Kaufleute aus Riga und Reval erneut als »Schwarzhäuptervereini-
gung« und erfreuen sich von Zeit zu Zeit des Anblicks der jugendlichen Ritterge-
stalt.

Gegen Ende des Mittelalters und zu Beginn der Neuzeit ist die Wehrarchitektur Altlivlands von besonderem Interesse. Während an Rhein und Donau die
Stärke von Rittersitzen nur bei örtlichen Fehden ins Gewicht fiel, haben Burgen
und Stadtmauern in Altlivland um 1550 Vorgänge von weltgeschichtlicher Bedeutung mitbestimmt. In Kapitel VII waren die Bauten der Schwertbrüderzeit
(1185–1237) behandelt worden. Eine zusammenhängende kurze Darstellung der
reichen Entfaltung in der Deutschordenszeit (1237–1582) wird umso erwünschter
sein, als ältere Einzelstudien – z. T. in lettischer und estnischer Sprache von 1920
bis 1940 veröffentlicht – der Forschung des Westens heute meist nicht zugänglich
sind.

Zwischen Weichsel und Kurischem Haff hatte der Deutsche Orden entsprechend seinem politischen Gewicht auch dem gesamten Bauwesen seinen Stempel

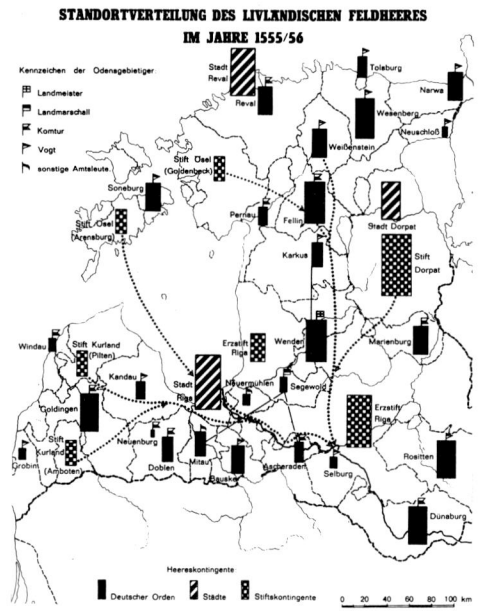

ABB. 167   Das livländische Feldheer
1555/1556. Schwarz: Deutscher Orden;
schrägschraffiert: städtische Kontingente;
punktiert: Ritter und Knechte geistlicher
Territorien

196

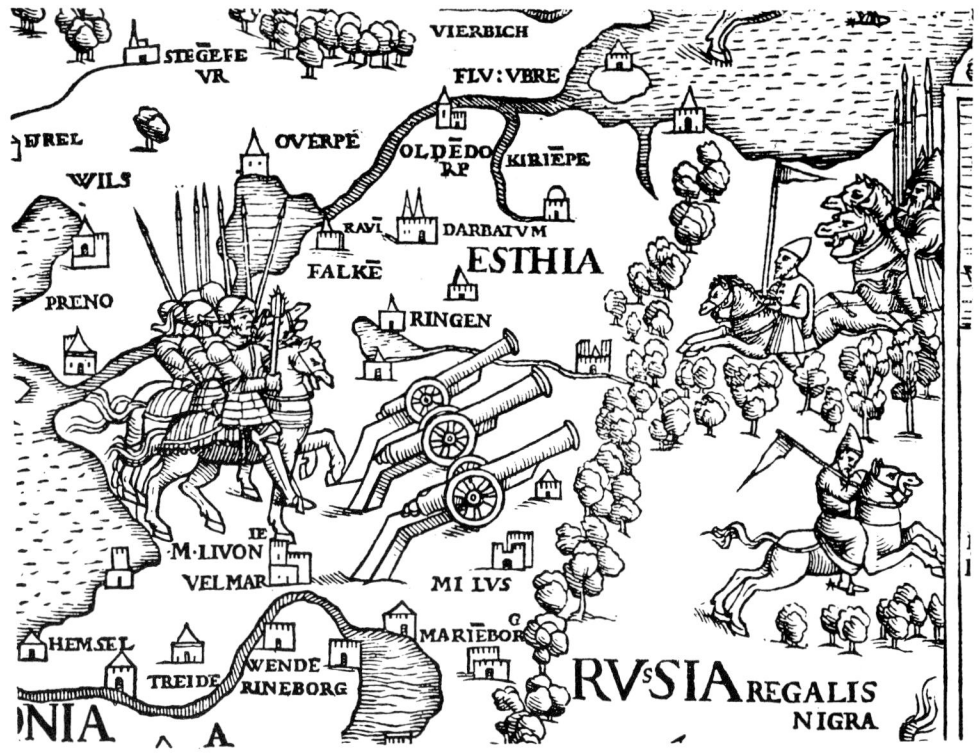

ABB. 168   Deutschordensritter in Abwehr russischer Gegner. Holzschnitt 1539

aufgedrückt; hingegen zeigt sich in Altlivland durch die Vielfalt divergierender
Kräfte ein bunteres Bild. Der erste altlivländische Landmeister des Deutschen Ordens hatte die Burg der Schwertbrüder in Wenden als seinen Sitz gewählt; die Kapelle der Burg mit ihren massig ausladenden Gurtbogen und Wulstrippen steht
dem Kapitelsaal und Kreuzgang des Rigaer Doms auffallend nahe; die Verbindung
zur Dombauhütte war von den Schwertbrüdern vorgenommen worden und blieb
unter dem Deutschen Orden bestehen.

Die Innenräume der Deutschordenburg Fellin mit ihrer »immer noch romanischen Schwere« (Schrade) zeugen ebenfalls vom Nachleben des Stils, den der Kapitelsaal des Rigaer Doms vertritt; einige frühgotisch-naturalistische Details lassen
an eine Vollendung gegen Ausgang des 13. Jahrhunderts denken. Im Inneren verwendete man den vorzüglichen oeselschen Kalkstein, außen Ziegel.

Als der Deutsche Orden begonnen hatte, in größerer Zahl neue Burgen in Altlivland anzulegen, brachte er selbst Fachkräfte ins Land. In der auf einer Erhöhung
errichteten »Wolkenburg« im südöstlichen Grenzgebiet saß bereits in den sechzi-

ger Jahren des 13. Jahrhunderts ein Komtur. Bei um 1900 vorgenommenen Ausgrabungen stieß man u. a. auf eine Mauer aus Feldstein, deren Schichten durch Ziegelstreifen getrennt sind; die damals unerklärte Herkunft dieser Bauweise ist heute nicht rätselhaft: in dieser Art wurde der Hauptturm der Deutschordensburg Higarés bei Toledo hochgeführt.

Der Landmeister Konrad von Mandern errichtete von 1265 an Weißenstein in einem Gebiet, das damals – vor der Übernahme des dänischen Teils von Estland – den nördlichsten Punkt des Deutschordenslandes bildete. Eine Chronik pries den Bau als »der besten burge eine, die in nieflande lieget«; in der Mitte erhob sich ein gewaltiger achteckiger, über dreißig Meter hoher Bergfried. Der an Ort und Stelle gebrochene weißliche Kalkstein wurde zu großen Quadern gehauen und gab – wie vorher in Riga – der Burg den Namen.

ABB. 120

Von den sechs Stockwerken des Turms waren drei mit Gewölben gedeckt. Unten lag das Burgverlies, darüber ein niedriger, gewölbter Wohnraum mit Kaminen. Ganz oben über den Wehrluken trug der Turm ein Dach, von dem der Schnee abgleiten konnte. Mächtige acht- oder sechszehneckige Türme hatten Teilnehmer des Andalusienkreuzzuges oft gesehen, so in Sevilla 1248 die kurz zuvor von den Muslims vollendete »Torre de Oro«; die Vorbilder des Turms von Weißenstein stehen am Guadalquivir. Der 1253 genannte, längst zerstörte »Barchfriede« der altlivländischen Deutschordensburg Memel mag ebenfalls achteckig gewesen sein. Vor etwa neunzig Jahren unternahm ein privater Verein eine behutsame Restaurierung der Ruine Weißenstein. 1941 sprengten zu Beginn des deutsch-russischen Kriegs zurückweichende sowjetische Truppen den Bergfried, um bei der geplanten Wiedereroberung dem Gegner keinen Beobachtungsstand zu bieten; so wurde einer Burg aus spätstaufischer Zeit nach siebenhundert Jahren noch eine gewisse militärische Bedeutung zugemessen.

Skandinavische Burgenforscher haben seit langem darauf hingewiesen, daß in den bis 1343 dänischen nördlichen Gebieten Estlands, u. a. in Wesenberg und in Narwa, Lagerkastelle entstanden waren, die denen in Kalö (Dänemark) und Örebro (Schweden) entsprachen; es handelte sich um ziemlich einfache Mauerrechtecke mit einem Turm, bei dessen Errichtung der Flankierungsgrundsatz noch unbekannt war. Der Deutsche Orden hat in späterer Zeit die dänischen Anlagen so verstärkt und ausgebaut, daß sich ihre Spuren so gut wie verloren haben.

Der in Kapitel V und VI ausführlich nach seiner spanisch-islamischen Herkunft behandelte Geviertbau wurde vom Deutschen Ritterorden in seinen altlivländischen Territorien sehr früh eingeführt. Da die bekehrten Bewohner des Landes sich in der Regel zur neuen Herrschaft keineswegs feindselig verhielten, stand die Errichtung dieser besonders starken Burgen wohl im Zusammenhang mit der Mongolengefahr. Als während des Ersten Weltkriegs der Landesteil zwischen Memel und Düna mehrere Jahre von deutschen Truppen besetzt war, konnte der westpreußische Denkmalpfleger Bernhard Schmid die Burgen dieses Gebiets in

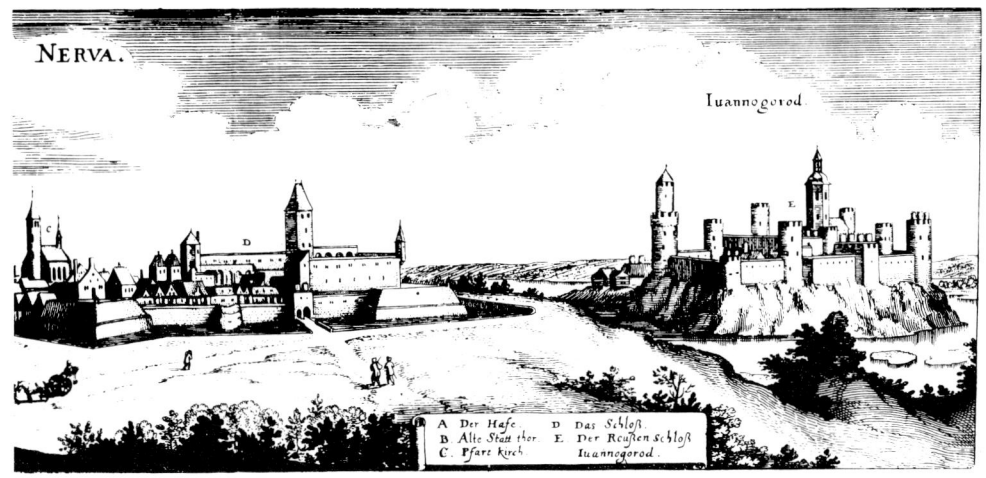

NERVA.

Iuannogorod

A Der Hafe.   D Das Schloß.
B Alte Stadt thor. E Der Reußen schloß
C Pfarr kirch   Iuannogorod.

ABB. 169   Grenzburg des Ordens. 15. Jh. Narwa. Gegenüber: Iwangorod. 15./16. Jh. Stich 1646

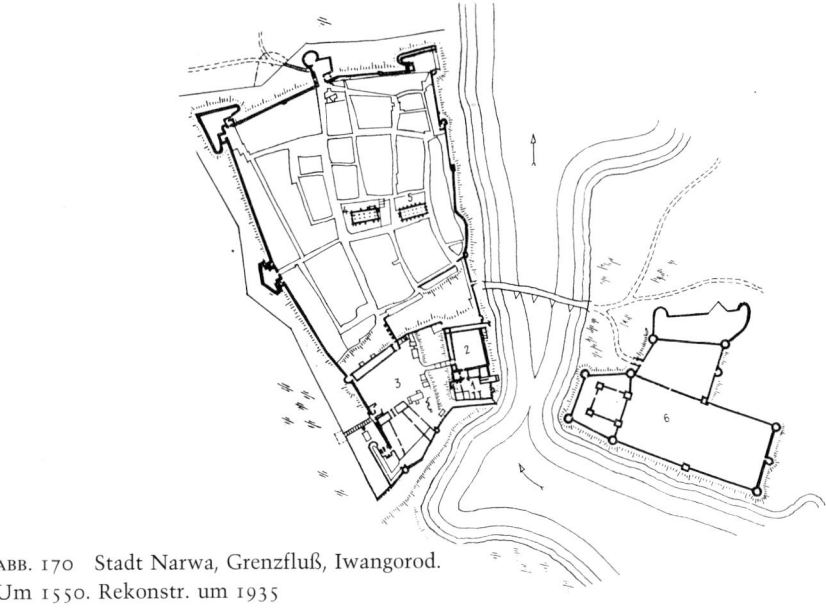

ABB. 170   Stadt Narwa, Grenzfluß, Iwangorod.
Um 1550. Rekonstr. um 1935

Ruhe untersuchen; weiter nördlich sind nie so gründliche Forschungen vorgenommen worden.

Die Frage nach dem genauen Baubeginn der einzelnen Burgen des erwähnten
Typs muß in manchen Fällen offen bleiben; bei einer von Südwest nach Nordost
fortschreitenden Übersicht ist mit Memel zu beginnen; die – wie erwähnt – von

ABB. 171 Iwangorod (links) und Ordensburg (rechts), Narwa. Von Norden. Stahlstich um 1860

Riga aus in den Jahren der Mongolengefahr angelegte Burg wurde im 14. Jahrhundert in das preußische Gebiet eingegliedert und vielleicht erst damals endgültig ausgebaut. Hingegen kann die kleine Komturburg in Windau, an der Mündung des gleichnamigen Flusses ins Meer, schon um 1260 im Bau gewesen sein; Einzelformen gehören noch der letzten Phase des romanischen Stils an. Die beobachtete Verwandtschaft mit Burg Lochstedt am Frischen Haff unterstützt die relativ frühe Datierung.

ABB. 111 Im Bereich der einst mächtigen Burg Goldingen sind Mauerreste aus der Zeit um 1250 erhalten; der eigentliche Geviertbau wurde wohl bald danach begonnen. In Mitau widerstand 1345 eine aus Quadern und Feldsteinen errichtete Burg einer ABB. 109 Belagerung durch die Litauer; es war eine – im 18. Jahrhundert abgetragene – sehr regelmäßige quadratische Anlage mit vier gleichgroßen Türmen, als deren Baubeginn Bernhard Schmid 1265 feststellte.

Im mittleren Gebiet Altlivlands wurde die alte Schwertbrüderveste Fellin seit ABB. 117 etwa 1300 zu einer großen Geviertburg erweitert; die Seitenlänge betrug 55 Meter (in Windau und in Mitau nur 32–35 Meter). Im frühen 14. Jahrhundert bestanden vermutlich auch schon Adsel und Neuermühlen; 1330 begann der Orden seine ABB. 112 mächtige neue Burg vor den Stadtmauern von Riga anzulegen; sie erhielt einen etwas kräftigeren Hauptturm und drei schlanke Ecktürme. Die Bauleute des Erzbischofs von Riga übernahmen in Sesswegen und Ronneburg Züge des Geviertbautyps.

Zur Wolkenburg im äußersten Südosten des Landes ist nachzutragen, daß die erwähnte Mauer spanisch-islamischen Typs die Seite eines »streng geschlossenen Quadrats« (Löwis of Menar) bildete, dessen andere drei Seiten – über Abhängen aufragend – nur in Holzwänden, bzw. in Holzerdewerk bestanden. Die Wolkenburg, Mitau und Weißenstein wurden vom Landmeister Konrad von Mandern bzw. auf sein Geheiß um 1260/1265 erbaut, wohl auch Windau. Die mehrfach erwähnte Abhängigkeit von spanisch-islamischen Bauten – Mauertechnik, Achteck, Geviert – läßt vermuten, daß dieser Ritterbruder und Begleiter von ihm vorher in Spanien geweilt haben.

Im nördlichen, von Esten bewohnten Teil Altlivlands konnten die Litauer bei einem Kriegszug 1263 die Burg des Bischofs von Oesel-Wiek in Alt-Pernau, am rechten Ufer der Embecke, zerstören. An der linken Flußseite errichtete in seinem Territorium der Orden Neu-Pernau als eine typische quadratische Burg mit Ecktürmen; es war ein Backsteinbau mit einzelnen Kalksteinquadern.

Wie in Preußen, so behielt auch in Altlivland der Geviertbau in späteren Zeiten seine Geltung. In der Arensburg auf Oesel residierte von 1383–1419 als Bischof ein Neffe des großen Hochmeisters Winrich von Kniprode, der den gleichen Namen trug. Vermutlich fand er eine Turmburg vor; er ließ in seinen ehrgeizig und sorgfältig geplanten quadratischen Neubau (von 43 Meter Seitenlänge) den alten Turm, »Sturvolt«, einfügen. Dank dem herrlichen Oeselschen Kalkstein hat die

ABB. 172 Ritterlich gerüsteter Bürger im Kampf. Um 1580. Schwarzhäupterhaus, Reval

Burg des Bischofs aus dem Rheinland den Zeitläuften erfolgreich getrotzt; das Fehlen der Kapitelle in den gewölbten Sälen des Hauptgeschosses deutet auf eine Vollendung erst um 1410/15; woher die Bauleute geholt wurden, konnte bisher nicht ABB. 121–125 ermittelt werden.

In der zweiten Hälfte des 14. Jahrhunderts erhielt der mächtige Turm von Weißenstein Nebengebäude. Seit 1347 wurde Narwa als kleiner Komtursitz ausgebaut; auch in Wesenberg und in Reval verstärkte man die vorhandenen An-

ABB. 126

ABB. 118, 119

ABB. 196

lagen; die Chronisten berichten vom besonderen Interesse des Landmeisters Goswin von Herike an diesen Arbeiten. Wesenberg, bis dahin eine kleine dänische Burg, erhielt neue Flügel für die Ritterbrüder, eine Kapelle und eine steinerne Vorlaube; es wurde versucht, im Äußeren dem Gemengebau wenigstens an seiner Südfront das Aussehen eines regelmäßigen Gevierts zu geben. In Reval leistete die dem Orden bald besonders zuneigende Bürgerschaft Zahlungen »für den Ausbau der Burg« (»pro melioratione castri«), so daß die Bestandteile aus der Schwertbrüderzeit und sodann aus der dänischen Periode wesentlich ergänzt und verstärkt werden konnten. Als Bergfried entstand der »Lange Hermann« mit mehreren heizbaren Kammern; er erhielt eine Höhe von 35 Metern.

In Altlivland gab es, im Gegensatz zum Ordensland Preußen, vor allem in bischöflichen oder zeitweise königlich dänischen Territorien auch Turmburgen weltlicher Vasallen. Die Familie von Wacke erbaute im estnischen Sprachgebiet den Wohnturm »Wack«. Der Vergleich mit den Kapitellformen der benachbarten Kirche zu Klein-Marien gestattet eine recht genaue Datierung auf die Zeit um 1370. Wack hat einen gewölbten Keller mit einem Mittelpfeiler, darüber ebenerdig ein größeres Wohngemach und oben ein vielfenstriges Wehrgeschoß; in der etwa 2 Meter dicken Mauer läuft eine schmale Treppe. Der aus Muschelkalkstein errichtete Turm, dem Kamine, eine Abortanlage und eine Wasserausflußrinne nicht fehlen, hat sich bis heute gut erhalten; einige der Fenster dürften in nachmittelalterlicher Zeit vergrößert worden sein; das Dach ist neu.

Von ähnlichen Vasallenburgen im altlivländischen Bereich bestanden – vielfach umgebaut – mancherlei Reste bis 1945. Der ordensfeindliche Dorpater Bischof Dietrich III. (1379–1400) verlangte von seinen Vasallen die Anlage recht starker Burgen an den Grenzen seiner Diözese gegen das Ordensland; Ringen hatte den Westen, Anzen den Süden zu sichern.

Im Spätmittelalter erfolgte die Verwendung moderner Waffen und Befestigungsweisen im gefährdeten Altlivland besonders früh; ein Zufall hat die Nachricht überliefert, daß schon 1396 sieben Büchsen und vier Sack Schießpulver an den Deutschen Orden nach Altlivland gesandt wurden. Nach der Schlacht von Tannenberg (1410) hören wir von neuen großen Burgen, bzw. dem Anbau von Geschütztürmen. Zur neuen Burg Bauske gehörten Türme, in denen Hakenbüchsen auf Gestellen und einige Kanonen Platz fanden. 1917 untersuchte Bernhard Schmid den gut erhaltenen Geschützturm an der Südwestecke der Burg Alschwangen, einem bescheidenen Ordenshaus der Komturei Goldingen. Die zwei unteren Geschosse des Turms besitzen schmale Schießscharten zur Grabenverteidigung; das dritte und das vierte Geschoß nahm schweres Feuergeschütz auf, vom fünften aus ließ sich das Land weithin beobachten; als Bauzeit des Turms gilt das letzte Drittel des 15. Jahrhunderts.

Um 1480 wurde die Bischofsburg Neuhausen an der Ostgrenze der Diözese Dorpat verstärkt; hier trug ein Hügel an der Vereinigung von zwei tiefen Flußtälern

bereits eine ältere Abschnittsburg; sie war nach der Rückseite durch einen tiefen ABB. 165, 166
Graben geschützt. Als russische Kanonen auf den benachbarten östlichen Anhö-
hen in Stellung gebracht wurden, umgab man die alte Anlage mit neuen Mauern
und baute zwei starke Geschütztürme auf der Feindseite. Die Blendnischen des
nordöstlichen Turms stimmen mit denen des kurz vorher hochgeführten Turm-
paars des Dorpater Doms überein, so daß an einen Werkstattzusammenhang zu
denken ist. Der Bischof verfügte nun in Neuhausen über ein von den Zeitgenossen
als »castrum fortissimum« gerühmtes gewaltiges Lagerkastell.

Seit 1471 schützte der Deutsche Orden die Nordküste Estlands – etwa in der
Mitte zwischen Reval und Narwa – durch die »Friedensburg« (niederdt. »Vrede-
borck«, später nach einem estnischen Flurnamen »Tolesborck« genannt). Bauern
aus einem weiten Gebiet, sogar von Fellin, wurden für die Arbeiten herangezogen. ABB. 164
Nach der Landseite hatten drei flankierende Türme die Tolsburg zu schützen; sie
ragten nicht über die Mauer hinaus; nach dem Meer zu wurde ein großes Rondell
angelegt. Erhalten blieb bis in die letzte Zeit nur ein beinah formloses Gemäuer, an
das sich bescheidene hölzerne Fischerhäuser anlehnen.

Als der energische Westfale Wolter von Plettenberg Landmeister des Ordens
geworden war, erfuhr der Burgenbau nach den modernsten, damals in Europa bekannten Prinzipien eine weitere Förderung; offensichtlich wurden nach 1500
Fachleute von weither, auch aus dem Westen, berufen. An der Düna erhielten nun
Ascheraden und Kokenhusen mächtige Geschütztürme. In Riga wurde im frühen
16. Jahrhundert die alte quadratische Deutschordensburg durch zwei diagonal an-
gebaute große Geschütztürme verstärkt; ein weiterer, einzeln stehender ähnlicher
Turm sicherte das nordöstliche Vorgelände. Die Bürger besaßen aus einer etwas äl- ABB. 113
teren Zeit in ihrer Stadtmauer den bereits sehr mächtigen sog. »Pulverturm«. Riga
galt als uneinnehmbar; kein feindliches Heer machte den Versuch einer Belagerung.

Im Norden wurde in ähnlicher Weise die ganze Stadt Reval in eine Bastion
verwandelt. Die zweieinhalb Kilometer messende Stadtmauer war durch fünfund-
dreißig Wehr- und Tortürme geschützt; bis heute haben sich Mauerzüge von knapp
zwei Kilometer Länge sowie sechsundzwanzig Türme erhalten; um 1500 mußte
Baumeister Nyggels einen Teil der Mauertürme verstärken. Die bereits um 1400
sehr starke, hochgelegene Komturburg erhielt 1502 an ihrer Nordostecke einen
neuen, später »Landskrone« genannten Turm; der hohe Hauptturm, »Langer Hermann«, wurde auf 45 Meter erhöht. Die dem Hafen zugewandte »Große Strand-
pforte« ergänzte man durch ein gewaltiges, für schweres Geschütz bestimmtes
Rondell, die »Dicke Margarete«. Nach der Landseite errichteten die Bürger Revals
den neuen Turm »Kiek-en-de-Kök«, der über der benachbarten Ritterstraße ABB. 197
36 Meter hoch aufragt; mit seinen 3,80 Meter starken Mauern gewann er schnell
den Ruf, an der Ostsee keinen Rivalen zu haben; vermutlich gab es in ganz Europa
nicht seinesgleichen. Von den sechs gewölbten Rundsälen nahmen die fünf oberen

205

ABB. 197

schweres Geschütz auf; ihr ständiges Feuer trug zweimal, 1560 und 1577, zum Abzug russischer Belagerungsheere entscheidend bei.

Östlich von Altlivland entwickelte sich der Wehrbau erst allmählich. Als Nowgorod noch selbständig und dem Westen zugewandt war, ließ sich dort 1443 der Erzbischof einen achteckigen Wachtturm durch einen vermutlich aus Reval berufenen Meister errichten. Die Einnahme von Byzanz durch die Muslims 1453 und deren weiteres Vordringen in Südosteuropa hatte eine Auswanderung christlicher Werkleute zur Folge gehabt; sie fanden im russischen Bereich Aufträge. Beim Bau des Lagerkastells Iwangorod am östlichen Ufer der Narwa wird z. B. im Jahre 1507 »Markus der Grieche« (niederdt. »de Greke«) erwähnt. Narwa ist der einzige Punkt Europas, an dem der Gegensatz von West und Ost in zwei Burgen augenfällig wird; die deutsche Veste wirkt jedoch nicht sehr imposant; man sah Narwa beim

ABB. 198

Orden nur als einen Vorposten an; Kriegsentscheidungen hatte Reval zu bringen.

Die große Stunde von Riga schlug drei Menschenalter später, als das Dünagebiet bereits von Polen an Schweden übergegangen war. Im Jahre 1656 überstand die Stadt mühelos eine sechswöchige russische Belagerung. Erst im frühen 18. Jahrhundert errang Peter der Große das Dominium Maris Baltici.

XI. Nachwort

Darstellung und Bilder dieses Buchs vermitteln, was Reisen bestätigen: Burgen des Deutschen Ritterordens geben noch als Ruinen ganzen Landstrichen ihren besonderen Akzent, z. B. Montfort dem waldbedeckten Galiläa, La Mota der kargen Hochebene Altkastiliens. Marienwerder an der Weichsel und Reval am Finnischen Meerbusen tragen nach wie vor Stadtkronen aus der Ordenszeit. Über rein stimmungsmäßige oder ästhetische Erlebnisse hinaus drängt sich jedoch in einer Periode wiedererwachten Interesses für Geschichte die Frage auf: Welches Gewicht hat für uns noch heute, was der Deutsche Ritterorden einst durch sein Handeln bewirkte.

Vor etwa fünfzehn Jahren waren Wortführer einer »Umwertung aller Werte« um neue Deutungen komplizierter geschichtlicher Prozesse nicht verlegen: »Von der Tyrannei des Deutschen Ordens gegen die Völker in Estland, Lettland und Litauen führt ein direkter Weg zu Hitlers Osteuropaplänen« (Werkhefte, Jahrgang 4, 1968). Historisch nicht fundierte Sätze dieser Art ad absurdum zu führen, erübrigt sich.

Zu denken gibt die alte Streitfrage, ob »historische Macht nie ohne historische Schuld« (Golo Mann) gewesen sei, ob nicht vielmehr Normen sittlichen Verhaltens im Leben größerer Gemeinschaften nur durch verantwortungsbewußte Machtausübung verwirklicht worden sind, wenn nicht das Recht des Stärkeren gelten sollte. Wer diese Auffassung zumindest für zahlreiche historische Schauplätze teilt, kann nicht umhin, an das Ordensland in Nordosteuropa zu denken. Es wurde aufgezeigt, daß die ehe- und besitzlos lebenden Ritter – frei von persönlichen Interessen – meist gerechte Regenten waren. Die bekehrten Prussen fühlten sich unter ihren Komturen wohl. Die Schweden Gotlands hatten nichts gegen die Oberhoheit des Ordens einzuwenden. Letten und Esten nahmen an den Abwehrkämpfen des Ordens teil und standen auch später – soweit dies Sache ihrer Entscheidung war – an der Seite der Deutschen.

Das günstige Urteil der Nachwelt über den Orden als Landesherrn darf auch für seine Rolle im politisch-militärischen Kräftespiel Osteuropas gelten. Sowohl sowjetischen wie westlichen Historikern erscheint heute das Leben im christlichen Bereich vor sechshundert Jahren humaner als das Los der Russen unter dem Mongolenjoch; somit darf als wichtiges Faktum gelten, daß das burgenreiche

Deutschordensland den asiatischen Reiterhorden Einhalt gebot. Dem nach allen Seiten ausgreifenden energischen heidnischen Litauervolk wurde so lange vom Orden Widerstand geleistet, bis es sich um 1400 zur Annahme des Christentums bereit fand. Die Behauptung der Ostgrenze Livlands auf der Linie Narwa-Peipussee-Dünaburg durch den Ordensmeister Wolter von Plettenberg (gest. 1535) trug wesentlich dazu bei, daß nach 1580 ein westeuropäisch geprägter Ostseeraum in der Großmachtzeit Schwedens und Polens fortbestehen konnte.

Im frühen 18. Jahrhundert verlegte der bedeutendste osteuropäische Herrscher und Staatsmann, Peter der Große, den Schwerpunkt des Zarenreichs von dem teilweise durch die Mongolen geprägten mittleren und südlichen russischen Volksgebiet an die Ostsee; die neue Hauptstadt Sankt Petersburg am Unterlauf der Newa leitete die »Europäisierung Rußlands« ein; sie wurde wesentlich unter Mitwirkung der Bewohner Altlivlands durchgeführt, welche seit 1721 loyale Untertanen der Zaren waren; sie bezeichneten ihr Handeln als »patriotisch«, d. h. im Sinne der Aufklärungsepoche als »dem Gemeinwohl dienend«. In diesem ganzen Zeitraum behielten die alten Deutschordensburgen in Riga und Reval ihr Ansehen; sie dienten schwedischen und zaristisch-russischen Gouverneuren als Amtssitz.

Zu Beginn der Neuzeit hatte im südlichen (1466 durch Polens Siege verkleinerten) Ordensland eine bedeutende Veränderung stattgefunden. Bald nach dem Wittenberger Thesenanschlag war ein Vetter der in Berlin regierenden Hohenzol-

ABB. 173 Hochmeister Albrecht von Hohenzollern, seit 1525 weltlicher Herzog in Preußen. Verschollenes Bildnis von Cranach. 1540–1550. Stich um 1670

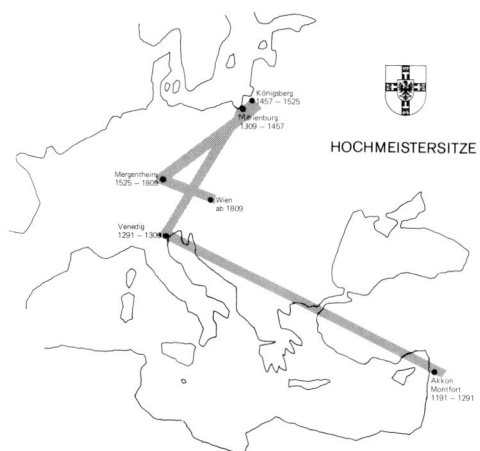

HOCHMEISTERSITZE

ABB. 174 Sitze der Hochmeister des Deutschen Ordens. 1198–1309 Mittelmeergebiet; 1309–1525 Preußen; 1525–1809 Mergentheim; seit 1809 Wien

lern Hochmeister in Königsberg geworden. Die durch ihn vorgenommene Umwandlung Preußens in ein weltliches erbliches Herzogtum sollte eines Tages zum Zusammenschluß mit dem Kurfürstentum Brandenburg führen. Der aufstrebende Staat Brandenburg-Preußen unterhielt meist gute, ja oft freundschaftliche Beziehungen zum Zarenreich. Bismarck sprach um 1850 – Österreich einbeziehend – gern von den »drei großen östlichen Monarchien«.

In unseren Tagen stieg das im Jahre 1917 in einen »Rätestaat« verwandelte Rußland zur Weltmacht auf. Seit 1945 besitzt die Sowjetunion etwa neunzig Prozent des ehemaligen preußisch-livländischen Ordenslands (während Polen den Weststreifen innehat). Tilsit wurde in »Sowjetsk« umgetauft; hier hatten sich um 1220 russische Bewaffnete ein erstes Mal für kurze Zeit der Ostsee genähert. Königsberg, die einstige Krönungsstadt der Hohenzollern, erinnert heute nicht mehr an ihren Gründer König Ottokar, den Urenkel von Kaiser Barbarossa und Herrn von Böhmen, Österreich, der Steiermark und Kärnten. Der neue Name Kaliningrad verweist auf einen unweit der Wolgamündung geborenen Gefährten Lenins beim Umsturz von 1917.

Das Wappentier des Königsreichs Preußen war der einköpfige, letztlich kaiserlich-staufische Adler gewesen; seine Verwendung, ein Vorrecht der Hochmeister, hatten die in Königsberg residierenden Hohenzollernherzöge 1525 übernommen und weitergegeben. Der preußische Adler überlebte die kritischen Jahre 1918/1919 und 1945/1950 und schmückt heute die Standarte des deutschen Bundespräsidenten.

Im Süden des deutschen Sprachgebiets hat der einköpfige Adler die ihm 1226 zugewiesene Rolle treu bewahren können. Seit dem Umschwung in Königsberg (1525) hatten die katholisch gebliebenen Ordensmitglieder im Süden und Westen Deutschlands sich vor allem karitativen Aufgaben zugewandt; im Zeitalter der

Türkenkriege nahmen sie von ihrem Hochmeistersitz Mergentheim aus auch noch ein letztes Mal an der »Defensio Christianitatis« teil.

Als nach Napoleons Rheinübergang (1809) die in Nürnberg bewahrte alte Kaiserkrone in der Wiener Hofburg eine sichere Heimstatt fand, wählte sich in unmittelbarer Nähe der Orden einen neuen Hauptsitz. Im Deutschen Haus in Wien amtiert nach wie vor ein Hochmeister, der Hermann von Salza, Winrich von Kniprode und Heinrich von Plauen zu seinen Vorgängern zählen darf.

XII. Anhang

ZEITTAFEL

313 Kaiser Konstantin festigt das Römische Reich; Sieg des Christentums im Mittelmeerraum.

571–632 Mohammed, Gründer der neuen Weltreligion des Islam.

Bis 650 werden Nordafrika, Palästina, Syrien und Persien islamisch.

674 Erste, vergebliche Belagerung von Byzanz (Konstantinopel).

Seit 711 Eroberung Spaniens durch die Muslims (Bekenner des Islam) und Vorstoß bis Mittelfrankreich.

800 Kaiserkrönung Karls, Königs der Franken, in Rom. Er hatte 774 einen Feldzug in Spanien geführt (Niederlage der Nachhut im Tal von Ronceval) und bekehrt als letzten deutschen Stamm die Sachsen. Karl der Große nimmt den Langobarden Oberitalien, das sich zu »Reichsitalien« wandelt.

827 entreißen die Muslims Sizilien den Byzantinern, erobern 841 Tarent und Bari und stehen 846 vor Rom.

937 Gründung des Mauritiusklosters in Magdeburg; Beginn der Mission im slawischen Gebiet der Elbe.

955 Zum Rhein strebende heidnische Steppennomaden werden bei Augsburg besiegt. In der Folge Beginn der Ungarnmission von Passau aus.

Um 965 nehmen die Polen das Christentum in der westlichen (römischen) Form an, etwa 25 Jahre danach die Russen in der östlichen (byzantinischen) Form.

Seit 1015 christianisiert König Olav Norwegen und andere skandinavische Gebiete; er fällt im Kampf gegen einheimische heidnische Gegner (Olav der Heilige).

1085 besetzen die in Spanien langsam nach Süden vorrückenden Christen Toledo (wobei den Muslims ein Verbleib in der Stadt und eine Anzahl Moscheen zugestanden werden).

1096/1099 Erster Kreuzzug der Westeuropäer nach neuen Erfolgen der Muslims in Kleinasien.

1099 Jerusalem in christlicher Hand.

1147 Gleichzeitige Kreuzzüge der Christen Europas gegen heidnische Gegner an der Ostsee, südlich der Pyrenäen und in Vorderasien.

1187/1189 Große Erfolge der Muslims in Palästina nach ihrem Sieg bei Hattin. Europäischer Kreuzzug unter Barbarossa, der unterwegs in einem Fluß ertrinkt. Sein Sohn Heinrich VI. wird Kaiser.

1198 Deutsche Fürsten gründen in der wiedereroberten Küstenstadt Akkon den Deutschen Ritterorden.

213

1220 Friedrich II., Enkelsohn von Friedrich I. Barbarossa, Deutscher König, in Rom zum Kaiser gekrönt; er ist als Erbe seiner normannischen Mutter König von »Sizilien« (wozu auch das festländische Unteritalien gehört). 1229 Krönung in Jerusalem als König des christlichen Kreuzfahrerstaats Jerusalem. Friedrichs wichtigster Berater der Hochmeister des Deutschen Ordens Hermann von Salza.

1200/1225 Zahlreiche Raubzüge zur See von heidnischen Esten und verwandten Kleinvölkern zu den Küsten der christlichen Dänen und Schweden.

Seit 1225/1226 Bemühungen der christlichen Polen um Unterstützung durch den Deutschen Orden bei der Abwehr der heidnischen Prussen; 1231 Beginn der Mission durch den Orden in Thorn.

1236 nimmt der seit etwa 15 Jahren in Kastilien wirkende Deutsche Orden an der Eroberung von Córdoba durch ein Kreuzfahrerheer teil.

1236/1237 Altlivland, ein deutsches Missionsgebiet seit etwa 1180, gelangt durch Beschluß von Kaiser und Papst an den Deutschen Orden.

Seit 1241 starker Druck der Mongolen auf das christliche Mitteleuropa; sie stehen zeitweise westlich der Oder und bei Wien. Beschleunigter Burgenbau im Deutschordensland. Die Burg Memel von Riga aus gegründet; das gesamte Küstengebiet der Ostsee von der Weichselmündung bis zum Finnischen Meerbusen in der Hand des Ordens (um 1260).

1244 wird Jerusalem endgültig wieder islamisch, christlich bleibt einstweilen Akkon und sein Hinterland; Burg Montfort erster Hochmeistersitz des Ordens.

1267 Verfall der deutschen Macht im gesamten Mittelmeergebiet nach dem Übergang des »Königreichs Sizilien« an das französische Fürstenhaus Anjou; Konradin, Enkelsohn Kaiser Friedrichs II., wird nach der Niederlage der Deutschen bei Tagliacozzo in Neapel öffentlich hingerichtet.

1291 erobern die Muslims Akkon und beenden die Periode christlicher Herrschaft in Palästina. Während die anderen geistlichen Ritterorden verkümmern bzw. zu bestehen aufhören, vollendet der Deutsche Orden zwischen Weichsel und Finnischem Meerbusen den Ausbau seines Staats. Marienburg im Weichseldelta wird Hochmeistersitz.

Um 1360 werden gefährliche Vorstöße der heidnischen Litauer bis in die Nähe von Königsberg abgewehrt. Kreuzfahrer aus Frankreich und England helfen dem Orden im Gebiet von Tilsit beim Zerschlagen litauischer Aufmarschstellungen; Mongolen gehören zu den Hilfstruppen der Litauer.

Um 1405 größte territoriale Ausdehnung des Ordensstaats. Küstrin an der Oder (mit der Neumark), die Insel Gotland und das preußische und altlivländische Ordensland bilden zusammen ein in Europa bewundertes finanzmächtiges und vorzüglich verwaltetes Staatsgebilde.

1410 Nach der Bekehrung der Litauer und ihrem Zusammenschluß mit Polen entscheidende Niederlage der Ordensritter und ihrer Verbündeten, darunter des Herzogs von Pommern/Stolp, bei Tannenberg; im Heer der Gegner des Ordens heidnische Mongolen.

Um 1450 Verfall der Ordensmacht. Polen erobert das Gebiet zwischen Thorn und dem Weichseldelta.

1453 fällt Byzanz endgültig in islamische Hand (seitdem Istanbul).

Um 1460 dehnt sich der russische Moskaustaat, von mongolischer Oberhoheit befreit, nach allen Seiten aus und verstärkt seinen Druck in Richtung auf die Ostseeküste von Riga bis Narwa.

1525 Hochmeister Albrecht von Hohenzollern-Ansbach tritt zur Lehre Luthers über und verwandelt Preußen in ein erbliches weltliches Herzogtum seines Hauses.

Um 1530 wehrt der katholisch gebliebene livländische Landmeister des Ordens, Wolter von Plettenberg, mit wechselndem Glück russische Angriffe ab.

1562–1582 Die Bewohner Altlivlands vermeiden den Übergang an Rußland, indem sie die Einfügung in die Staaten Schweden bzw. Polen fördern oder ihr zustimmen.

Um 1630 sichert sich Schweden unter König Gustav Adolf die Vorherrschaft im Ostseeraum (»Dominium Maris Baltici«). Das ehemalige altlivländische Ordensland und die preußischen Küstenstädte Danzig, Elbing und Memel in schwedischer Hand.

1657 erreicht im Vertrag von Wehlau das Haus Hohenzollern dank der Schwächung Polens durch Schweden für das Herzogtum Preußen (Königsberg mit weitem Hinterland) die Befreiung von der polnischen Lehnshoheit. Nach dem Aussterben der seit 1525 in Königsberg herrschenden Linie im Jahre 1618 hatten die in Berlin seit 1410 als Kurfürsten regierenden Hohenzollern das herzogliche Preußen geerbt.

1683 wird die Einbeziehung Wiens in den Herrschaftsbereich des Islam in zwölfter Stunde vereitelt; zum christlichen Entsatzheer gehören Truppen aller Staaten Europas, unter ihnen viele norddeutsche Protestanten und polnische Regimenter.

1701 Krönung Friedrichs I. von Hohenzollern zum »König in Preußen« in der einstigen Ordensburg Königsberg.

1709 beendet Zar Peter der Große von Rußland durch den Sieg bei Poltawa die Großmachtperiode Schwedens; Rußland erhält im Frieden von Nystad (1721) Teile von Südostfinnland, Ingermanland (die Newamündung) und das ehemalige altlivländische Deutschordensgebiet mit Reval und Riga. Der Zar beginnt von der neugegründeten Residenzstadt St. Petersburg (heute Leningrad) aus die Europäisierung Rußlands.

Anmerkungen zum Text des Hauptteils

An dieser Stelle finden sich einige Angaben, welche die notwendigerweise knappe Darstellung im Hauptteil ergänzen, gelegentlich auf Streitfragen hinweisen oder den Standpunkt des Verfassers begründen. Die Seitenzahl zeigt an, wohin jede Anmerkung gehört.

Zu Seite 9:

Gesamtdarstellung der Palästinakreuzzüge. Es sind vor allem LIT 227 einzusehen, sodann LIT 173, LIT 207 und evtl. dort erwähnte ältere Veröffentlichungen. Die Grundauffassungen weichen merklich voneinander ab; vgl. dazu auch Kap. II, S. 21.

Zur Verteidigung der Christenheit an allen strittigen Grenzen. Im Zeitalter der Kreuzzüge war es selbstverständlich, z. B. für Bernhard von Clairvaux, daß Abwehrkämpfe gegen Gegner etwa in Spanien (Muslims) oder in Mecklenburg (Wenden) die gleiche Bedeutung hatten. Die Historiker des 19. und der ersten Hälfte des 20. Jahrhunderts behandelten die Vorgänge einer einzelnen Region. Die Gewinnung des Gesamtüberblicks wurden seit 1950 dadurch gefördert, daß aus dem Osten stammende Deutsche, Russen, Letten und Esten zwischen Nordsee und Rhein ihre Arbeit als Forscher fortsetzten; so widmete sich ein ehemaliger Königsberger Archivdirektor um 1960 dem Thema »Der Deutsche Orden am Mittelmeer« (LIT 86).

Zu Seite 14:

Der Begriff »Dschihad«. Der »Heilige Krieg« ist eine der »Säulen« des Islam. Der Dschihad »zielt darauf ab, alle Nichtmuslims so lange zu bekämpfen, bis die ganze Welt Allah unterworfen ist« (Mayer, LIT 173).

Zu Seite 16:

Karl der Große in Spanien. Während 778 die Franken einen islamischen Kleinfürsten unterstützt hatten, waren sie später auf die Stärkung der christlichen Position in Nordspanien bedacht. Die »Spanische Mark« der Franken im heutigen Katalonien band islamische Kräfte und entlastete das kleine christliche spanische Königsreich im Nordwestzipfel der iberischen Halbinsel. In bedrängter Lage erfolgte dort, in Compostela, 791 die Auffindung der Leiche des Apostels Jakobus; die spanische Forschung nimmt an, daß Karl der Große bei Papst Leo III. die Anerkennung der Authentizität des Fundes erwirkt habe. Perez de Urgel, Justo: Origines del culto de Santiago. In: Hispania Sacra 18 (1952).

Zu Seite 17:

Rainald von Dassel und der Kult der Hl. Drei Könige. Zu Rainald von Dassel sei ergänzt, daß er – seit 1159 Erzbischof von Köln – 1164 die Überführung der Gebeine der Magier (griech.: Magoi, »Weisen aus dem Morgenland«) aus dem von Barbarossa besetzten Mailand an den Niederrhein veranlaßte. Die einst durch ein Sternwunder aus Mesopotamien nach Bethlehem geleiteten Zarathustra-Priester wurden am Rhein als »Heilige Drei Könige« verehrt und alsbald in Ritterrüstung dargestellt. Es spricht viel dafür, daß Rainald von Dassel die neuen Kulte des Doms in Köln (Hl. Drei Könige) und des Münsters in Aachen (Karl der Große) aus verwandten Motiven ins Leben rief.

ZU SEITE 19:

Karl der Große und Palästina. Ergänzend zum Hauptteil ist auf die früher als erwiesen geltende Beziehung des Kaisers zum Kalifen Harun al-Raschid und zu Jerusalem kurz einzugehen. Die Stadt, in der 980 v. Chr. Geb. König David geherrscht hatte, war etwa um 330 christlich geworden und wurde 637 von den Muslims erobert. In welcher Zahl vom 7.–11. Jahrhundert Christen der Ostkirche in Jerusalem gelebt haben, steht nicht einwandfrei fest. Die Heiliggrabkirche war jedenfalls stets in christlicher Hand, und zu ihrer Ausschmückung haben wohl auch Stiftungen aus dem Bereich der Westkirche beigetragen. Arabische Quellen wissen jedoch nichts von einer Beziehung Karls des Großen zum Kalifen.

Im späteren 11. Jh. entstand ein Epos mit dem Titel »Voyage de Charlemagne à Jerusalem«. Es führte bei vielen Teilnehmern des Ersten Kreuzzugs zu der Annahme, der alte Kaiser sei »wiederauferstanden«, um das Heer zu führen. Dieser auch in den folgenden Jahrzehnten nicht erloschene Glaube mußte für Rainald von Dassel ein Antrieb mehr sein, Barbarossa als Sanctus Carolus Magnus der Mitwelt vorzustellen.

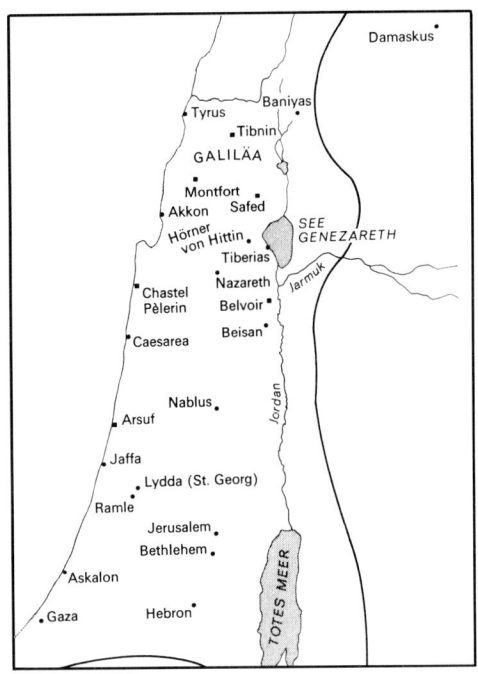

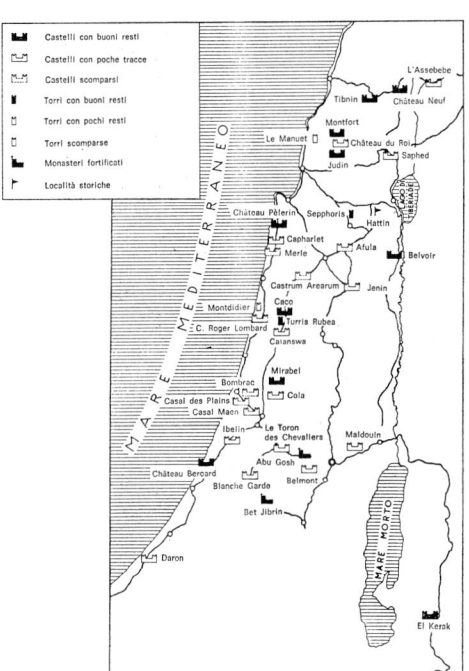

ABB. 175 Der Kreuzfahrerstaat »Königreich Jerusalem«. Im Nordteil der Karte sind die Deutschordensburgen Thoron (unter dem arab. Namen »Tibnin«) und Montfort eingezeichnet, etwas weiter südlich an der Küste Akkon, im Landinneren das Schlachtfeld von 1187 »Hörner von Hittin«. (Aus LIT 195; zu Kap. II.)

ABB. 176 Die wichtigsten Burgen, Wehrtürme und befestigten Klöster des ehemaligen Kreuzfahrerstaats Jerusalem, Zustand um 1960. Zweitürmige schwarze Zeichen bedeuten: gut erhalten. Die Ordensburg Thoron hier wieder Tibnin genannt; im Südteil der Karte die Templerburg »Toron des Chevaliers«. (Aus LIT 157; zu Kap. II.)

Barbarossa-Sanctus Carolus Magnus. Forscher aus dem katholischen Bereich Deutschlands sprechen eindeutig von »Identifizierung« (LIT 78). Es fragt sich, ob die üblichen abschwächenden Formulierungen, die heutiger Denkweise entgegenkommen sollen, richtig ausdrükken, worum es geht. Den Besuchern der Stuttgarter Staufer-Schau im protestantischen Württemberg glaubten die Veranstalter ein Eingehen auf diese Vorgänge nicht zumuten zu können.

Jakobus als Patron der Staufer. Von der Rolle des Apostels Jakobus als eines »politischen Heiligen« (LIT 191) der Stauferzeit war um 1950 noch nichts bekannt (LIT 259). Bald danach machte Hueffer die ersten Feststellungen (LIT 131); vgl. jetzt LIT 127.

Christliches Leben in Jerusalem vor dem Ersten Kreuzzug. Zu den in diesem Kapitel behandelten Fragen sind in allernächster Zeit von israelischen Historikern und Denkmalpflegern grundlegende neue Forschungsergebnisse zu erwarten. Hier wenige Hinweise. Daß Karl der Große eine Art »Schutzrecht« über die Heiliggrabkirche ausgeübt habe, wird neuerdings zur Diskussion gestellt. Israelische Denkmalpfleger erwähnen »splendid carolingian establishments« (Verschönerungen) in der Heiliggrabkirche; sie fielen um 1040 der Zerstörungswut eines fanatischen Kalifen zum Opfer (LIT 196). Offenbar ist sodann mit einer »reasonably large Christian school of builders« im Viertel der Heiliggrabkirche vom 9.–11. Jh. zu rechnen (Vgl. Keenan, J.: A local trend in Medieval art in Jerusalem. In: Jerusalem revealed, 1975.

Die Normannen Süditaliens und der Erste Kreuzzug. Gegen Ende des 11. Jahrhunderts regierte unbestritten an der südlichen Adriaküste Herzog Boemund von Bari. Wir befinden uns im Heldenzeitalter der Normannen; sie hatten zuerst das festländische Süditalien und – seit 1060 – auch Sizilien an sich gebracht; im Jahr 1064 zeichneten sie sich als Teilnehmer einer nordspanischen Unternehmung gegen die islamische Festung Barbastro aus; bald danach machten sie sich zu Herren Englands. 1082 erlaubten sich die Normannen von Süditalien aus einen Angriff über die Adria hinweg gegen das byzantinische Dyrrachium (Durazzo). »In the first Crusade of the eight leaders four were Normans, and a fifth had a Norman wife« (LIT 67). Im Rat der acht trat Boemund entschlossen hervor: »Il faisait preuve de souplesse et était un remarquable politicien« (LIT 194). Pointierter hatte zu Beginn unseres Jahrhunderts ein bedeutender Petersburger Historiker geurteilt: »Boemund sut se servir de l'or, des hommes et des saints« (LIT 158). Boemund sprach fließend arabisch und kannte die Kampftaktik der Muslims.

Die Wundererscheinungen bei der Einnahme von Antiochia. Unsere Kenntnis der Visionen über Antiochia im Jahre 1098 beruht u. a. auf der »Histoire anonyme de la Première Croisade«; die Quellen nennen vor allem Georg, Mercurius, Demetrius, also byzantinische Soldatenheilige; sie waren den Normannen, welche zeitweise viele Söldner für Byzanz gestellt hatten, wohl besser bekannt als sonstigen Kreuzzugsteilnehmern. Die erste erhaltene Darstellung eines Heiligen als Kreuzritter zu Pferde findet sich auf einem 1115 datierten Siegel des Bischofs von Ramleh (östlich von Jaffa, im Königreich Jerusalem), das Sankt Georg wiedergibt. Als Schlachtenhelfer am Himmel war den Christen bereits der Erzengel Michael vertraut; sein Kultort nördlich von Bari (heute »Monte Sant'Angelo«) lag im italienischen Herrschaftsbereich von Boemund. Die Antiochia-Wunder sind vom Michaelskult abzuleiten (LIT 127).

Das Deutsche Spital. Die Nische an der inneren Nordwand der Kirche hat Buschhausen (LIT 45) überzeugend als Umfassung des Arcosolgrabs der Gräfin Sophie von Holland erklärt; sie verfügte vor ihrem Tode in Jerusalem die Bestattung »ad hospitale quod est Theutonicorum«.

ZU SEITE 31:

Kunst der Christen im 12. Jahrhundert. Zu diesem Thema hat Buschhausen eine Fülle von Material neu ermittelt und gedeutet. (LIT 45).

ZU SEITE 32:

Die Rückkehr von König Richard Löwenherz nach England. Im Anschluß an die geschilderten Kämpfe vor und bei Akkon spielte sich Bemerkenswertes im Leben des englischen Königs ab; er hatte 1191 ein Banner Leopolds von Österreich von einem Turm der eroberten Stadt Akkon herabreißen lassen, da vor allem Engländer die Muslims an diesem Punkt besiegt hätten; diese Beleidigung sollte ihr Nachspiel haben. In der Adria schiffbrüchig geworden, versuchte Richard incognito durch Österreich nach Nordwesteuropa zu gelangen; in Erdberg bei Wien erkannt, wurde er zunächst in Dürnstein/Wachau und dann in der Reichsveste Trifels/Pfalz gefangengehalten; erst nach Zahlung eines enormen Lösegelds – in das sich Kaiser Heinrich VI. und der ihm lehnspflichtige Österreicher teilten – kam er 1194 frei.

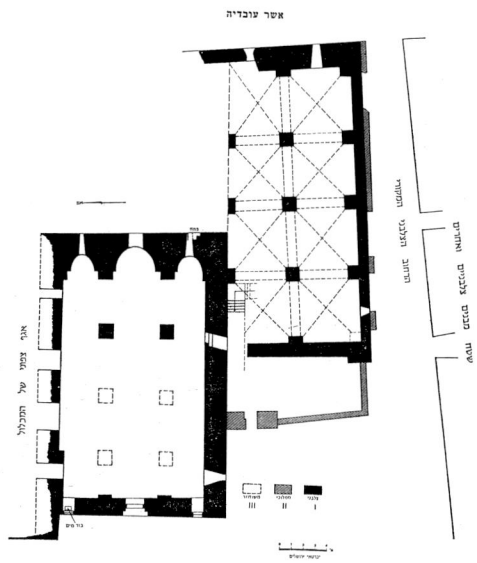

ABB. 177 Grundriß der Kirche und des daneben liegenden Spitals des Deutschen Hauses in Jerusalem. 12. Jh. Norden links. (Aus LIT 185; zu Kap. II.)

ZU SEITE 33:

Die Stellung der Christen in Jerusalem nach 1187. Die spätestens 1232 verfaßte sog. »Narratio« berichtet: »Welche Christen zu Jerusalem

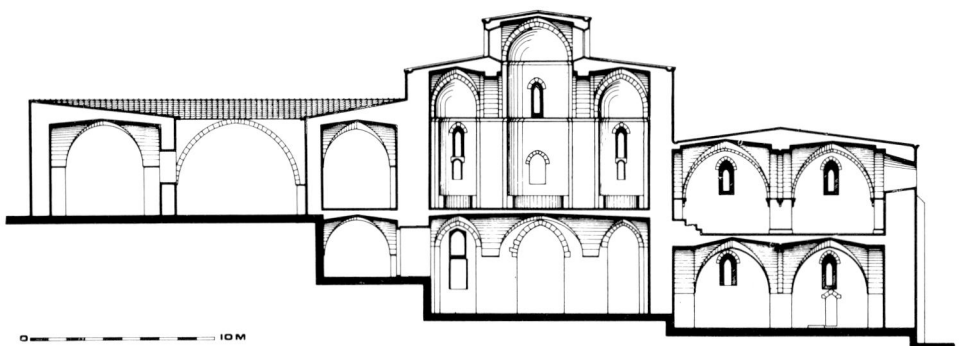

ABB. 178 Schnitt durch die Gebäudegruppe des Deutschen Hauses in Nordsüdrichtung. Rechts: zweistöckiges Spital; Mitte: dreischiffige Kirche über hohem Untergeschoß. Links: Herberge, vier Flügel um einen Hof. Rekonstr. 1977. Das Spital in 177 nicht wiedergegeben. (Aus LIT 24; zu Kap. II.)

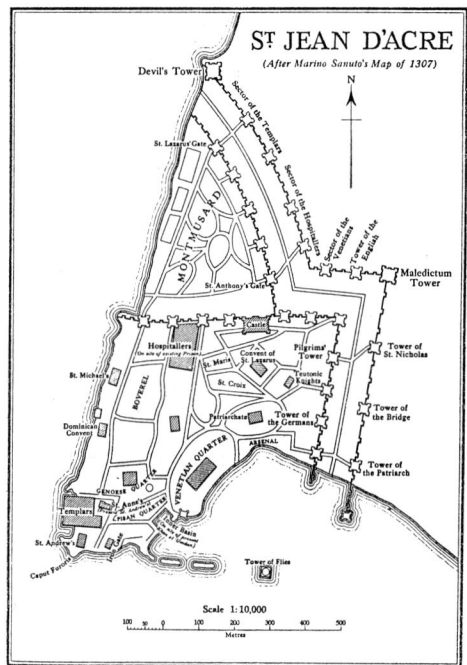

ABB. 179 Stadtplan von Akkon um 1290. Nach
einer 1307 datierten Zeichnung des Italieners
Sanuto. Der Nikolausturm an der Außenmauer
im Osten, die Deutschrittertürme der Inneren
Mauer und die Gebäudegruppe der »Teutonic
Knights« liegen im Ostteil der Stadt; kurz vor
1290 war die Kirche »Sancti Nicolai extra
muros« niedergelegt worden, um dem Angreifer
keinen Stützpunkt zu geben; sie fehlt daher auf
der Karte. Im Westen offenes Meer, im Süden
das »Venitian Quarter« an der Hafenbucht.
(Nach LIT 65; zu Kap. II.)

bleiben wollten unter dem Tribut, die mochten
bleiben.« Es ist weiterhin auch von zwei Spitälern
die Rede, welche unter den Muslims fortbestan-
den. Buschhausen hat nachgewiesen, daß christliche Baumeister nach 1187 in muslimischem
Dienst die Vorhalle der Moschee Al-Aksa erbauten (LIT 45). Die herkömmliche Meinung von einem Ende allen christlichen Lebens in dem wieder muslimisch gewordenen Jerusalem dürfte
demnach kaum zutreffen, erst recht nicht die
These von einer »Zerstörung« des Deutschen Spi-

tals. Der heutige Baubestand deutet nicht auf Ver-
änderungen oder Umgestaltungen zwischen 1187
und 1229, vielmehr auf gute Erhaltung einer etwa
1140/1180 entstandenen Bautengruppe. Vgl. auch
Goldman, Jennie: Rejuvenating Jerusalems Old
City. In: CNfJ 27 (1979/80). Vermutlich erhielt
der Deutsche Ritterorden 1198 mit seinem vollständigen lateinischen Titel doch wohl den Hinweis auf ein Institut, das in Jerusalem damals bestand.

ZU SEITE 34:

Franz von Assisi bei den Kreuzfahrern. Franziskus gründete in Akkon ein Kloster seines Ordens und erschien im September 1219 vor Damiette (Ägypten), das von einem Kreuzfahrerheer
belagert wurde. Der päpstliche Legat Pelagius ge-
nehmigte einen Besuch beim Sultan; dieser
lehnte jedoch Verhandlungen über eine friedliche
christliche Mission in seinem Machtbereich ab.
Hochmeister Hermann von Salza befand sich von
Juni 1218 bis November 1219 in Ägypten.

»Ohne Blutvergießen«. Das lateinische Zitat
entstammt den Marbacher Annalen. Über die

ABB. 180 Schematische Darstellung des Unter-
grabens einer Burgmauer; der von den Angreifern angelegte Stollen ist oben durch überein-
andergeschichtete Balken gegen Steinwürfe der
Verteidiger geschützt. (Aus LIT 23; zu Kap. II.)

Geheimverhandlungen zwischen Kaiser Friedrich II. (seit dem 7. September 1228 in Palästina) und dem Sultan vgl. Prawer (LIT 194) und Mayer (LIT 173). Hermann von Salza war schon im Oktober 1227 in Akkon eingetroffen. Die Kreuzfahrer erbauten damals eine kleine Burg an der Küste bei Sidon und verstärkten die Zitadelle von Jaffa u. a. durch einen tiefen ausgemauerten Trockengraben; die Arbeiten wurden am 28. Februar 1229 beendet und auch von Hermann von Salza besichtigt.

Friedrich II. in Jerusalem 1229. Die Vorgänge sind seit jeher Gegenstand großen Interesses und sehr verschiedener Deutungen gewesen. Das friedliche Resultat der Verhandlungen zwischen Kaiser und Sultan wird mancher weltliche ritterliche Teilnehmer am Kreuzzug keineswegs begrüßt haben. Dem Sultan warfen offenbar zahlreiche seiner Glaubensbrüder ein zu weit gehendes Entgegenkommen vor. Geschenke wurden ausgetauscht, Friedrich II. empfing u. a. einen Elefanten.

Als nach dem Vertragsabschluß der Kaiser sowie geistliche und weltliche Würdenträger Jerusalem erreichten, hatte der Kadi von Naplus anscheinend für den Schutz des Kaisers zu sorgen; wenn es heißt, er sei eine Art Gastgeber gewesen, darf man daraus jedoch nicht schließen, daß der Kaiser »bei ihm wohnte«; der Kadi durfte wohl über das einstige Spital der Johanniter verfügen, wo der Kaiser abstieg. Im März 1229 waren die Johanniter kaum hier wieder Hausherren. (Vgl. Riley-Smith, John: The knights of St. John in Jerusalem 1050–1310. London 1967). Der weitläufige Gebäudekomplex gegenüber der Haupteingangsfront der Heiliggrabkirche, dem Südquerhaus, ist in einem einzelnen Teil 1971 in seinen Fundamenten freigelegt worden; die Arbeiten sollen fortgesetzt werden.

ZU SEITE 35:

Der Deutsche Orden als Bauherr in Jerusalem seit 1229. Hermann von Salza teilte der Kurie als einen Vertragspunkt mit: »Licet etiam nobis per pactum reedificare Jerusalem in muris et turribus . . .« Die Tatsache, daß arabische Quellen

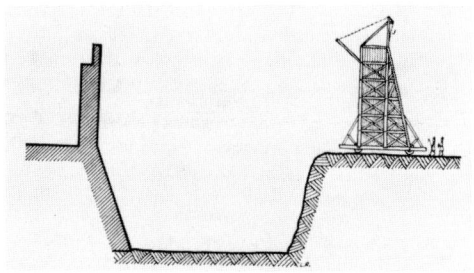

ABB. 181 Schematische Darstellung eines ausgemauerten tiefen und steilwandigen Trockengrabens; der oben mit einer herabzulassenden Zugbrücke versehene Belagerungsturm (rechts) kann an die Mauer der Burg (links) nicht herangerollt werden. (Aus LIT 23; zu Kap. II.)

davon nichts wissen, ist nach Meinung von Prawer damit zu erklären, daß der Sultan seiner Umgebung die von ihm gemachten Konzessionen zum Teil verschwiegen hatte, um nicht Kritik zu wecken. Bereits die Ausgrabungen der englischen Mandatsverwaltung (1920–1947) hatten eine gewisse »building activity« im Bereich der Davidsburg und des »Manoir du Roy« nach 1229 erkennen lassen (vgl. Encyclopedia of Archaeological Excavations in the Holy Land, II, 1976, beim Stichwort »Jerusalem«). Die Ausgrabungen, welche seit dem Übergang der Altstadt von Jerusalem aus jordanischer in israelische Hand (1967) stattgefunden haben, erlauben die Annahme, daß nach 1229 damit begonnen worden war, »to expand the walls by including the plateau of Mount Zion«; das Ausmaß der Verstärkungen wird z. Z. noch erforscht. Vgl.: Jerusalem revealed (Sammelband von Aufsätzen), 1975. Die genannten Arbeiten können nur auf Veranlassung und unter Leitung von Fachleuten stattgefunden haben, die als Ritterbrüder des Deutschen Ordens in Jerusalem von 1229 an wirkten.

ZU SEITE 39:

Deutschordensburgen im Hinterland von Akkon. Der israelische Burgenforscher Ben-Dov (LIT 23) wird demnächst ein zusammenfassendes Werk über die Kreuzfahrerburgen im heutigen

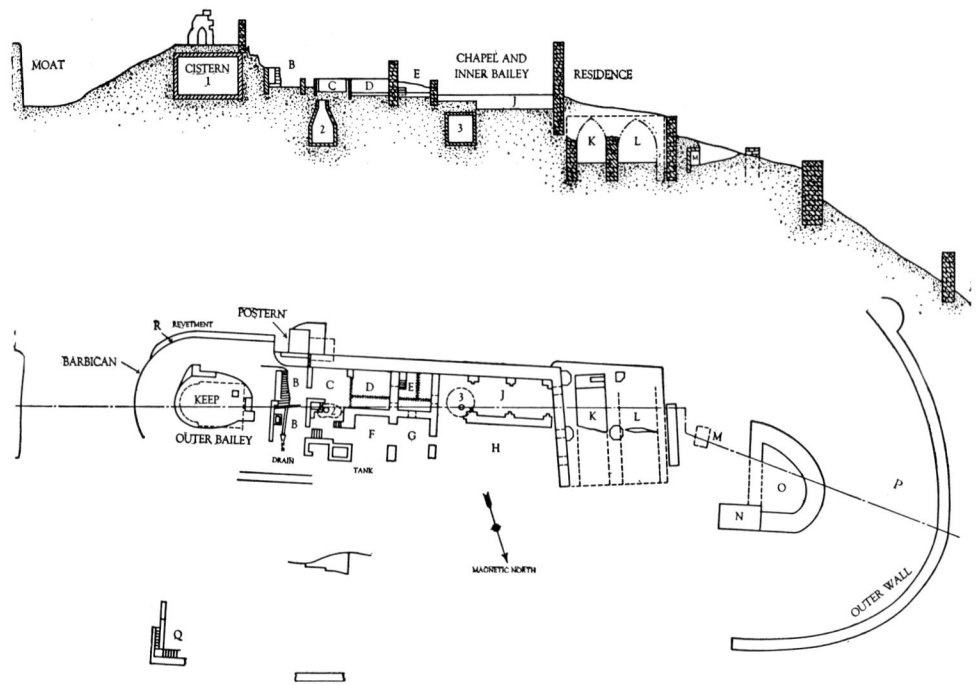

ABB. 182 Längsschnitt in Ostwestrichtung durch den oberen Teil des Burghügels von Montfort. Darunter Grundriß im gleichen Maßstab. Norden unten. (Aus LIT 59; zu Kap. II.)

Staat Israel vorlegen, das auf Grund neuer Ausgrabungen endlich zuverlässige Resultate zu geben verspricht. Hier nur einige Hinweise.

Montfort hieß 1228 »Franc-Chastiau« (Château des Francs = Kreuzfahrerburg) und dürfte damals eine neue und zunächst kleine Anlage gewesen sein; im Sommer 1228 beteiligten sich hier englische und französische Kreuzfahrer an den Arbeiten (LIT 194). Mitte März 1229 schrieb Hermann von Salza dem Papst, er habe das »Castrum novum Montfort« seines Ordens stärker zu befestigen (»firmare«) begonnen.

Von der Deutschordensburg Melia haben sich verbaute Reste in einem Dorf erhalten; eine Freilegung ist geplant. 1218/19 hatte Leopold von Österreich beim Erwerb des Geländes für den Orden beigesteuert. Thoron, etwa 900 m hoch gelegen, befindet sich nördlich der israelischen Staatsgrenze und kann z. Z. nicht erforscht werden.

Hier einige arabische Wörter, deren Kenntnis nützlich ist, da sie Bestandteil vieler Ortsnamen sind: Kalat = Burg; Kasal = Dorf; Tell = Hügel; Karak = sehr feste Burg (vgl. »Krac des Chevaliers«.)

ZU SEITE 44:

Apulische Künstler in Jerusalem. Buschhausen hat soeben glaubhaft gemacht, daß Friedrich II. mit einer beträchtlichen Anzahl vorzüglicher Steinmetzen aus Apulien 1227/28 aufgebrochen war; diese »Werkleute verblieben in Jerusalem« und schufen dort »außergewöhnlich schöne Werke«, z. B. Kapitelle für die Kapelle der Burg Latrun an der Straße von der Küste nach Jerusalem (zwei davon seit 1916 im Archäologischen Museum in Istanbul; LIT 45).

Kunst in den letzten Jahrzehnten christlicher Herrschaft in Akkon. Unlängst wurde in Akkon ein Grabstein von 1290 entdeckt, der zwei Gestalten in Relief wiedergibt, vermutlich den letzten Erzbischof von Nazareth und einen Trauernden. Vgl. Prawer, Joshua: A Crusader Tomb of 1290. In: Israel Exploration Journal 24 (1974). – Nach dem Fall Akkons brachten die Muslims ein edles frühgotisches Säulenportal französischer Stilhaltung nach Kairo, wo es sich – an einer Moschee angebracht – erhalten hat. Aus Akkon stammen wohl auch die beiden freistehenden dekorierten Pfeiler vor der dem Dogenpalast zugewandten Seitenfront der Markuskirche in Venedig.

ABB. 183 Kirche der Deutschordenskommende Palermo, genannt »La Magione«. (Zu Kap. III.)

ZU SEITE 50:

Die Deutschordenskirche in Bari. Nach einer nicht stets zuverlässigen Quelle – dem 1636 tätigen Kompilator Beatillo – wurde 1198 in Bari die Kirche Santa Maria degli Alemanni gegründet, welche im 17. Jahrhundert bereits nicht mehr bestand.

ZU SEITE 54:

Friedrich II. und der Stefan George-Kreis. 1924 erfolgte eine Kranzniederlegung am Sarkophag des Kaisers in Palermo mit dem Widmungstext »Seinen Helden und Kaisern das Geheime Deutschland«. Später bekannte sich der George-Kreis zu dieser Huldigung. 1927 erschien bei G. Bondi aus der Feder von Ernst Kantorowicz »in unkaiserlicher Zeit« (Vorwort) eine in vielen Passagen hymnische Monographie Friedrichs II. »Der Berücker, der Strahlende, Ewig-Junge . . . sinnend, wie er das Reich erneue . . .«, »der größte Friedrich, den sein Volk nicht faßte«, wird gefeiert. Das Buch erlebte im Dritten Reich Neuauflagen. Hitler verfügte 1943, der Sarkophag des vermeintlichen Atheisten Kaiser Friedrich II. sei nach Deutschland zu schaffen, wozu es infolge der Landung der Amerikaner in Sizilien nicht mehr kam (gemäß späterem Bericht des deutschen Militärattachés in Rom, General von Rintelen).

ZU SEITE 57:

Zum Rolandlied. In die verschiedenen Bearbeitungen des Roland-Epos sind immer wieder geschichtliche Vorgänge der Reconquista hineingewoben worden. Ben-Alkadir, der Toledo beherrschte, bevor es 1085 an die Christen kam, wird vor 1100 als »Blancadrin« eine Nebenfigur der Dichtung.

Die Ribat-Burgen der Muslims. Spanische Forscher, so Angel La Torre Segura, haben um 1970 den Typ des »convento fronterizo« der »monjes y soldados« (der »Frontklöster« der »Soldatenmönche«) behandelt, denen in Tunesien »la defensa de las fronteras de el Islam« anvertraut war, dies sowohl an der Küste wie im Süden gegen Völkerschaften des Inneren von Afrika. Eine Gesamtwürdigung der Ribats – als Institution und als Architekturform – steht noch aus.

ZU SEITE 65:

Zur Deutschordensburg Higarés. Nach zeitgenössischen Quellen galt die Burg um die Mitte des 13. Jh.s als »forteleza inexpugnable«. Vgl. Moreno Nieto, Luis: Diccionario enciclopedico de Toledo y su provincia. Toledo 1974.

ZU SEITE 67:

Heilige Tage. Zu dem von Schaller (LIT 216) aufschlußreich behandelten Tatbestand der Fest-

ABB. 184 Karte Spaniens um 1220. Der Süden und ein Teil des östlichen Küstenlands sind in islamischer Hand und gehören zum Herrschaftsgebiet der Almohaden. (Zu Kap. IV.)

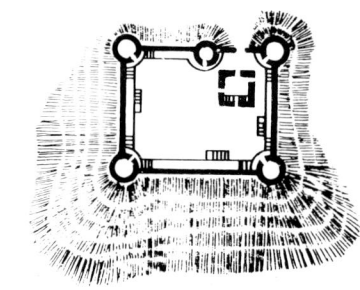

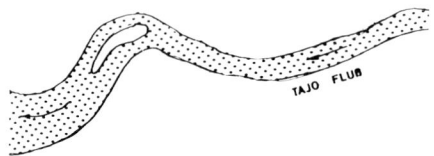

ABB. 185 Die Deutschordensburg Higarés östlich von Toledo; sie sollte islamische Vorstöße über den Tajo nach Norden abwehren. Der Grundriß gibt teils Fundamente, teils Mauerwerk wieder. Eine systematische Ausgrabung ist noch nicht erfolgt. (Zu Kap. IV.)

setzung politischer und sonstiger Handlungen und Zeremonien auf bestimmten Heiligen geweihte Tage bietet das Spanien des 13. Jh.s eine Fülle von Beispielen. Ein betonter Hinweis auf die Römische Kirche war die Übergabe von Córdoba am Peter-Paulstag 1236. Alfons X. ließ für seinen Vater Seelenmessen am Ildefonso-Tag lesen, und zwar in der nach 1252 in der »Torre de Oro« in Sevilla geschaffenen Kapelle des Heiligen; mit Sankt Ildefons verband sich die Tradition des spanischen Königtums. Für die Königin Beatrix las der Pfarrklerus Messen in der – von uns erwähnten – Kirche San Nicolás de Bari in Sevilla (LIT 97) am Nikolaustag.

ZU SEITE 68:

Santiago als Maurenbekämpfer. Der Überwinder der Muslims wendet sich gelegentlich gegen seinen als Hund dargestellten Gegner, welcher im Islam den Tod symbolisierte. Ein Relief in Fuenmayor (Logroño) zeigt links »Santiago Equestre«, rechts »el enemigo en figura de perro que desarollo un libro« (den Gegner als Hund, der ein Buch – den Koran – aufschlägt). Vgl. LIT 48. – Noch heute heißt der Paß zwischen Kastilien und dem so lange islamisch gewesenen Andalusien an der Straße von Toledo nach Córdoba »Despeñaperros« (Schlucht der Hunde, Übergang zu den Hunden).

ZU SEITE 70:

Die ersten christlichen Kirchen nach der Wiedergewinnung Andalusiens. König Ferdinand ließ für diese – nach ihm »ferdinandeisch« genannten – Sakralbauten aus Burgos Bauleute kommen; sie brachten Motive zisterziensischen Ursprungs und auch solche aus dem Languedoc mit, waren also wohl z. T. Franzosen. Allein in Córdoba sind noch sieben dieser Kirchen erhalten. Über weitgehend romanischen Grundrissen errichtete man gotisch eingewölbte Kirchenschiffe. Eine Portalwerkstatt aus Burgos schuf in Córdoba für die Südseite von San Nicolás de Bari und drei andere Kirchen stilistisch recht gleichförmige Portale.

Die Straße der „Alimanos" in Sevilla. In nordeuropäischen Städten würde man diesen Straßennamen als Hinweis auf Kaufleute deuten; eine Durchsicht der einschlägigen Publikationen ergibt jedoch, daß in Sevilla nur Kaufleute aus Südwestfrankreich, z. B. aus Bayonne, sowie von der Westküste Italiens, z. B. aus Genua und Pisa, Niederlassungen besaßen. Schiffe von Hansekaufleuten kamen nur ganz vereinzelt über Antwerpen und Brügge hinaus in den Westen und bis Spanien – und auch dies nur in späterer Zeit, als die fragliche Straße längst ihren Namen trug.

Das Grab von Königin Beatrix in Sevilla. Alfons X. ließ den Sarkophag seiner Mutter vermutlich 1278/79 aus Burgos nach Sevilla überführen. Ferdinand III., seine erste Gemahlin und beider Sohn, König Alfons X., ruhen nahe beieinander in der Capilla Real der Kathedrale (die an der Stelle der großen Emirmoschee seit etwa 1400 errichtet wurde). Zwei siegbringende plastische Marienbilder von König Ferdinand III. werden hier ebenfalls bewahrt: die große »Virgen de los Reyes«, welche »en magnifico carro« (auf prächtigem Wagen) an allen Kriegszügen teilnahm, und das kleine Marmorfigürchen der »Virgen de la Batallas«, das Ferdinand III. »en el arzón de la silla de su caballo« (»am vorderen erhöhten Teil des Sattels seines Pferdes«) im Kampf mit sich führte.

Deutschordensbesitz in Córdoba und Umgebung. Vollständige Angaben lassen sich nicht machen, da die Benutzung des Archivs des Bischofs von Córdoba Wissenschaftlern von auswärts nicht gestattet wird. In älteren Zeitschriften findet man Urkundenauszüge, die um 1850 der Lokalhistoriker Don Luis Maria Ramirez sich beschafft hatte: So hieß ein Ort, wo der Orden reich ausgestattet war, zeitweise »Cortijo de la Trinidad y de los Alimanos«. Ramirez benutzt übrigens gelegentlich auch die Bezeichnung »caballeros Teutonicos«, die man in Spanien nur selten antrifft.

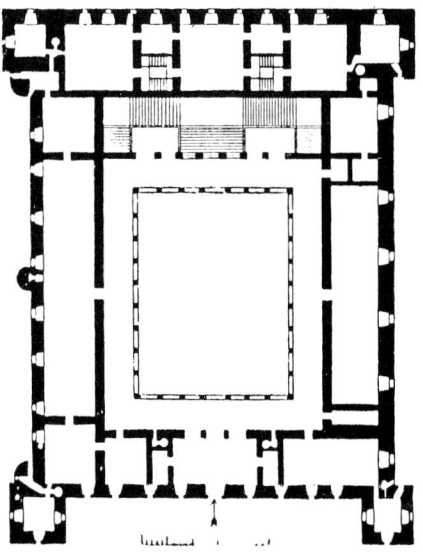

ABB. 186 Die Grundmauern des Alcázar von Toledo aus islamischer Zeit, also vor 1085. Das Bauwerk wurde im 13. und im späten 16. Jh. erhöht. Der heutige Zustand, nach weitgehender Zerstörung im Bürgerkrieg 1935/36, ist keine zuverlässige Rekonstruktion der Burg.

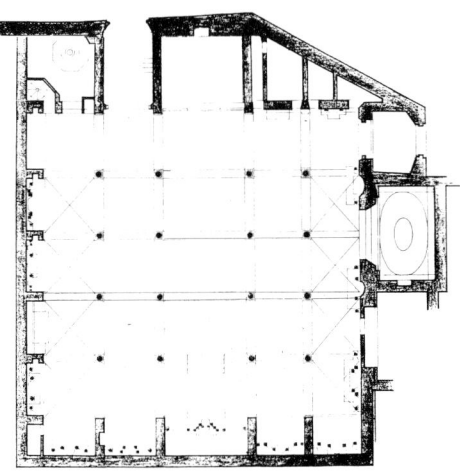

ABB. 187 Grundriß der Nikolás de Bari-Kirche in Sevilla. Der Deutsche Orden übernahm 1248 eine fünfschiffige quadratische Moschee, deren Kultrichtung – wie stets im Islam üblich – nach Süden ging (auf der Karte unten). Später wurde die Kultrichtung um 90° gedreht und im Osten ein Chor angebaut. Das aufsteigende heutige Mauerwerk ist nachmittelalterlich.

ZU SEITE 72:

Der Anteil des Ordens am Andalusienkreuzzug. Das Urteil »muy considerable« hat Ferreiro (LIT 76) nach gewissenhaften Studien der auch ihm nur z. T. zugänglichen Quellen formuliert. Es wird wohl in Spanien noch lange so bleiben, daß kirchliche und private Archive nicht frei benutzt werden können.

ZU SEITE 74:

Der Weg der Deutschordensritter von Kastilien nach Nordosteuropa. Urkunden berichten uns von Volmar von Bernhausen (südöstlich von Stuttgart), der Ordensritter in Preußen war, dann längere Zeit als Komtur in La Mota saß und 1287 bei Riga im Heidenkampf gegen die Litauer fiel. Die große Masse der Ritter wird in Urkunden natürlich nicht genannt.

ZU SEITE 76:

Elisabeth von Ungarn. Geboren 1207 in Pressburg als Tochter von König Andreas II. und Gertrud von Meran; seit 1211 auf der Wartburg; 1221 Eheschließung mit Ludwig IV. von Thüringen. Die Ehe »wohl gestiftet von Hermann von Salza« (W. Hubatsch).

ZU SEITE 77:

Die Elisabethkirche in Marburg. Zur Wahl des neuen Stils der Gotik durch Hermann von Salza vgl. LIT 125. Die Kirche hängt von nordfranzösischen Bauten – Tournai, Noyon, Soissons, Chaarlis/Oise – ab, namentlich auch der Chorgrundriß (Nachweis von M. Backes).

ZU SEITE 78:

Die Prussendarstellung auf der Gnesener Tür. Zu dieser vielerörterten Frage vgl. u. a. W. La Baume in: Altpreußen 7 (1942).

ZU SEITE 83:

Der Stadtname Thorn. Das Siegel des Komturs der Burg gibt den Namen »Thorun« wieder. Als nach der Schlacht bei Hattin 1187 die christliche Burg Thoron (Palästina, in Kapitel II genannt) in die Hände der Muslims gefallen war, taufte ein deutscher Fürst um 1200 eine neue Burg oberhalb von Alken (links des Rheins, Kreis St. Goar) »Thurandt«. Die stolze Burg in Palästina ging zu einem späteren Zeitpunkt an den Orden über, der sie 1229 abzutreten hatte; für den Namen von Thorn an der Weichsel ist die hier gegebene Ableitung überzeugender als alle anderen Hypothesen.

Das erste Siegel der Stadt Kulm. Vgl. die Abb. der Katalog-Nr. 173 der Stauferausstellung in Stuttgart (1977).

ZU SEITE 86:

Hermann von Salza und das Reichsfreiheitsprivileg für Lübeck. 1976 hat W. Hubatsch im Anschluß an frühere Vermutungen betont, daß Hermann von Salza die Bevorzugung Lübecks »gebilligt und empfohlen« haben muß (LIT 130).

ZU SEITE 92:

Wehrbauten aus Ziegeln im Weichselgebiet. Bernhard Schmid vertrat um 1940 die Meinung, in Alt-Christburg sei schon 1236 ein erstes Mal im Ordensgebiet eine Verwendung von Ziegeln nachzuweisen. Seit 1231 hielten sich Deutschordensritter im spanisch-islamischen Ziegelbaugebiet von Toledo auf; die Vermutung von Schmid entkräftet nicht die Ableitung des Geviertbautyps von Spanien. In einem der nächsten Hefte der ZfO veröffentlicht der Verfasser seinen Aufsatz von 1980 LIT 1267 in erweiterter Fassung, mit mehr Beispielen und Einzelnachweisen.

ZU SEITE 104:

Preußens Bedrohung durch die Mongolen. Während nach Osten hin das sumpfige Gebiet der

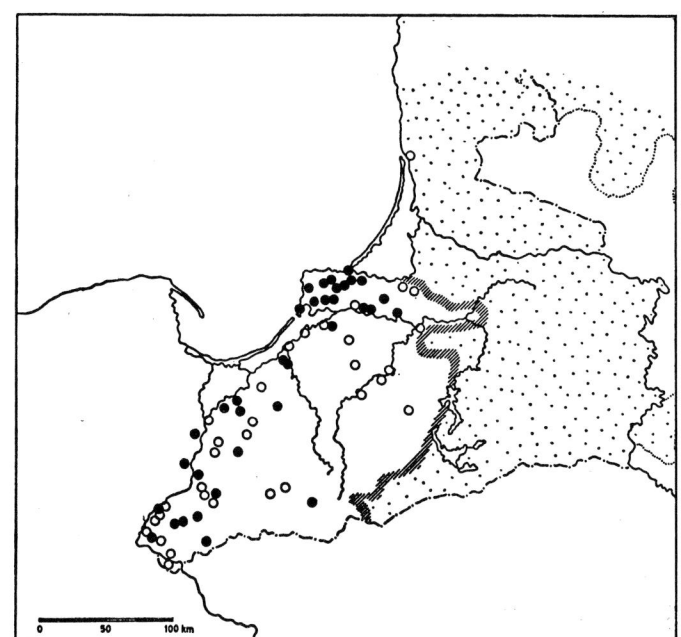

ABB. 188 Das vom Deutschen Orden bis 1280 erschlossene Gebiet zwischen Weichsel und Kurischem Haff. Schwarz: Burgen der ersten Zeit; weiße Kreise: neuere Burgen, meist weiter von der Küste nach Südosten hin angelegt. (Aus LIT 32; zu Kap. VI.)

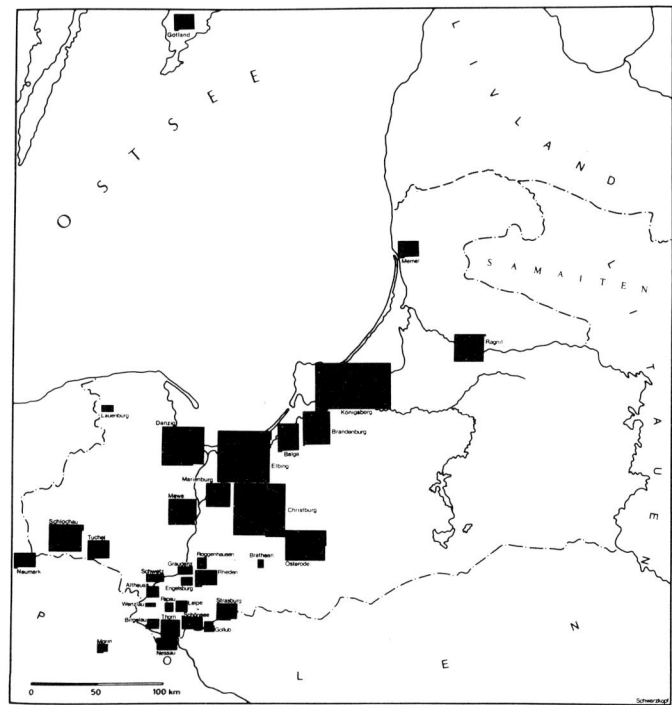

ABB. 189 Die in Burgen um 1400 gelagerten Armbrustvorräte des Ordens. In gefährdeten Zonen, die der Gegner allenfalls besetzen konnte, keine Vorräte, mit Ausnahme der festen Plätze Ragnit und Memel östlich und nördlich des Kurischen Haffs. (Aus LIT 32; zu Kap. IX.)

sog. Wildnis einen gewissen Schutz gegen Reiterheere bot, bestand eine besonders große Gefährdung von Thorn. Vgl. u. a. LIT 188.

ZU SEITE 107:

Das Problem des Heidenkampfs. Hierzu vor allem LIT 249.

ZU SEITE 118:

Stadtplanung durch den Orden. Zur Mitwirkung des Ordens bei der Anlage von Städten nach 1300 vgl. Witt, E.: Friedland. Königsberg 1932.

ZU SEITE 126:

Westliche Handelshöfe in Nowgorod. Der »Gotenhof« der Schweden mag schon bald nach 1080 entstanden sein, der »Skt.-Peter-Hof« rund hundert Jahre später. Der Gotenhof besaß einen Steinturm und mächtige Speicherbauten; ein ähnliches Bild bot der Peterhof. Es waren »ausländische Enclaven« (Goehrke) in der großen nordrussischen Handelsmetropole. Als das weiter südlich liegende Rußland von den Mongolen unterworfen wurde, kam auch der innerrussische Handel zum Erliegen; das »Kiewer Glas« und ähnliche bis dahin in Nowgorod angebotene Waren »verschwanden« (Goehrke) vom Markt (LIT 92).

ZU SEITE 130:

Abzeichen der Livlandkreuzfahrer. In Lodöse, dem einzigen mittelalterlichen Hafen an Schwedens Westküste, wurde unlängst ein Abzeichen der Livlandkreuzfahrer gefunden; die Schrift darauf enthält u. a. die Worte: »Signum S. Marie in Livonia . . .«.Vgl. Rydbeck, Monica: S. Maria in Livonia. In: Stockholm Studies in History of Art 13 (1967).

Die Düna als Handelsweg. Die Ware wurde aus dem Inneren Rußlands auf leichten, flachen Flußkähnen nach Riga gebracht, u. a. Pelze, Häute, Wachs, Pech, Honig.

ZU SEITE 135:

Zum Stadtplan von Fellin. Anregungen von Lippstadt und sonstigen westfälischen Städten für die Stadtgründungen des Schwertbrüderordens um 1230 hat Johansen nachgewiesen (LIT 137).

ZU SEITE 141:

Das Ende des Schwertbrüderordens. 1227 besaß der Orden die sechs Konvente Riga, Ascheraden, Segewold, Wenden, Fellin und Reval. In manchen Jahren gehörten ihm bis zu 150 Ritterbrüder an. Seit dem Beginn der Mission des Deutschen Ritterordens an der mittleren Weichsel fanden Vereinigungsverhandlungen statt; 1235 (also zwei Jahre vor der Gründung von Elbing) entsandte Hochmeister Hermann von Salza zwei hochgestellte Deutschordensritter zur Prüfung der Lage nach Altlivland. Die Schwertbrüder fühlten sich wohl keineswegs veranlaßt, sehr weit entgegenzukommen. Jedoch führte der Sieg der Litauer bei Saule (Schaulen) im September 1236 zu schnellen Entscheidungen. Der unvorsichtige Vorstoß der Christen war das Resultat der »ausschlaggebenden Rolle landesunkundiger Kreuzfahrer« im Kriegsrat. Bei Beginn der Frühjahrsschiffahrt 1237 gelangte der Hilferuf der Altlivländer über Lübeck nach Italien. Angesichts der Notlage der Schwertbrüder konnte Hermann von Salza die bis dahin schleppend betriebenen Verhandlungen zu einem für seinen Orden vorteilhaften Ende bringen; er hielt eine »Deckung seiner Flanke« in Preußen für geboten (wo gerade erst Elbing gegründet wurde). Im Mai 1237 erfuhren in Viterbo am Sitz der Kurie zwei dort erscheinende Schwertbrüder das Ende ihres Ordens durch Inkorporierung in den Deutschen Orden. Damals stiftete Friedrich II. zur Rettung Livlands einen beträchtlichen Geldbetrag, woraufhin »im livländischen Zweig des Deutschen Ordens für alle Zeiten ein Gebet für Friedrich II.« vorgeschrieben wurde (LIT 28).

ZU SEITE 142:

Die Mission in Altlivland. An Hand zahlreicher Beispiele hat Benninghoven nachgewiesen, daß die seit 1202 wirkenden Schwertbrüder »für die gestellte Schutz- und Missionsaufgabe besser geeignet waren als sämtliche Mitbewerber«; sie vermochten »eine Mehrheit der Bezwungenen innerlich durch eine maßvolle Politik für die ihnen angebotene neue Lebensordnung zu gewinnen«. Die Bekehrten »saßen lieber unter dem Orden« als in Gebieten der ritterlichen Vasallen der Bischöfe (LIT 28).

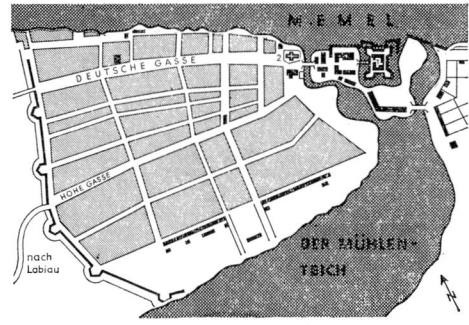

ABB. 190 Tilsit am Fluß Memel (russ. Njemen); die Burg am Ufer eine Geviertanlage. Der Flußname »Memel« hat seinem sprachlichen Ursprung nach mit dem Namen der Stadt »Memel« nichts zu tun. (Zu Kap. VIII/IX.)

ZU SEITE 146:

Die Entstehung Revals. Die recht unübersichtliche Frühzeit der späteren großen Handelsstadt ist erst nach 1945 auf eine sichere Grundlage gestellt worden. »Die turbulenten Ereignisse am Ende des Zweiten Weltkriegs« haben den Hauptteil des Revaler Stadtarchivs an den Rhein geführt (heute in Koblenz); so bot sich ein überreiches Studienmaterial der freien Forschung an (LIT 30).

Es steht nicht ganz fest, seit wann gotlandschwedische Kaufleute in der Revaler Bucht im Schutz des Hl. Olav gelegentlich Zuflucht suchten. Als Bischof Albert 1201 Riga gründete, respektierte er als künftigen Missionsbereich des dänischen Erzbistums Lund das weiter nördlich liegende Siedlungsgebiet der Esten. Der Schwertbrüderorden drang jedoch nach 1220 in estnisches Land vor. Der Dänenkönig Waldemar mußte nach seiner Niederlage bei Bornhöved durch norddeutsche Gegner (am 22. Juli 1227) seinen Plan einer großen dänischen Machtstellung im Ostseebereich aufgeben; immerhin sahen die Dänen weiterhin Estland als ihr Interessengebiet an.

Zu diesem Zeitpunkt hatten die Schwertbrüder »auf päpstliches Mandat hin« (Benninghoven) Reval inne; sie »schufen die eigentliche Stadt rund um die neue Pfarrkirche St. Nikolai«. Nach der Niederlage der Schwertbrüder bei Schaulen (1236) und der damit verbundenen Schwächung der christlichen Position im gesamten Altlivland erwies es sich als ratsam, Dänemark erneut zur Mitwirkung zu bewegen. Im Vertrag von Stenby wurde Reval und ein Teil seines Hinterlands – mit voller Billigung von Hermann von Salza – dänisches Staatsgebiet.

Damals war das Land von Elbing bis Memel noch in der Hand heidnischer Prussenstämme.

Weiter östlich saßen die Litauer, welche Kriegszüge quer durch Altlivland und bis ins Nowgoroder Gebiet hinein unternahmen; im Süden Rußlands drangen bereits die Mongolen vor. Bei der vom Papst gewünschten »Kräftezufuhr Dänemarks an der Nordflanke des Deutschordenslands« stand im Hintergrund wohl auch der Plan, das noch heidnische »Watland, Ingrien und Karelien« (also das Newamündungsgebiet und seine weitere Umgebung) seitens der Westkirche zu christianisieren, wozu es nicht kommen sollte (LIT 28).

ZU SEITE 155:

Bauten des Ordens in Wisby. Gemäß dem Ausgabenbuch des Ordenstresslers baute der Orden in Wisby mehr als bisher angenommen, u. a. die Grundmauern, einen Turm und einige Gebäude der Veste Visborg (LIT 27).

Maria an der Außenfront der Marienburg. Der Vogeldekor des Gewandes erinnert an Motive islamischer Textilien; eine genauere Untersuchung liegt nicht vor.

Zum Gewölbebau in den Ordensburgen in Preußen. Bei dem Hauptbeispiel, dem großen

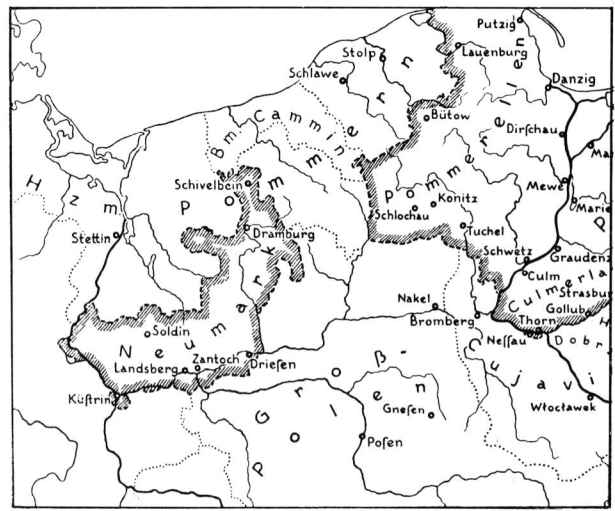

ABB. 192 Besitz des Deutschen Ordens um 1400 zwischen Oder und Weichsel; der südlichste Punkt des Ordensstaats ist die Burg Küstrin an der Oder. Nördlich von Kulm liegt Burg Schwetz, 1410 Komtursitz Heinrichs von Plauen. (Zu Kap. VIII/IX.)

Remter in der Marienburg, schwanken die Datierungen erheblich. Neben der Briefkapelle der Marienkirche in Lübeck wird neuerdings auch die z. T. englische Stilelemente zeigende Jakobikirche in Rostock vom Ordensland Preußen abgeleitet (LIT 226). »Völlig ordenspreußische Sternwölbungen« verzeichnete vor zwanzig Jahren Clasen in Spanien (wobei er zwei offenbar entstellte Ortsnamen wiedergab, LIT 52). Der Verf. bereitet eine Untersuchung zu diesen Fragen vor.

ZU SEITE 170:

Zur Restaurierung der Marienburg. Um 1890 errichtete man ein zu hohes und fälschlicherweise bereits über den Außenwänden ansetzendes Dach über dem Hochmeisterschloß; sodann wurden die Zinnen erhöht, um einem konventionellen Gotikbegriff nahezukommen. Die Abbildungen in diesem Buch geben daher nur früher entstandene Ansichten der Marienburg wieder.

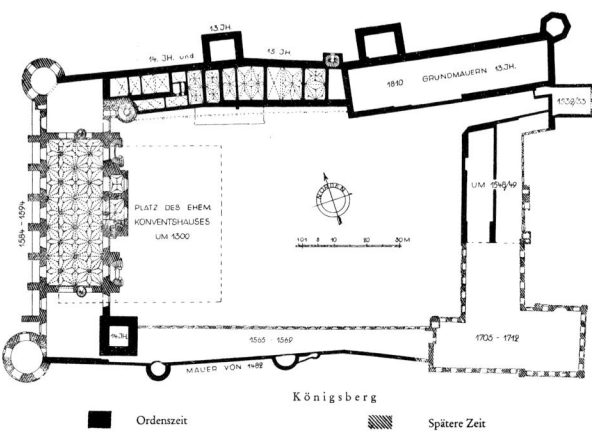

ABB. 191 Gesamtanlage der Burg Königsberg, Zustand um 1850. Schwarz: Teile aus der Ordenszeit. An der Westseite die um 1600 eingebaute herzogliche Hofkirche, später Krönungskirche der preußischen Könige. (Zu Kap. IX.)

230

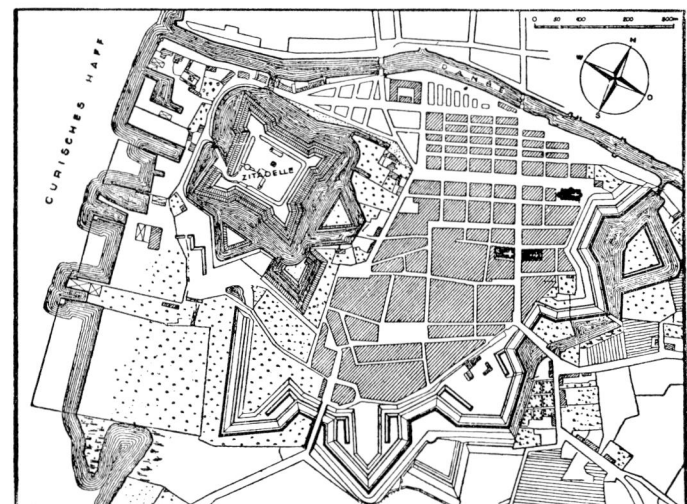

ZU SEITE 182:

*Burgentypen des Ordens im litauisch-polni-
schen Bereich.* In Litauen errichteten offenbar
schon vor der Annahme des Christentums (1386)
deutsche Baumeister Geviertanlagen. Vier Jahre
nach der Schlacht von Tannenberg sind Bauleute
aus Preußen im litauischen Gebiet mit Sicherheit
nachzuweisen. Witolds Burg Traken bei Wilna
sah einer Deutschordensburg sehr ähnlich. In den
nordpolnischen Landschaften Kujawien und Masowien setzte sich der Geviertbau ebenfalls
durch; sogar das Rautenmuster wurde in der ma-
sowischen Herzogsburg Ciechanow im 15. Jahrhundert angewendet.

Zinnenschmuck über Kirchenwänden. In
Danzig gilt als ältestes Beispiel der Zinnenkranz
auf den Langhauswänden der Marienkirche; diesem Vorbild folgte man bei der Erweiterung der
Nikolaikirche.

*Der Orden als Bauherr von Kirchen in Preu-
ßen.* Eine eingehende Untersuchung steht noch
aus. Als Patron der sehr bedeutenden Kirchen bei
der Burg Preußisch Mark und in Deutsch-Eylau
sowie in der Neustadt von Thorn (Jakobikirche)
könnte – wie Gall um 1940 äußerte – der Orden
auch »den Baumeister gestellt haben«. Einzelne

Formsteine der vom Orden errichteten Nikolaikirche in Balga und der Marienkirche in Danzig
sind nach einer Beobachtung von Drost identisch.
Bei Landkirchen dürfte die Mitwirkung von Bau-
leuten des Ordens noch häufiger gewesen sein; die
Nennung des Hochmeisters Dusemer in einer In-
schrift der Kirche von Pehsken bei Mewe muß
sich auf eine Geldspende für den Bau bezogen haben.

Die preußischen »Artushöfe«. Seit Wolfram
von Eschenbachs Tagen war die Artussage in ritterlichen Kreisen Deutschlands wohlbekannt.
Die Einrichtung von bürgerlichen Artushöfen
könnte auch mit dem zahlreichen Auftreten englischer Kreuzfahrer zusammenhängen.

ZU SEITE 183:

*Nowgorods Bedeutung im künstlerischen
Leben.* Die Geschichte Nowgorods während der
Mongolenzeit im Süden Rußlands ist neuerdings
in Ost und West wiederholt behandelt worden.
Nur hier entwickelte sich – wie in einer deutschen freien Reichsstadt – eine politisch unab-
hängige »Handelsaristokratie«; ihr Wirken auf
künstlerischem Gebiet machte Nowgorod »zu
einem Zwischenglied« zwischen der ersten Blüte

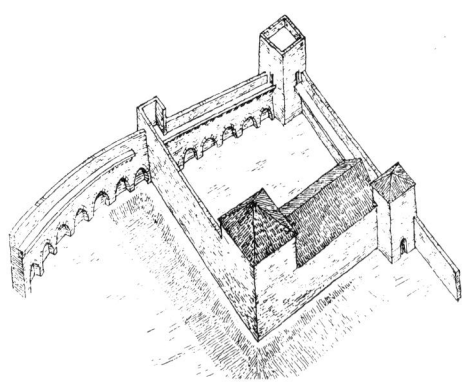

der russischen Kunst vor der Mongolenherrschaft im mittleren und südlichen Rußland und der Vertreibung der aus Asien gekommenen Fremdlinge; in diesen rund 300 Jahren sorgte nur Nowgorod »für die Kontinuität des künstlerischen Lebens in Rußland« (LIT 100).

ZU SEITE 190:

Revals Belagerungen durch die Russen. Die letzten Kämpfe im altlivländischen Bereich wurden auch in Altdeutschland beachtet; am 30. September 1571 sandte Kaiser Maximilian II. der Stadt Reval ein Anerkennungsschreiben aus Wien; jedoch blieben faktische Hilfeleistungen aus.

Der freiwillige Tod der Insassen der Burg Wenden. Das Ereignis wirft ein Schlaglicht auf die

ABB. 194 Die Burg an der Südwestecke der Stadt Wisby, z. T. vom Deutschen Orden um 1400 errichtet. (Zu Kap. VIII.)

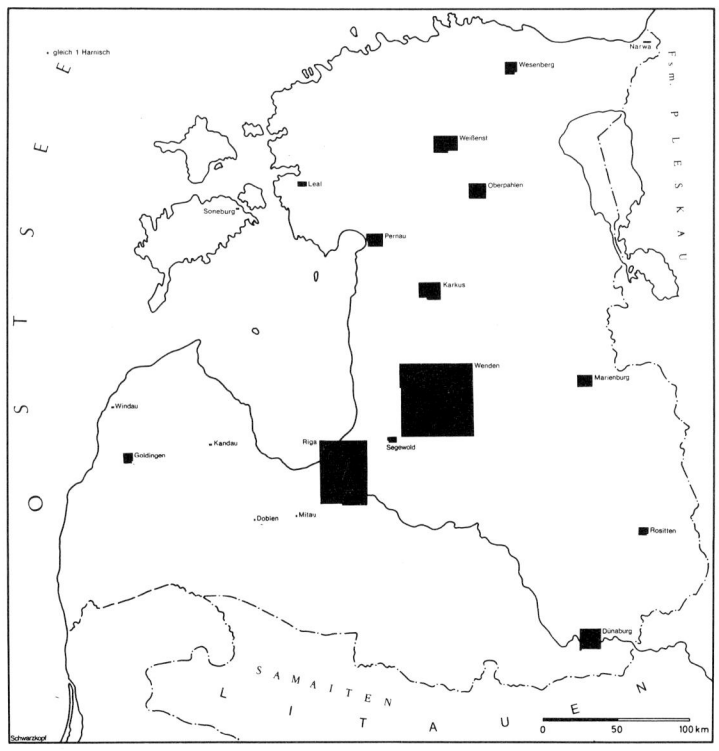

ABB. 195 Die in Ordensburgen Altlivlands 1451 gelagerten Harnischvorräte. Zu diesem Zeitpunkt drohte Gefahr aus dem Süden von Polen-Litauen und aus dem Osten von Rußland. Von den Waffenvorräten der geistlichen Stifte, namentlich des Bischofs von Dorpat, haben sich Aufzeichnungen nicht erhalten. (Aus LIT 31; zu Kap. X.)

Härte der Kämpfe in Altlivland. »Nach gemeinsamem Abendmahlsgottesdienst wurde die Pulverkammer entzündet.« Außer den Ordensrittern und sonstigen Bewaffneten waren viele Frauen zugegen. Vermutlich überwogen ihrer Zahl nach die nichtdeutschen Flüchtlinge vom Lande, die auch ihre Kinder mitgebracht hatten (LIT 253).

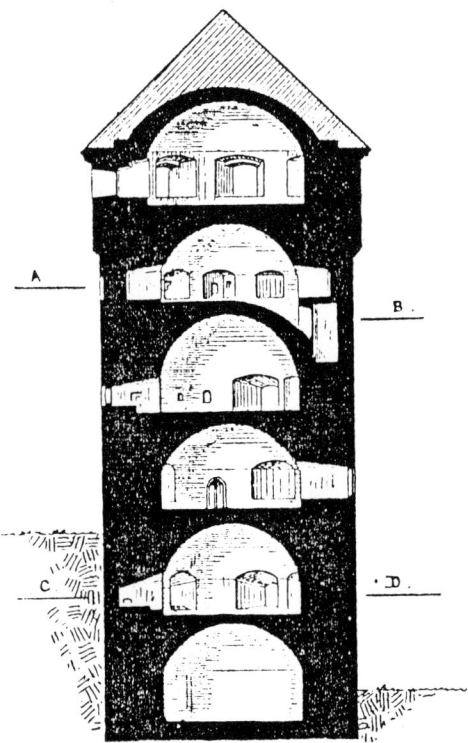

ABB. 197   Schnitt des freistehenden, um 1535 erbauten großen Batterieturms »Kiek-en-de-Kök« in Reval. Höhe des Turms ohne Dach 35 Meter. Der Turm nahm in 5 Stockwerken Geschütze auf. (Zu Kap. X.)

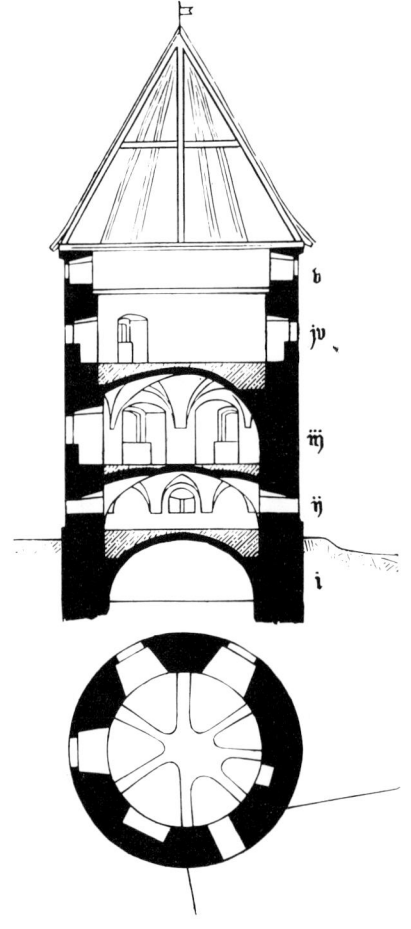

ABB. 196   Schnitt und Grundriß des 3. Stockwerks eines um 1480 errichteten Geschützturms der Burg Alschwangen. Höhe des Turms 18 Meter, ohne den neuzeitlichen Dachstuhl. (Aus LIT 217; zu Kap. X.)

ZU SEITE 197:

Der Orden als Bauherr von Kirchen in Altlivland. Schon im frühen 14. Jahrhundert erklärte ein Vertreter des Ordens bei einem Zwist mit dem Erzbischof von Riga, »auf Kosten des Ordens« seien bereits »40 Kirchen gebaut worden«.

ZU SEITE 203:

Burgenbau auf Oesel. Die Holzreste einer Burg der Esten von Oesel wurden unlängst durch eine dendrologische Untersuchung auf etwa 1060 datiert. Als die Dänen im frühen 13. Jahrhundert, wie berichtet, im Bereich der Esten Kreuzzüge durchführten, errichteten sie 1222 auf Oesel Burgen (wohl aus Holz), die der hartnäckige Gegner bald wieder zerstörte. Erst die vom altlivländischen Festland vorrückenden Schwertbrüder bezwangen den Widerstand. Es entstanden anschließend Wehrkirchen und – wohl erst um 1350 – als große feste Hauptburg des Bischofs von Oesel-Wiek die Arensburg. Wenn Clasen die Gewölbe im oberen Stock des Umgangs im Hof auf etwa 1375 richtig datiert, muß die hervorragende Bauhütte, die hier tätig war, bereits vor Bischof Winrich von Kniprode ihr Wirken begonnen haben.

ABB. 199   Steigbügel und Sporn eines Rigaer »Schwarzhäupterbruders«, wohl 15. Jh. Nach einer Zeichnung von etwa 1820. (Zu Kap. X.)

ABB. 198   Grabstein eines Revaler »Schwarzhäupterbruders«, gefallen im Kampf gegen Russen vor den Mauern der Stadt. Wiedergabe des nicht erhaltenen Grabsteins nach einer Zeichnung von etwa 1820. (Zu Kap. X.)

ZU SEITE 205:

Geviertburgen in Nordeuropa. Außer Tawastehus (Finnland) sind eine Unzahl wichtiger Burgen im ganzen skandinavischen Raum zu nennen, u. a. der Urbau von Helsingör (Dänemark), Steinvikholm (Norwegen) und – in abgewandelter Form bei besonders ausgeklügelter Berücksichtigung des Schußfelds der Geschütztürme – Gripsholm (Schweden, von einem vor 1537 aus dem Ordensgebiet eingewanderten Meister. LIT 239).

ZU SEITE 209:

»König in Preussen«. Dieser Titel mußte von den Hohenzollern gewählt werden, weil 1701 (als sich ein Sohn des Großen Kurfürsten die Königskrone in Königsberg aufsetzte) Polen noch einen wesentlichen Teil des alten Ordenslands (von der

mittleren Weichsel bis zur Ostsee) besaß. 1701 wurde eine Anknüpfung an Ordenstraditionen bewußt vorgenommen, wovon u. a. die Stiftung des Schwarzenadlerordens Zeugnis ablegt.

Der russische Vorstoß zur Ostsee um 1220. Forstreuter hat sich mit dieser Episode beschäftigt und vermutet, die Russen seien entlang des Memelflusses gekommen; das Gebiet des Prussenstamms der Sudauer berührte sich »in der Gegend von Grodno« (Forstreuter) mit dem der Russen. Vgl. LIT 83.

Zu Seite 10: Nachtrag

Gnadenpforte Bamberg. Die kaum abgeschwächte Proskynese (Aufblick des am Boden Liegenden) findet sich in Süddeutschland im 13. Jahrhundert nur in diesem einzigen Fall, war jedoch im ostkirchlichen Bereich, aber auch im »Regnum Siciliae« bei Darstellungen üblich, welche die Verehrung der Maria zeigten (vgl. u. a. Admiral Antiochenes zur Füßen Mariae, Mosaik in der Martoranakirche in Palermo). Die Art der Darstellung des Deutschordensritters in Bamberg spricht mithin für Hermann von Salza (und nicht – wie jüngst geäußert – für einen in Deutschland lebenden Ordensritter).

ZU DEN ABBILDUNGEN

Ergänzende Angaben zu Abbildungen im Hauptteil des Buchs, deren Unterschriften nicht alle erwünschten Auskünfte geben, finden sich nachstehend. Unter den Abb. und in diesem Teil des Anhangs werden folgende Abkürzungen benutzt: a) Aufn. = Photographische Aufnahme; b) Hl = Heiliger; c) Jh. = Jahrhundert; d) Rekonstrukt. = Rekonstruktionszeichnung des früheren Zustands eines Bauwerks, Stadtplans usf. Nach Möglichkeit wird bei älteren Rekonstruktionszeichnungen und photograph. Aufnahmen der ermittelte oder zu vermutende Zeitpunkt der Entstehung angegeben. Ursprünglicher Zustand, korrekte oder verfälschende Wiederherstellungsarbeiten, Kriegszerstörung, Wiederaufbau – all das ist leichter zu erschließen, wenn man bei bildlichen Belegen weiß, wann sie gefertigt wurden.

ABB. 1 Das Einreiten gefallener Kreuzritter in den Himmel am Tag des Jüngsten Gerichts im Gefolge Christi, wie der Papst es vor dem Ersten Kreuzzug verhießen hatte. Links oben Erzengel Michael, Schlachtenhelfer und ältester Ritterpatron. Zeichnung nach schlecht erhaltener Miniatur, Bibelhandschrift ROY B XV, British Museum Library, London.

ABB. 2 Barbarossa als Kreuzzugsführer. Der Kaiser mit Krone und Reichsapfel, das Kreuz auf Brust und Schild. Titelminiatur einer Barbarossa gewidmeten Schrift; der geistliche Verfasser in kleinem Maßstab rechts. In den umrahmenden Textzeilen wird auf das zu vertreibende Heer des Sultans Saladin hingewiesen. Zeichnung nach schlecht erhaltenem Original, früher Kloster Schäftlarn bei München, heute Vatikanische Bibliothek, Rom.

ABB. 3 Die als »Davidsburg« geltende Zitadelle, deren älteste erhaltene Bauteile jedoch dem 1. Jh. nach Chr. Geb. angehören, wurde nach dem Ende der Kreuzfahrerepoche von den Muslims umgebaut und das Minarett hinzugefügt. Steindruck nach Zeichnung von William H. Bartlett.

ABB. 4 Mauritius, Anführer einer aus Ägyptern bestehenden, an der oberen Rhone stationierten römischen Legion; er wurde im 4. Jh. als Christ enthauptet. Der Hl. erschien 1098 als berittener Schlachtenhelfer über Antiochia, daher in ritterlicher Rüstung zu Pferde dargestellt. Seine Grabkirche in St. Maurice/Wallis.

ABB. 5 Jakobus zu Pferde, »Santiago Equestre«, seit etwa 1170 halbritterlich dargestellt. Der Apostel zeigte sich über in Spanien Kämpfenden mit der Fahne des Sieges; ihn verehren Mädchen, links einfach, rechts vornehm gekleidet, die er vor dem Los von Haremssklavinnen bewahrt; »El tributo de las doncellas«, der jährlich von den Muslims in den von ihnen beherrschten Gebieten verlangt wurde, hat ein Ende gefunden. Tympanon an der Puerta del Claustro (Kreuzgang) der Grabkirche des Hl. in Santiago de Compostela/Spanien.

ABB. 6 Karl vor den Mauern der im Jahre 778 von den Franken belagerten nordspanischen Stadt Pamplona.

viertbau – wie Goldingen – errichtet. Nach Zeichnung von Erik Dahlberg.

ABB. 128 Aufn. um 1910.

ABB. 131 Turm »Silverhättan« (»Silberhut«).

ABB. 132 Nach Zeichnung von D. Gilly.

ABB. 133 Nach Zeichnung von Steinbrecht um 1900. Einzelheiten sind im Stil süddeutscher Gotik unrichtig gegeben.

ABB. 134 Nach Zeichnung von Gilly.

ABB. 134 Vermutlich von J. D. Schultz gemalt.

ABB. 137 Nach Zeichnung von D. Gilly.

ABB. 139 Das gut wiedergegebene zurückgesetzte Dach des Hochmeisterschlosses wurde um 1900 fälschend erhöht. Wohl von J. D. Schultz gemalt.

ABB. 140 Aufn. um 1930. Das 8 Meter hohe Mosaikrelief von aus Venedig geholten Mosaizisten gefertigt; der Entwurf für den Kopf der Maria von deutscher Hand.

ABB. 141 Aufn. um 1930.

ABB. 142 Die Hl. Barbara als Patronin der Baumeister, welche den Komtur Thile von Lorick Maria empfiehlt, deutet darauf hin, daß dieser sich im Burgenbau ausgezeichnet hatte.

ABB. 144 Nach Zeichnung von Gilly.

ABB. 145 Um 1500 wurden die Feldzeichen, damals im Dom von Krakau bewahrt, in kleinem Format kopiert; danach entstanden die graphischen Wiedergaben 1850. Die Feldzeichen selbst sind zugrunde gegangen. Die ersten fünf Fahnen aus der Schlacht von Tannenberg 1410; die Fahne ganz rechts wurde am 13. 9. 1431 bei einem Gefecht im Netzegebiet von den Polen erbeutet.

ABB. 147 Nach Entwurf von F. Benninghoven.

ABB. 148 Aufn. um 1925.

ABB. 151 Nach Zeichnung von Karl Gruber, 1939.

ABB. 152 Nach Zeichnung von Julius Greth

ABB. 153 Nach Zeichnung von Julius Gottheil.

ABB. 154 Aufn. um 1930.

ABB. 155 Die Zeichnung wohl von Brotze; das Grabmal war schon um 1900 stark zerstört.

ABB. 156 Nach Einführung der Reformation kam das in Lübeck gefertigte Werk aus der Kirche 1525 in das Haus der Schwarzhäupter in Riga und 1939 bei der sog. »Umsiedlung der baltischen Deutschen« als Vereinsbesitz nach Deutschland.

ABB. 157 Unterer Teil des Seitenflügels eines um 1480 in Lübeck gefertigten Altars, den der Rat von Reval bestellt hatte; heute im Kunstmuseum.

ABB. 158 Nach Martin Gilbert, »Russian History Atlas«, London 1972.

ABB. 159/160 Nach Entwürfen von W. Neumann, 1890.

ABB. 161 Norden unten.

ABB. 162 Aufn. um 1935.

ABB. 163 Aufn. um 1930.

ABB. 164 Nach Zeichnung von W. Stavenhagen.

ABB. 165 Norden unten.

ABB. 166 Nach Zeichnung von W. Stavenhagen.

ABB. 167 Nach Entwurf von F. Benninghoven.

ABB. 168 Auf dem Kartenausschnitt links u. a. die Ortsnamen Wenden, Pernau (Preno) und rechts über »Esthia« Dorpat (Darbatum). Die Karte entstand als Auftrag des Schweden Olaus Magnus.

ABB. 169 Nach Merian (vgl. Erläuterung zu Abb. 113).

ABB. 170 Nach Entwurf von Sten Karling. Der Plan zeigt noch nicht die Bastionen des 17. Jh., welche auf Abb. 169 zu sehen sind.

ABB. 171 Die kurz vor 1860 errichtete mächtige Brücke diente dem Verkehr zwischen St. Petersburg und Reval, Dorpat und Riga. Nach Zeichnung von W. Stavenhagen.

ABB. 172 Die Mitglieder der einstigen Mauritiusbruderschaft, um 1580 meist »Schwarzhäupterkompanie« genannt, nahmen an der Verteidigung der Stadt gegen die Russen in der zweiten Hälfte des 16. Jahrhunderts als kleine, selbständig kämpfende Truppe teil, z. B. durch Ausfälle bei Nacht. Das außen in die Fassade des

Schwarzhäupterhauses eingesetzte
Relief wohl Arbeit des vorüberge-
hend in Reval tätigen Niederländers
Arent Passer.

ABB. 174

Nach Entwurf des Archivars des
Deutschen Ordens.

Verzeichnis von Orten mit mehreren Namen

Erster Teil: Deutsch/Fremde Sprachen; zweiter Teil: Fremde Sprachen/Deutsch.

In den Listen werden nur im Text dieses Buches genannte Orte aufgeführt. Bei einigen Burgruinen konnten die heute an Ort und Stelle benutzten Bezeichnungen nicht ermittelt werden (Rheden/Polen, Wolkenburg/Sowjetunion usf.).

Benutzte Abkürzungen für fremde Sprachen (soweit nicht allgemeinverständlich): altruss. = russisch vor 1700; zar. russ. = zaristisch-russisch, von Peter dem Großen bis 1917; sowj. russ. = sowjetisch-russisch seit 1917; altfrz. = französische Bezeichnungen in Palästina zwischen 1100 und 1300.

Oliva	Oliwa (poln.)	Thorn	Torún (poln.)
Pleskau	Pskow (zar. russ., sowj. russ.)	Thoron	Tibnin (arab.)
		Tilsit	Sowjetsk (sowj. russ.)
Ragnit	Njeman (sowj. russ.)	Tolsburg	Toolse (estn., sowj. russ.)
Reval	Revel (zar. russ.)		
	Tallinn (estn., sowj. russ.)	Weißenstein	Paide (estn., sowj. russ.)
Rössel	Reszel (poln.)	Wenden	Cesis (lett., sowj. russ.)
Ronceval	Roncesvalles (span.)	Wesenberg	Rakvere (estn., sowj. russ.)
St. Petersburg	Leningrad (sowj. russ.)		
Strasburg	Brodnica (poln.)	Windau	Windawa (zar. russ.)
Sus	Sousse (frz.)		Wentpils (lett., sowj. russ.)
	Susa (ital.)		
Tannenberg	Stebark (poln.)	Wormditt	Ornety (poln.)
Tawastehus	Hämeenlinna (finn.)		

ZWEITER TEIL: FREMDE SPRACHEN / DEUTSCH

Akka (altägypt.)	Akkon	Kalatkurein (arab.)	Montfort
Akko (jüd.)	Akkon	Kaliningrad (sowj. russ.)	Königsberg/Preußen
Antakya (arab.)	Antiochia	Klaipeda (lit., sowj. russ.)	Memel
Aschkelon (jüd.)	Askalon	Kokhav Hayarden (arab.)	Belvoir
Alsunga (lett., sowj. russ.)	Alschwangen	Koknese (lett., sowj. russ.)	Kokenhusen
Belvoir (jüd.)	Belvoir	Kostrzyn (poln.)	Küstrin
Braniewski (poln.)	Balga	Kuldiga (lett., sowj. russ.)	Goldingen
Brodnica (poln.)	Strasburg		
Bytowo (poln.)	Bütow	Kuressaare (estn., sowj. russ.)	Arensburg
Cesis (lett., sowj. russ.)	Wenden	Kwidzyn (poln.)	Marienwerder
Chelmno (poln.)	Kulm	Kuldiga (lett., sowj. russ.)	Goldingen
Chojna (poln.)	Königsberg/Neumark		
Daugavpils (lett., sowj. russ.)	Dünaburg	Leningrad (sowj. russ.)	St. Petersburg
Dwinsk (zar. russ.)	Dünaburg	Lidsbark Warmiński (poln.)	Heilsberg
Elblag (poln.)	Elbing	Malbork (poln.)	Marienburg
Gdańsk (poln.)	Danzig	Morag (poln.)	Mohrungen
Gniezno (poln.)	Gnesen	Narva (estn.)	Narwa
Hämeenlinna (finn.)	Tawastehus	Narwa (sowj. russ.)	Narwa
Japho (jüd.)	Jaffa	Nidzica (poln.)	Neidenburg
Jurjew (altruss., zar. russ.)	Dorpat	Njeman (sowj. russ.)	Ragnit

Oliwa (poln.)	Oliva	Stebark (poln.)	Marienburg
Olszstyn (poln.)	Allenstein	Susa (ital.)	Sus
Ornety (poln.)	Wormditt	Tallinn (estn., sowj. russ.)	Reval
Paide (estn., sowj. russ.)	Weißenstein	Tartu (estn., sowj. russ.)	Dorpat
Pskow (zar. russ., sowj. russ.)	Pleskau	Toolse (estn., sowj. russ.)	Tolsburg
Ptolemais (altgriech.)	Akkon	Tibnin (arab.)	Thoron
Rakvere (estn., sowj. russ.)	Wesenberg	Torún (poln.)	Thorn
Reszel (poln.)	Rössel	Tschernjachowsk (sowj. russ.)	Insterburg
Revel (zar. russ.)	Reval	Vatselinna (estn., sowj. russ.)	Neuhausen
Roncesvalles (span.)	Ronceval	Viljandi (estn., sowj. russ.)	Fellin
Sousse (frz.)	Sus	Wentpils (lett., sowj. russ.)	Windau
Starye Dziergon (poln.)	Alt-Christburg	Weseloje (sowj. russ.)	Balga
St. Jean d'Acre (altfrz.)	Akkon	Windawa (zar. russ.)	Windau

LITERATURVERZEICHNIS
alphabetisch nach Verfassern geordnet

In der Liste sind die wichtigsten Veröffentlichungen der letzten Zeit sowie einige oft übersehene ältere Bücher und Aufsätze enthalten. Für die einschlägigen Studien gilt: Israel-Literatur ist im deutschen Sprachraum nur im Judaistischen Institut der Universität Wien vollständig vertreten. Die aufgeführten italienischen und spanischen Werke sind außerhalb beider Länder selten; in Süditalien bzw. in Südspanien erschienene Bücher wissenschaftlichen Ranges aus letzter Zeit waren in den Bibliotheken von Rom bzw. Madrid nicht stets zu ermitteln, sondern erst jeweils weiter im Süden. Osteuropäische Literatur trifft man im Herderinstitut in Marburg an; beinahe vollständig für den östlichen Ostseeraum ist der Bestand der Bücherei des Museums in Wisby/Gotland.

Einige häufig vorkommende Serien und Zeitschriften werden in unserem Verzeichnis gemäß den Richtlinien der MONUMENTA GERMANIAE HISTORICA nach ihren Siglen zitiert:
DA Deutsches Archiv für die Erforschung des Mittelalters
CNfI Christian News from Israel
FM Mitteilungen des Kunstgeschichtlichen Instituts Florenz
VuF Vorträge und Forschungen, herausgegeben vom Konstanzer Arbeitskreis für mittelalterliche Geschichte
ZfO Zeitschrift für Ostgeschichte
Zum raschen Auffinden erfolgen innerhalb des Buches die Literaturverweise nur nach der Nummer dieses Verzeichnisses mit z. B. »LIT 23«.

LIT 1   Albornoz, Sanchez: El culto de Santiago. In: Cuadernos de Historia de España 28 (1958).

LIT 2   Amador de los Rios y Villalba, Rio: Restos de Traje extraidos del Sepulcro de Don Felipe de Castilla. In: Museo Español 9 (1978).

LIT 3   Ambrosi, Angelo: Architettura dei crociati in Puglia. Il Santo Sepolcro di Barletta. Bari 1976.

LIT 4   Andrews, Kevin: Castles of Morea. Princeton 1953.

LIT 5   Angellilis, Ciro: Il santuario del Gargano e il culto di S. Michele. Foggia 1955.

LIT 6   Antonow, Alexander: Die Johanniterburg Biebelried bei Würzburg. In: Burgen und Schlösser 17 (1976).

LIT 7   Antonow, Alexander: Burgen des südwestdeutschen Raums im 13. und 14. Jahrhundert. Bühl/Baden 1977.

LIT 8   Appelt, Heinrich: Die Kaiseridee Friedrich Barbarossas. In: Österr. Akademie d. Wissenschaften, Philosophisch-Historische Klasse, Sitzungsberichte 252 (1967).

LIT 9   Apraiz, Angel de: La representacion del Caballero en las iglesias de los caminos de Santiago. In: Archivo Español de arte, 1941.

LIT 10   Arbusow, Leonid: Die Frage nach der Bedeutung der Hanse für Livland. In: DA 7 (1944).

LIT 11   Arco, Ricardo del: Sepulcros de la Casa Real de Castilla. Madrid 1954.

LIT 12   Arens, Fritz: Staufische Pfalz- und Burgkapellen. In: VuF 19 (1976).

LIT 13   Arman, Harald: Eesti Architektuuri Ajalugu (Geschichte der Baukunst in Estland). Reval 1965.

LIT 14   Arnold, Udo: Jerusalem und Akkon. Zur Frage von Kontinuität oder Neugründung des Deutschen Ordens 1190. In: Mitteilungen des Instituts für österreichische Geschichtsforschung 86 (1978).

LIT 15 Avi-Jonah, Michael: Excavations in Jerusalem. In: CNfI, New Series 22 (1972/73).

LIT 16 Bailey Yewdale, Ralph: Bohemund I. Princeton/Wisc. 1917.

LIT 17 Ballesteros, Antonio: Sevilla en el siglo XIII. Madrid 1913.

LIT 18 Ballesteros, Antonio: Alfonso X el Sabio. Neubearbeitete Ausgabe. Barcelona 1963.

LIT 19 Barash, Moshe: Crusader figural Sculpture. Jerusalem 1971.

LIT 20 Bauer, Albert: Der Livlandkreuzzug. In: Baltische Kirchengeschichte, hrsg. von Reinhard Wittram, Göttingen 1956.

LIT 21 Ben-Dov, Meir: Archaeological Excavations near the Temple Mount. In: CNfI, New Series 22 (1971/72).

LIT 22 Ben-Dov, Meir: The Crusader Castle of Belvoir. In: CNfI, New Series 23 (1972/73).

LIT 23 Ben-Dov, Meir: Crusader castles in Israel. In: CNfI, New Series 25 (1975/76).

LIT 24 Ben-Dov, Meir: Santa Maria of the German knights. Jerusalem 1977.

LIT 25 Benninghoven, Friedrich: Rigas Entstehung. Hamburg 1961.

LIT 26 Benninghoven, Friedrich: Probleme der Standortverteilung der livländischen Streitkräfte im ausgehenden Mittelalter. In: ZfO 12 (1963).

LIT 27 Benninghoven, Friedrich: Die Gotlandfeldzüge des Deutschen Ordens. ZfO 13 (1964).

LIT 28 Benninghoven, Friedrich: Der Orden der Schwertbrüder. Köln 1965.

LIT 29 Benninghoven, Friedrich: Gotland und der Deutsche Orden. In: ZfO 16 (1967).

LIT 30 Benninghoven, Friedrich: Hansestadt Reval, 700 Jahre nordosteuropäischer Geschichte im Spiegel eines Stadtarchivs. Göttingen 1968.

LIT 31 Benninghoven, Friedrich: Zur Technik spätmittelalterlicher Kriegszüge im Ostbalticum. In: ZfO (1970).

LIT 32 Benninghoven, Friedrich: Die Burgen als Grundpfeiler des spätmittelalterlichen

Wehrwesens im preußisch-livländischen Deutschordensstaat. In: VuF 19 (1976).

LIT 33 Benninghoven, Friedrich: Zur Frühgeschichte Preußens. In: Ostpreußenblatt Folge 2, Jahrgang 1979.

LIT 34 Benvenisti, Meron: The Crusaders in the Holy Land. Jerusalem 1976.

LIT 35 Blomquist, Ragnar: Lunds Historia. Lund 1951.

LIT 36 Boase, Thomas: Kingdoms and Strongholds of the Crusaders. London 1971.

LIT 37 Boockmann, Hartmuth: Preußen, der Deutsche Ritterorden und die Wiederherstellung der Marienburg. In: Quellen und Studien zur Geschichte des Deutschen Ordens 1 (1967).

LIT 38 Boockmann, Hartmuth: Beiträge zu einer Ikonographie des Deutschen Ordens. In: Horneck, Königsberg und Mergentheim, hrsg. von Udo Arnold. Lüneburg 1980.

LIT 39 Bornheim, gen. Schilling, Werner: Rheinische Höhenburgen. Neuss 1964.

LIT 40 Braunfels-Esche, Sigrid: Sankt Georg. München 1975.

LIT 41 Briggs, Martin: Muhammedan Architecture in Egypt and Palestine. Oxford 1924.

LIT 42 Bruhns, Leo: Hohenstaufenschlösser. Leipzig 1937.

LIT 43 Bruhns, Friedrich, und Weczerka, Hugo: Hansische Handelsstraßen. Köln 1962.

LIT 44 Buschhausen, Helmut: Das Altersbild Kaiser Friedrichs II. In: Jahrbuch der Kunsthistorischen Sammlungen in Wien 70 (1974).

LIT 45 Buschhausen, Helmut: Die süditalienische Bauplastik im Königreich Jerusalem. Wien 1978.

LIT 46 Burns, Robert Ignatius: The Crusader Kingdom of Valencia. Cambridge/Mass. 1967.

LIT 47 Caboga, Herbert von: Der Orient und sein Einfluß auf den Wehrbau des Abendlandes. Madrid 1953.

LIT 48 Cantera-Orive, Julian: La batalla de Clavijo. Vitoria 1944.

LIT 49 Carabellese, Franceso: Il comune Pugliese durante la monarchia normanno-sveva. Bari 1924.

LIT 50   Cinthio, Erik: Lunds Domkyrka. Lund 1957.

LIT 51   Cinthio, Erik: Heiligenpatrone und Kirchenbauten. In: Acta Visbyensia 3 (1969).

LIT 52   Clasen, Karl Heinz: Deutsche Gewölbe der Spätgotik. Berlin 1961.

LIT 53   Cocherill, Maurice: Les Ordres militaires dans la péninsule ibérique. In: Collectanea Ordinis Cisterciensium Reformatorum 20 (1958) und 21 (1959).

LIT 54   Coco, Primaldo: I Cavalieri Teutonici nel Salentino. Tarent 1925.

LIT 55   Conrad, Klaus: Litauen, der Deutsche Orden und Karl IV. ZfO 21 (1972).

LIT 56   Coulet, Jules: Etudes sur l'office de Girone en l'honeur de St. Charlemagne. Montpellier 1907.

LIT 57   Crozat, René: Le cavalier victorieux dans l'art roman de France et d'Espagne. In: Bulletin du Centre International d'Etudes Romanes 1 (1971).

LIT 58   Daniel, Norman: The Arabs and Medieval Europe. Beirut 1975.

LIT 59   Dean, Bashford: A crusaders fortress in Palestine. In: Bulletin of the Metropolitan Museum of Art New York 22 (1927).

LIT 60   Decker-Hauf, Hansmartin: Herrscherkronen im Umkreis Friedrichs II. In: Die Staufer in Schwaben und Europa. Vorträge der Göppinger Staufertage 1978. Göppingen 1980.

LIT 61   Decknatel, Frederik: The Thirteenth Century Gothic Sculpture of the Cathedral of Burgos. In: The Art Bulletin 17 (1935).

LIT 62   Deschamps, Paul: La Défence du Royaume de Jérusalem. Paris 1939.

LIT 63   Deschamps, Paul: La Legende de St. Georg et les Combats des Croisés. In: Fondation Piot, Monuments et Memoires 44 (1950).

LIT 64   Deschamps, Paul: Terre Sainte Romane. Paris 1964.

LIT 65   Dichter, Bernard: The Maps of Acre (Akkon), a historical cartography. Akkon 1973.

LIT 66   Dobbertin, Hans: Livland- und Preußenlandfahrten westdeutscher Fürsten, Grafen und Edelherrn im 13. Jahrhundert. In: Nordrhein-Westfalen und der Deutsche Osten, 3/5 (1962).

LIT 67   Douglas, David: The Song of Roland and the Norman Conquest of England. In: French Studies 14 (1960).

LIT 68   Eckhardt, Alfred: Studien zur Baugeschichte früher Kreuzritterburgen in Griechenland. Berlin 1971.

LIT 69   Eimer, Brigitte: Gotland unter dem Deutschen Orden. Innsbruck 1966.

LIT 70   Eimer, Brigitta: The Spiritual Orders of Knighthood in Scandinavia under King Erik of Pomerania. In: Annales de l'Ordre Souverain Militaire de Malte. Jahrgang 1972.

LIT 71   Ekdahl, Sven: Die Flucht der Litauer in der Schlacht von Tannenberg. In: ZfO 12 (1963).

LIT 72   Ekdahl, Sven: Banderia Pruthenorum. Berlin 1976.

LIT 73   Espinosa de los Monteros, Juan: Corpus de castillos de Castilla. Bilbao 1974.

LIT 74   Ewert, Christian: Spanisch - islamische Systeme sich kreuzender Bögen. Die Aljaferia in Zaragoza. Berlin 1978.

LIT 75   Fernandez-Arenas, José: La Arquitectura Mozárabe. Barcelona 1972.

LIT 76   Ferreiro Alemparte, Jaime: Asentiamento de la Orden Teutonica cn España. In: Boletin de la Real Academia de la Historia 168 (1971).

LIT 77   Ferreiro Alemparte, Jaime: El viaje en Alemania en 1223 de D. Pedro, abad del monasterio de Gumiel ed el arzobispo Engelberto de Colonia. In: Boletin de la Real Academia de la Historia 70 (1973).

LIT 78   Fillitz, Hermann: Der Cappenberger Barbarossakopf. In: Münchner Jahrbuch der bildenden Kunst, Dritte Folge 14 (1963).

LIT 79   Fleckenstein, Josef: Bericht über Vorträge von Arnold u. a. bei der Tagung des Konstanzer Arbeitskreises 1976 für mittelalterliche Geschichte mit dem Gesamttitel »Die Ritterorden zur Zeit der Kreuzfahrer«. In: AHF, Informationsblätter der Arbeitsgemeinschaft außeruniversitärer historischer Forschungseinrichtungen in der Bundesrepublik Deutschland 30 (1977).

LIT 80 Florez, Henrique: Memorias de las Reynas de Castilla. Madrid 1761.

LIT 81 Folz, Robert: Etudes sur le Culte liturgique de Charlemagne dans les églises de l'Empire. Paris 1951.

LIT 82 Forey, Alan John: The Templars in the Corona of Aragon. London 1973.

LIT 83 Forstreuter, Kurt: Preußen und Rußland. Göttingen 1955.

LIT 84 Forstreuter, Kurt: Die Flotte des Deutschen Ordens. In: Studien zur Geschichte Preußens 6 (1960).

LIT 85 Forstreuter, Kurt: Der Deutsche Orden und Litauen. Köln 1962.

LIT 86 Forstreuter, Kurt: Der Deutsche Orden am Mittelmeer. Bonn 1967.

LIT 87 Gamazo, Juan: Castillos en Castilla. Madrid 1930.

LIT 88 Gambacorta, Antonio: Culto e pellegrinaggi a San Nicola di Bari. In: Convegni del Centro di Studi sulla spiritualità medievale 4 (1963).

LIT 89 Gause, Fritz: Die Geschichte der Stadt Königsberg. Köln 1965.

LIT 90 Gause, Fritz: Geschichte des Preußenlandes. Leer 1966.

LIT 91 Giunta, Francesco: Federico II e Ferdinando III di Castiglia. In: Papers of the British School at Rome 24 (1956).

LIT 92 Goehrke, Carsten: Zur jüngsten Erforschung von Nowgorod. In: Jahrbücher für die Geschichte Osteuropas, Neue Folge 27 (1978).

LIT 93 Goldmann, Eva: Das Land, das ich Dir zeigen werde. Luzern 1968.

LIT 94 Goldmann, Zev: Crusader Sculpture in Arce. In: Maaravo Shel-Ha-Galil 6 (1971).

LIT 95 González de Leon, Felix: Noticia de las Calles de Sevilla. Sevilla 1839.

LIT 96 Gonzáles de Leon, Felix: Noticias de todos los edificios de Sevilla. Sevilla 1887.

LIT 97 González, Julio: Repartimiento de Sevilla en 1248. Madrid 1951.

LIT 98 González, Julio: Repoblacion de Castilla la Nueva. Madrid 1976.

LIT 99 Gordillo, José: Castillos Templarios. Valencia 1974.

LIT 100 Grabar, André: Die mittelalterliche Kunst Osteuropas. Baden-Baden 1968.

LIT 101 Grabar, Oleg: Islamic architecture and the West. In: Islam and the medieval West, hrsg. von Stanley Ferber. New York 1975.

LIT 102 Grossmann, Dieter: Die Elisabethkirche zu Marburg. Berlin 1980.

LIT 103 Grote, Ludwig: Aus dem Danziger Paramentenschatz und dem Schatz der Schwarzhäupter zu Riga. Ausstellungskatalog des Germanischen National-Museums. Nürnberg 1958.

LIT 104 Guerquin, Bohdan: Zamki w Polsce (Burgen in Polen). Warschau 1974.

LIT 105 Hacker-Sück, Inge: La Sainte Chapelle de Paris et les Chapelles palatines du Moyen Age. In: Cahiers archéologiques 13 (1962).

LIT 106 Hahr, August: Nordiska Borgar. Uppsala 1930.

LIT 107 Harvey, William: The Church of the Holy Sepulcre. Oxford 1935.

LIT 108 Hazard, Harry: The Art and Architecture of the Crusader States. Wisconsin/USA 1977.

LIT 109 Heidenreich, Karl: Der Deutsche Orden in der Neumark, 1402–1455. Berlin 1932.

LIT 110 Heine, Friedrich Wilhelm: Hagiologisches aus Alt-Livland. In: Der Katholik, Dritte Folge, 27–30 (1903–1906).

LIT 111 Heinsius, Paul: Das Schiff der hansischen Frühzeit. Weimar 1956.

LIT 112 Hellenkemper, Hansgerd: Burgen der Kreuzritterzeit in der Grafschaft Edessa. Bonn 1976.

LIT 113 Hellmann, Manfred: Das Lettenland im Mittelalter. Münster 1954.

LIT 114 Hellmann, Manfred: Zur sozialgeschichtlichen Erforschung des Deutschen Ordens. In: Historisches Jahrbuch 80 (1961).

LIT 115 Hellmann, Manfred: Über die Grundlagen des Ordensstaats in Preußen. In: Nachrichten der Gießener Hochschulgesellschaft 31 (1962).

LIT 116 Heras-Garcia, Felipe: Architektura Romanica en la Provincia de Valladolid. Valladolid 1966.

250

LIT 117 Herkenrath, Rainer Maria: Reinald von Dassel. Graz 1962.

LIT 118 Herkenrath, Rainer Maria: Regnum und Imperium. In: Kleine Abhandlungen, Österr. Akademie der Wissenschaften, Phil.-Histor. Klasse 264 (1969).

LIT 119 Hill, Derek: Islamic Architecture and its Decoration, London 1965.

LIT 120 Hiltbrunner, Otto: Die Heiligkeit des Kaisers. In: Frühmittelalterliche Studien 2 (1968).

LIT 121 Hoade, Franciscus: Guide to the Holy Land. Vierte Auflage. Jerusalem 1971.

LIT 122 Holst, Niels von: Riga und Reval, Hameln 1950.

LIT 123 Holst, Niels von: Die kirchliche Baukunst der baltischen Lande im 13. Jahrhundert. In: Das Münster 6 (1953).

LIT 124 Holst, Niels von: Die Salvatorkirche des Hochmeisters Hermann von Salza in Andria. In: FM 20 (1976).

LIT 125 Holst, Niels von: Deutschordensburgen aus staufischer Zeit in Spanien. In: Zeitschrift des Deutschen Vereins für Kunstwissenschaft 32 (1978).

LIT 126 Holst, Niels von: Zum frühen Burgenbau des Deutschen Ritterordens in Spanien und Preußen. In: Burgen und Schlösser 21 (1980).

LIT 127 Holst, Niels von: Zu den Jakobs- und Nikolauspatrozinien der Stauferzeit. In FM 24 (1980).

LIT 128 Hotz, Walter: Kleine Kunstgeschichte der deutschen Burg. Darmstadt 1975.

LIT 129 Hubatsch, Walther: Montfort. In: Nachrichten der Akademie der Wissenschaften, Philologisch-Historische Klasse, Jahrgang 1966. Göttingen.

LIT 130 Hubatsch, Walther: Hermann von Salza und die Reichsfreiheit Lübecks. In: Lübeck 1226 – Reichsfreiheit und frühe Stadt, hrsg. von Olof Ahlers, Lübeck 1976.

LIT 131 Hueffer, Hermann: Die spanische Jakobsverehrung und Deutschland. In: Historisches Jahrbuch der Görres-Gesellschaft 74 (1955).

LIT 132 Ibañez, Gaspar, Marques de Mondejar: Memorias historicas del Rey Don Alonso el Sabio. Madrid 1777.

LIT 133 Jähnig, Bernhart: Die Staufer, der Deutsche Orden und Nordosteuropa. In: Jahrbuch Preußischer Kulturbesitz 16 (1979).

LIT 134 Jairazbhoy, Rafik Ali: Oriental Influences in Western Art. New York 1966.

LIT 135 Jakobi, Hans: Die Ausgrabungsergebnisse in der Ruine der Ordensburg Graudenz. Danzig 1943.

LIT 136 Johansen, Paul: Hansische Siedlungsgeschichte. In: Hansische Geschichtsblätter 73 (1955).

LIT 137 Johansen, Paul: Lippstadt in Westfalen und Fellin in Livland. In: Veröffentlichungen des Provinzialinstituts für Westfälische Landes- und Volkskunde 7 (1955).

LIT 138 Johansen, Paul, und Mühlen, Heinz von der: Deutsch und Undeutsch im mittelalterlichen Reval, Köln 1973.

LIT 139 Jurgela, Constantin: Tannenberg. New York 1961.

LIT 140 Kantorowicz, Ernst: Kaiser Friedrich II. Berlin 1927.

LIT 141 Kenyon, Kathleen: Digging up Jerusalem. London 1974.

LIT 142 Keyser, Erich: Die Baugeschichte der Stadt Danzig. Köln 1972.

LIT 143 Kissling, Hans Joachim: Islam und Kreuzfahrer. In: VuF 12 (1968).

LIT 144 Kluge, Rolf: Darstellung und Bewertung des Deutschen Ordens in der deutschen und polnischen Literatur. In: ZfO 18 (1969).

LIT 145 Koch, Friedrich: Livland und das Reich bis zum Jahre 1225. In Quellen und Forschungen zur baltischen Geschichte 4 (1943).

LIT 146 Koeppen, Hans: Das Ende der englischen Preußenfahrten. In: Preußenland 8 (1970).

LIT 147 Krönig, Wolfgang: Il Castello di Caronia. Rom 1977.

LIT 148 Krönig, Wolfgang: Die apulische Architektur zur Zeit Friedrichs II. In: Bertraux, Emile: L'Art dans l'Italie Meridionale. Neuausgabe mit Ergänzungen. Rom 1979.

LIT 149 Kuczynski, Stefan: Wielka Woina (Der Krieg mit dem Orden 1410). Dritte umgearbeitete Auflage, Warschau 1966.

LIT 150 Kühnel, Ernst: Kunst des Islam. Stuttgart 1962.

LIT 151 Kühner, Hans: Der Deutschritterorden ohne Heiligenschein. In: Werkhefte 4 (1968).

LIT 152 Kugler, Georg Johannes: Die Reichskrone. Wien 1968.

LIT 153 Kuhn, Walter: Ritterorden als Grenzhüter des Abendlandes gegen das östliche Heidentum. In: Ostdeutsche Wissenschaft. Jahrbuch des Ostdeutschen Kulturrats 6 (1959).

LIT 154 Lambert, Elie: L'architecture des Templiers. Paris 1955.

LIT 155 Lampe, Karl: Bibliographie des Deutschen Ordens bis 1959. Bonn 1975.

LIT 156 Lange, Bernt: Olav den Hellige. In: Kulturhistorisk Leksikon for nordisk middelalder 12 (1967).

LIT 157 Langè, Santino: Architettura degli Crociati in Palestina. Como 1965.

LIT 158 Leib, Bernard: Rome, Kiev et Byzance à la fin du XIème siècle. Paris 1924.

LIT 159 Leistikow, Dankwart: Burgen in der Capitanata im 13. Jahrhundert. Bonner Jahrbücher 171 (1971).

LIT 160 Lejeune, Rita: La Legende de Roland dans l'art. Brüssel 1966.

LIT 161 Letkemann, Peter: Danzig, Bild einer Hansestadt. Ausstellungskatalog des Geheimen Staatsarchivs Preußischer Kulturbesitz. Berlin 1980.

LIT 162 Lezine, Alexandre: Le Ribat de Sousse (Susa). Tunis 1956.

LIT 163 Linnehan, Peter: The Spanish Church and the Papacy in the thirteenth Century. Cambridge 1971.

LIT 164 Lomax, Derek: La Orden de Santiago 1170–1275. Madrid 1965.

LIT 165 Luiso, Francesco Paolo: I Cavalieri Teutonici fondatori di una capella nel Duomo di Lucca. In: Bolletino storico Lucchese 8 (1936).

LIT 166 Lundberg, Erik: Visby Slott. In: Antikvariska Studier 4 (1950).

LIT 167 Maliniemi, Aarno: Der Heiligenkalender Finnlands. Helsinki 1925.

LIT 168 Mañanes, Tomas: La Arquitectura Militar en la Frontera del Reino de Léon con el de Castilla en los Siglos XII y XIII. Léon 1980.

LIT 169 Manselli, Raoul: Hermann von Salza e Federico II. In: Protokolle des Konstanzer Arbeitskreises für mittelalterliche Geschichte 163 (1973).

LIT 170 Marot, Pierre: Saint-Nicolas-de-Port. Nancy 1963.

LIT 171 Maschke, Erich: Die Herkunft Hermanns von Salza. In: Quellen und Studien zur Geschichte des Deutschen Ordens 10 (1970).

LIT 172 Mastrobuono, Silvestro: San Leonardo di Siponto. Foggia 1960.

LIT 173 Mayer, Hans Eberhard: Geschichte der Kreuzzüge. Vierte durchgesehene Auflage. Stuttgart 1976.

LIT 174 Meckseper, Cord: Castel del Monte. In: Zeitschrift für Kunstgeschichte 38 (1970).

LIT 175 Mena, José Maria de: Historia de Sevilla. Sevilla 1972.

LIT 176 Mende-Matzner, Ursula: Westeuropäische Bildzeugnisse zu Rußland und Polen bis 1700. Köln 1968.

LIT 177 Meuthen, Erich: Barbarossa und Aachen. In: Rheinische Vierteljahrsblätter 39 (1975).

LIT 178 Muñoz, Miguel: Notas sobre el repartimiento de tierras en Córdoba 1236. In: Boletin de la Real Academia de Córdoba 25 (1954).

LIT 179 Nyberg, Tore: Kreuzzug und Handel in der Ostsee. In: Lübeck 1226 – Reichsfreiheit und frühe Stadt, hrsg. von Olof Ahlers. Lübeck 1976.

LIT 180 Nygren, Olga: Helgonen i Finlands Medeltidskonst. In: Finska Fornminnensföreningens Tidskrift 46 (1945).

LIT 181 Oelnitz, Ernst von der: Herkunft und Wappen der Hochmeister des Deutschen Ordens. In: Einzelschriften der Historischen Kommission für ost- und westpreußische Landesforschung 1 (1926).

LIT 182 Oelsnitz, Ernst von der: Banderia Prute-norum – die Beutefahnen von Tannen-berg. In: Altpreußische Forschungen 17 (1940).

LIT 183 Orti-Belmonte, Miguel Angel: Córdoba Monumental. Las Iglesias. Córdoba 1968.

LIT 184 Ortiz-Juarez, José Maria: La Mesquita Ca-tedral de Córdoba. Zaragoza 1975.

LIT 185 Ovadiah, Asher: A Crusader Church un-covered in Jerusalem. In: Eretz-Israel 11 (1973).

LIT 186 Ozols, Jekabs: Ordenszeitliche Erdburgen in Lettland. In: ZfO 11 (1962).

LIT 187 Papadopoulos, Alexandre: Islamische Kunst. Freiburg 1977.

LIT 188 Patze, Hans: Papst Innozenz IV. und die Mongolen. In: Jahrbuch für die Ge-schichte Mittel- und Ostdeutschlands 7 (1958).

LIT 189 Patze, Hans: Burgen in Verfassung und Recht des deutschen Sprachraums. In: VuF 19 (1976).

LIT 190 Pearlman, Moshe: Historical Sites in Israel. Dritte durchgesehene Auflage. Tel Aviv 1977.

LIT 191 Petersohn, Jürgen: Saint Saint-Denis – Westminster – Aachen. Die Karls-Trans-latio und ihre Vorbilder. In: DA 31 (1975).

LIT 192 Peyer, Hans Conrad: Stadt und Stadtpa-tron im mittelalterlichen Italien. Zürich 1955.

LIT 193 Philipp, Werner: Altrußland. In: Propy-läen-Weltgeschichte V (1964).

LIT 194 Prawer, Joshua: Histoire du Royaume La-tin de Jerusalem. Paris 1970.

LIT 195 Prawer, Joshua: The World of the Crusa-ders. Jerusalem 1972.

LIT 196 Prawer, Joshua: Jerusalem in Crusader Days. In: Jerusalem revealed, Archae-ology in the Holy City. Articles adopted from the review Quadmoniot. Jerusalem 1975.

LIT 197 Probst, Christian: Der Deutsche Orden und sein Medizinalwesen. Bad Godesberg 1969.

LIT 198 Raam, Villem: Kuressaare Linnus (Die Arensburg des Bischofs von Oesel). Reval 1980.

LIT 199 Raba, Joel: Russisch-livländische Bezie-hungen im Anfang des 16. Jahrhunderts. In: ZfO 27 (1978).

LIT 200 Rahmani, Levi Isaak: The Museums of Israel. London 1976.

LIT 201 Rathgen, Bernhard: Die Pulverwaffe im Deutschordensstaat. In: Elbinger Jahr-buch 2 (1921).

LIT 202 Rauch, Georg von: Der Deutsche Orden und die Einheit des baltischen Landes. Hamburg 1961.

LIT 203 Rensing, Theodor: Der Kappenberger Kopf. In: Westfalen 32 (1954).

LIT 204 Risch, Friedrich: Die »Historia Mongolo-rum« des Giovanni de Plano Carpini. In: Veröffentlichungen des Forschungs-instituts für vergleichende Religions-geschichte II, 11 (1930).

LIT 205 Roidestvensky, Olga: Le Culte de St. Mi-chel et le Moyen Age latin. Paris 1922.

LIT 206 Rothschild, Eli: St. Marien der Deut-schen zu Jerusalem. In: Deutscher Orden, Zeitschrift des Ordens für seine Brüder und Familiaren, 3 (1973).

LIT 207 Runciman, Steven: A History of The Cru-sades. I–III. Vierte Auflage. Harmonds-worth 1971.

LIT 208 Russo, Rocco: La »Magione« di Palermo. Palermo 1974.

LIT 209 Saez, Emilio: Repertorio de Medieva-lismo Hispánico. Barcelona 1977.

LIT 210 Sarthou-Carreras, Carlos: Castillos de España. Madrid 1963.

LIT 211 Serrano-Diaz, Emilio: Castillos de Anda-lucia. Madrid 1975.

LIT 212 Schäfer, Karl Heinrich: Kirchen deut-scher Ritter in Pisa und Lucca. In: Deut-scher Herold 13 (1913).

LIT 213 Schaller, Hans Martin: Die staufische Hofkapelle im Königreich Sizilien. In: DA 11 (1955).

LIT 214 Schaller, Hans Martin: Endzeit-Erwar-tung und Antichrist-Vorstellungen in der Politik des 13. Jahrhunderts. In: Veröf-fentlichungen des Max-Planck-Instituts für Geschichte 36 (1972).

LIT 215 Schaller, Hans Martin: Die Kaiseridee Friedrichs II. In: VuF 16 (1974).

LIT 216 Schaller, Hans Martin: Der heilige Tag als Termin mittelalterlicher Staatsakte. In: DA 30 (1974).

LIT 217 Schmid, Bernhard: Burgen in Kurland. Zeitschrift für Bauwesen 71 (1921).

LIT 218 Schmid, Bernhard: Die Baumeister im Ordensland Preußen. Halle 1939.

LIT 219 Schmid, Bernhard: Das Kriegskapitell in der Marienburg. In: Alt-Preußen 7 (1942).

LIT 220 Schmid, Bernhard: Burgen in Litauen. In: Der Burgwart 43 (1942).

LIT 221 Schmid, Bernhard: Baugeschichte der Marienburg. Köln 1955.

LIT 222 Schulze, Hans: Die deutsche Ostsiedlung des Mittelalters. In: ZfO 26 (1977).

LIT 223 Schumacher, Bruno: Geschichte Ost- und Westpreußens. Sechste Auflage, von W. Hubatsch durchgesehen und ergänzt. Würzburg 1977.

LIT 224 Sholod, Barton: Charlemagne in Spain. The Cultural Legacy of Roncesvalles. Genf 1966.

LIT 225 Stefano, Guido di / Krönig, Wolfgang: Monumenti della Sicilia Normanna. Zweite Auflage. Palermo 1979.

LIT 226 Steinke, William: The Influence of English Decorated Style on the Continent. In: The Art Bulletin 56 (1974).

LIT 227 Stephenson, William: The First Crusade. In: The Cambridge Medieval History 5 (1968).

LIT 228 Stern, Carl von: Livlands Ostgrenze im Mittelalter. In: Mitteilungen aus der livländischen Geschichte 23 (1942).

LIT 229 Stern, Carl von: Die bischöfliche Embachfestung Oldenthorn. In: Quellen und Forschungen zur balt. Geschichte 2 (1942).

LIT 230 Svahnström, Gunnar: Kyrkorna i Visby. Stockholm 1971.

LIT 231 Svahnström, Gunnar: Visby Domkyrka. Stockholm 1978.

LIT 232 Tautorat, Hans Georg: Schwarzes Kreuz auf weißem Mantel. Zweite Auflage. Düsseldorf 1980.

LIT 233 Terrasse, Henri: Islam d'Espagne. Paris 1958.

LIT 234 Thordeman, Bengt: Armour from the battle of Wisby 1361. Stockholm 1939.

LIT 235 Tiesenhausen, Hans von: Der Livenkönig Caupo (Jakob). In: Archiv für die Geschichte Liv-Est- und Curlands, 8 (1861).

LIT 236 Tillmann, Curt: Lexikon der deutschen Burgen und Schlösser. I–IV, Stuttgart 1958–1961.

LIT 237 Torres Balbás, Leopoldo: Arte Almohade. Madrid 1949.

LIT 238 Trier, Otto: Die von einem islamischen Bautrupp nach 1220 errichtete Templerkapelle bei Oberwittinghausen. In: Badische Heimat 60 (1981).

LIT 239 Tuulse (Neumann), Armin: Die Burgen in Estland und Lettland. Dorpat 1942.

LIT 240 Tuulse, Armin: Mörby, en adelsborg i Uppland. Stockholm 1952.

LIT 241 Tuulse, Armin: Burgen des Abendlandes. Wien 1958.

LIT 242 Üprüs, Helmi: Tallin (Reval) im Jahre 1825. Reval 1965.

LIT 243 Valbuena, Felipe: Torres y Fortalezas medievales al sur del Duero en la provincia de Valladolid. In: Boletin del Seminario de Estudios de Arte, Universidad de Valladolid 43 (1977).

LIT 244 Valdeon Baruque, Julio: El reino de Castilla. Madrid 1969.

LIT 245 Velde, Charles William Meredith van de: Le pays d'Israel. Paris 1857.

LIT 246 Vilnay, Zev: The Holy Land in old prints. Jerusalem 1963.

LIT 247 Vilnay, Zev: The Guide to Israel. Siebente Auflage. Jerusalem 1964.

LIT 248 Weise, Erich: Zum Verkauf der Marienburg 1457. In: Jahrbuch für die Geschichte Mittel- und Ostdeutschlands 9 (1961).

LIT 249 Weise, Erich: Der Heidenkampf des Deutschen Ordens. In: ZfO 12 (1963).

LIT 250 Weise, Erich: Handbuch der historischen Stätten. Ost- und Westpreußen. Stuttgart 1966.

LIT 251 Weiss, Hellmuth: Die Schwarzhäupter in Reval. Vortrag zum 575. Jubiläum der Bruderschaft der Schwarzhäupter in

Reval. Als Manuscript gedruckt. Hamburg 1974.

LIT 252 Wieser, Klemens: Contrapunkt – eine Informationsschrift des Generalrats des Deutschen Ordens. Wien 1968.

LIT 253 Wittram, Reinhard: Baltische Geschichte. Die Ostseelande Livland, Estland, Kurland. München 1954.

LIT 254 Wolfrum, Heinrich: Die Marienburg. Leer 1979.

LIT 255 Wydawnictwa, Maria: Drzwi Gnieznienski (Die Gnesener Domtüren). Breslau 1956.

LIT 256 Zender, Matthias: Räume und Schichten mittelalterlicher Heiligenverehrung. Düsseldorf 1959.

LIT 257 Zender, Matthias: Heiligenverehrung im Hanseraum. In: Hansische Geschichtsblätter 92 (1974).

LIT 258 Ziesemer, Walter: Zum Wortschatz der Amtssprache des Deutschen Ordens. In: Beiträge zur Geschichte der Deutschen Sprache und Literatur 47 (1923).

LIT 259 Zimmermann, Gerd: Patrozinienwahl und Frömmigkeitswandel. In: Würzburger Diözesan-Geschichtsblätter 20 (1959).

DANKSAGUNG

Der Verfasser hat zahlreichen Kollegen, außer engeren Fachgenossen auch Philologen, Kirchenhistorikern usf. zu danken. Aus dem Bereich von Staaten der deutschen Sprache sind es vor allem:

A. Antonow, U. Arnold, E. Bahr, F. Benninghoven, H. Boockmann, T. Breuer, H. Buschhausen, B. Demel O. T., B. Eimer, R. Elze, C. Ewert, M. L. Favreau-Lilie, O. Gamler, D. Grossmann, R. Haussherr, W. Hubatsch, B. Jähnig, A. Kamphausen, D. Kauss, W. Krönig, G. Krüger, E. Kubach, C. Meckseper, C. Mosler, G. v. Rauch, O. Redlich, M. Reinhold, H. M. Schaller, H. Schmidinger, S. Schwedhelm, H. Swarzenski, R. Unkrodt, B. Walbe, H. Weczerka und H. Weiss.

Von Ausländern gewährten liberale Unterstützung im Mittelmeergebiet A. Ovadiah (Jerusalem), L. Rahmani (Jerusalem), A. Martínez-Fausset (Rom), der Herzog von Alba (Madrid), J. A. Alexiades (Higarés), P. de Osabe y Garcia (Cuenca), Doña M. R. Tobino (Toledo), F. Valbuena (Valladolid), in Nordeuropa G. Svahnström (Wisby), Freiherr C. v. Warnstedt (Stockholm) und U. Fridriksson (Reykjavik).

ABBILDUNGSNACHWEIS

Verfasser und Verlag sind für die freundliche unentgeltliche Überlassung von Bildvorlagen folgenden Personen bzw. Insitutionen zu großem Dank verpflichtet:

Bari, Soprintendenza ai Monumenti e alle Gallerie: 29. – Berlin, Verwaltung der Staatlichen Schlösser und Gärten: 78, 137, 139. – Cuenca, Pablo L. de Osaba: 187. – Frankfurt, Dr. Brigitte Eimer: 131. – Higarés, Sr. Jorge A. Alexiades: 47, 185. – Jerusalem, Department of Antiquities of the State of Israel: 19, 26. – Jerusalem: Museum of Medieval Art: 23. – Kopenhagen, Nationalmuseum: 103. – Lüneburg, Bildarchiv der Carl-Schirren-Gesellschaft: 124, 162. – Madrid, Hausarchiv des Herzogs von Alba: 39. – Marburg, Herder-Institut: 59, 86, 93, 94, 95, 97, 148, 155. – Marburg, Staatsarchiv: 28. – New York, The Metropolitan Museum of Art: 22. – Nürnberg, Germanisches Nationalmuseum: 88, 156. – Rom, Biblioteca Hertziana: 36. – Stockholm, Historisk Museum: 17. – Stockholm, Staatsarchiv: 127. – Tiedra, Miguel Carmona Marban, General Interventor del Ejercito del Aire: 41. – Toledo, Kanzlei des Erzbischofs: 40, 48. – Valladolid, Juan José Martin González, Vice-Director de la Universidad: 42, 43, 44. – Wien, Deutscher Orden: 174. – Wien, Baron Edmund von Hammer: 11, 12. – Wien, Kunsthistorisches Museum: 7. –

Das Bildarchiv »Foto Marburg« lieferte die Vorlagen für die Abbildungen 4, 6, 8, 10, 21, 52, 64, 90, 108, 111, 118, 122, 149, 154, 157, 163, 172, 198, der Deutsche Kunstverlag München/Berlin die Vorlagen für 54, 82, 83, 85, 92, 114.

Dem Verlag F. A. Brockhaus, Wiesbaden, danken wir für die Abdruckgenehmigung seiner Karte »Die Welt der Kreuzfahrer«, die hier lediglich um einige Städtenamen ergänzt worden ist: Vorsatz vorne und hinten im Buch.

In größerer Zahl wurden Zeichnungen und graphische Blätter aus dem 15. bis 20. Jahrhundert zur Illustrierung herangezogen, vor allem bisher nicht beachtete Steindrucke und Stahlstiche in Reisewerken der Zeit um 1850. Karten und Schaubilder aus historischen Abhandlungen der letzten zwanzig Jahre werden bei der Lektüre willkommen sein. Abbildungen ohne Quellennachweis entstammen dem Bildarchiv des Verfassers.

Der Deutsche Ritterorden und die Verteidigung der Christenheit

Die Karte zeigt die Wirkungsbereiche des Ordens in Palästina, Ägypten, Spanien, Italien, Ungarn und an der

© F. A. Brockhaus, Wiesbaden 1974 (»Die Welt der Kreuzfahrer«)